旅游经济绿色发展研究

袁 静 著

天津出版传媒集团

天津科学技术出版社

图书在版编目（CIP）数据

旅游经济绿色发展研究 / 袁静著. –– 天津：天津
科学技术出版社，2024.3
ISBN 978–7–5742–1878–9

Ⅰ. ①旅… Ⅱ. ①袁… Ⅲ. ①旅游经济 – 绿色经济 –
经济发展 – 研究 – 中国 Ⅳ. ①F592

中国国家版本馆CIP数据核字(2024)第059264号

旅游经济绿色发展研究
LÜYOU JINGJI LÜSE FAZHAN YANJIU

责任编辑：吴文博
责任印制：兰　毅

出　　版：	天津出版传媒集团
	天津科学技术出版社
地　　址：	天津市西康路35号
邮　　编：	300051
电　　话：	（022）23332377
网　　址：	www.tjkjcbs.com.cn
发　　行：	新华书店经销
印　　刷：	河北万卷印刷有限公司

开本 710×1000　1/16　印张　16.5　字数　240 000
2024年3月第1版第1次印刷
定价：98.00元

前　言

随着全球经济的快速发展，旅游业已经成为各国经济增长的重要支柱。然而，这种快速的发展也带来了一系列的生态环境问题。如何在保护生态环境的同时，实现旅游业的持续健康发展，成了各国政府和旅游业界关注的焦点。

本书的内容涵盖了旅游经济概述、旅游业与生态环境关系分析、旅游经济发展方式转变的动因分析、绿色发展的理论与实践、我国绿色旅游业发展模式的构建、绿色旅游经济的和谐与可持续管理、我国旅游业绿色发展的保障措施以及具体的绿色旅游案例分析等内容。通过对这些内容的总结，旨在为读者提供一个系统、全面的视角，来看待旅游经济的绿色发展问题。

第一章为读者铺设了基础，详细解释了旅游经济的基本概念，帮助读者建立一个清晰的概念框架。这为后续的章节提供了坚实的基础。第二章则分析了旅游业与生态环境的关系。在这里，笔者不仅分析了生态环境如何影响旅游业的发展，还探讨了旅游业如何反过来影响生态环境，为读者揭示了两者之间复杂但至关重要的相互作用。在第三章，笔者从多个角度探讨了旅游经济发展方式转变的动因，为读者理解旅游业的绿色转型提供了背景知识。第四章和第五章是本书的核心，笔者在这两章中深入探讨了旅游经济的绿色发展的理论基础和实践路径，为读者提供了一套完整的绿色发展的理论体系和实践方法。第六章和第七章则从宏观和微观两个层面，对我国绿色旅游业的发展模式和管理方式进行了深入研究，为我国旅游业的绿色转型提供了有力的理论支撑。第八章从多个角度，系统探讨了我国旅游业绿色发展的保障措施，为实践者提供了一套完整的指导方案。第九章以山东省灵山岛为例，通过具体的案例分析，为读者展示了绿色生态旅游在实践中的应用。

总的来说，本书旨在为读者提供一个系统、全面的视角，来看待旅游经济的绿色发展问题。希望本书能够为我国旅游业的绿色发展提供一些有益的参考和启示。

目　录

第一章　旅游经济概述

第一节　旅游经济活动与旅游经济

一、旅游经济活动的产生和发展

（一）旅游经济活动的概念

旅游经济活动，作为社会经济发展的产物，随着经济的发展而逐渐显现其重要性。这种经济活动不仅仅是旅游者与旅游生产者、旅游行业、政府及其他利益相关者之间的经济联系和经济关系的总和，更是由旅游者流动所引发的社会经济综合现象。

在商品经济的背景下，旅游者在旅游过程中为满足各种需求，如食、住、行、游、购、娱等，不可避免地会产生一系列的货币支出。这种支出促使旅游者与旅游目的地的旅游经营部门和个人建立交换关系，形成了旅游产品和服务的需求与供应之间的经济联系。这种联系进一步促进了旅游者与旅游目的地之间的旅游产品和服务的生产、交换、分配和消费关系的形成与发展。

为了确保旅游产品和服务的供应，满足旅游者的需求，旅游目的地的旅游经营者与政府、社会经济中的其他相关行业和个人之间也形成了紧密的经济联系。例如，旅游经营者需要向政府缴纳税收，同时也期望政府能对公共设施如机场、公路、港口、会议中心、公园等进行投资和建设。此外，为了维持和扩大生产规模，旅游经营者还需向社会经济中的其他相关行业购买产品和服务，如投资旅游饭店、餐馆和汽车运输等。

除了上述的经济联系，旅游经济活动还涉及与境外的经济往来，包括为满足旅游者需求而进行的产品进口和出口。

（二）旅游经济活动的产生

旅游经济活动的产生与人类社会的发展紧密相连。在人类文明的早期阶段，即原始社会的尾声，随着第三次社会大分工的展现，经商活动逐渐浮现。进入奴隶社会、封建社会时期，如帝王巡游、文化漫游、宗教朝拜、学术之旅、温泉疗养及探险活动等不同形式的旅行活动逐渐兴起。

尽管这些旅行活动在不同的历史时期都有所发展，但由于当时的社会生产力尚处于较低的水平，这些活动主要限于社会的少数精英群体。这些旅行并未形成具有经济意义的活动，因此对整体社会经济的推动作用相对有限。在资本主义之前的社会经济结构中，商品生产和交换虽然得到了一定的发展，但在整体经济中，商品经济仍然是辅助的。在旅行活动中，除了经商旅行，许多旅行活动并未涉及商品交换，如帝王巡游、宗教朝拜和探险活动等，这些活动往往由政府或个人承担费用，因此对社会经济的推动作用有限。

真正的旅游经济活动是基于旅游活动的产生和发展而来的，而这种活动的产生又是建立在商品经济的基础之上的。18世纪60年代，英国率先开展产业革命，这一变革将传统的手工业生产方式转变为大规模的机械化生产，从而提高了生产效率。到了19世纪初，英国的产业革命已经涉及纺织、采矿、冶金、化学和机械制造等多个领域。随后，法国、德国等国家也相继发生了产业革命。产业革命不仅为资本主义的崛起奠定了坚实的物质基础，而且极大地推动了商品经济的发展，使其在社会经济中占据了主导地位。

产业革命，作为历史上的一次重大经济和技术变革，为旅游业的产生和发展提供了技术条件。这一时期的社会经济变革为旅游经济活动的产生和发展提供了坚实的基础，从而使旅游业逐渐成为一个重要的经济部门。首先，产业革命为人们的旅游活动奠定了经济基础。随着劳动生产率的显著提高，人们的收入水平也得到了相应的增长。这种经济增长为人们提供了外出旅游的可能。产业革命还导致了城市化进程的加速，大量的农村人口涌入城市，形成了规模化的消费群体。由于工作压力的加大和生活节奏的加快，这些人更加渴望外出旅游以寻求休闲和放松。其次，产业革命带来的交通技术进步为旅游活动提供了极大的便利。蒸汽机车的出现和普及，大幅缩短了旅行时间，使得远程旅游成为可能。各种新型交通工具的出现，如汽车、飞机等，为旅游者提供了更多的出游选择，使得旅游更加便捷和多样化。再次，产业革命也促进了旅游服务设施和机构的完善。随着人们旅游需求的增长，如旅行社、酒店、餐馆等专门为旅游者提供服务的机构得到了迅速的发展。这些服务机构不仅满足了旅游者的基本需求，如住宿、饮食等，还为他们提供了丰富的旅游体验和娱乐活动。最后，随着旅游业的发展，政府和社会对其也给予了越来越多的关注。旅游不仅对旅游地的经济产生了积极影响，还对当地的社会、文化甚至政治产生了深远的影响。因此，旅游活动逐渐成为政府和社会各界关注的焦点。

（三）旅游经济活动的发展

20 世纪 50 年代以后，得益于科学技术的突破和全球经济的稳健增长，西方发达国家的国内生产总值和人均收入水平得到了显著的增长。这种经济繁荣导致旅游活动从一种小众活动逐渐转变为民众广泛参与的活动，进一步推动了旅游经济的崛起和发展。这一演变可以划分为两个阶段。

1. 初步发展时期（19 世纪末至 1949 年）

从 19 世纪末至 1949 年，旅游业经历了其初步的发展阶段。这一时期，尽管经历了 1929 年至 1933 年的经济大萧条和两次世界大战的冲击，资本主义经济在这些特定时段受到了明显的波动，但从整体趋势来看，资本主义经济仍然展现出了稳健的增长势头。这一经济增长的背后，与新的科学技术在生产领域的广泛应用密不可分。尤其是在工业生产中，随着电力的广泛应用，不仅催生了与之相关的电气机械产业，而且为其他各个产业的发展注入了新的活力。电力的引入极大地提高了劳动生产率，为经济的快速增长提供了坚实的基础。

与此同时，交通运输领域也经历了一系列的技术革命，这些变革为旅游业的发展提供了重要的基础。首先，内燃机的发明和应用使得汽车成了一种新的交通工具。从 1885 年到 20 世纪初，汽车的数量在西方国家呈现出爆炸性的增长。仅在英国，私人汽车的数量就从 1904 年的 8500 辆增长到 1939 年的 200 万辆。铁路运输也经历了重大的技术进步。1879 年，德国的西门子公司研制出了世界上第一台电力机车，而到了 20 世纪初，美国通用电气公司又成功制造出了内燃机车，这些技术进步极大地提高了铁路运输的效率。在水上交通方面，蒸汽机船和柴油机船的发明和应用，使得船舶运输更为高效和经济。而在航空领域，1903 年莱特兄弟成功试飞了世界上第一架飞机，标志着航空运输时代的到来。随后的几十年中，美国和欧洲的多个国家纷纷成立了航空公司，并开设了定期航班，为旅游业的发展提供了新的交通方式。

随着经济的稳健增长和人均收入的显著提升，结合交通运输业的创新变革，人们的旅游体验变得更为丰富和便捷。在这一时期，旅游的参与者数量显著增长，旅行的方式也逐渐多元化。除了传统的火车一日游或多日游，飞机、豪华游轮和自驾游成了人们的新选择。随着旅游活动的发展和旅游经济的持续增长，旅游业对整体社会经济的影响逐渐凸显，吸引了各国政府和社会各界的广泛关注。为了吸引更多的游客并增加旅游经济收益，一些国家纷纷将旅游业的发展纳入政府的重点工作。例如，法国在 1910 年成立了专门管理旅游业发展的国家旅游局。1919 年，意大利也宣布成立国家旅游局。而在英国，政府于 1928 年启动了"欢迎来英旅游"的宣传活动，并在 1929 年召开了旅游协会临时委员会的首次会议，当时的贸易大臣被任命为该协会的主席。此外，为了进一步推进旅游业的发展，规范旅游经营活动，各国还成立了多个国际性、全国性和地区性的旅游行业组织。例如，1898 年，国际旅游协会联盟成立，旨在为那些敢于去国外冒险的旅游者提供伙食，是一个非营利和非官方的组织。到了 1919 年，该组织经过一次重组，更名为国际旅游联盟。

在酒店业领域，1947 年国际旅馆协会的成立，标志着酒店业在国际层面的组织化和标准化。航空运输业也在此期间迅速发展，1944 年，国际民用航空组织随之成立，为全球航空业的发展提供了统一的标准和规范。随着旅游业的蓬勃发展，对其内在规律和对社会经济的影响的探讨也逐渐受到重视。一批专家和学者开始深入研究旅游活动的各个方面，尤其是从经济学的视角来分析旅游业的影响和价值。这种研究不仅为旅游业的进一步发展提供了理论支撑，也为政府和企业提供了决策依据。

在这一时期，随着旅游人次的显著增长和旅游经济开支的持续扩大，旅游经济活动呈现出新的发展趋势。这主要体现在旅游需求与供给之间的关系更加复杂和深入。具体来说，首先，涉及旅游的领域变得更加多元化。除了传统的住宿、餐饮和铁路运输业，航空运输业和水路运输业也逐渐成为旅游经济的重要组成部分，同时，政府部门也开始参与其中。其次，旅游活动对整体社会经济的影响也日益凸显，这不仅导致了政府职能的调整，还引起了行业组织、专家和学者的广泛关注。

2. 蓬勃发展时期（20 世纪 50 年代至今）

20 世纪 50 年代，随着战争的阴霾逐渐淡去，全球进入了一个政治稳定、经济技术迅速发展的时期，和平与进步成为发展主题。这一时期，由于人们的收入持续上升和众多先进技术的广泛应用，旅游业经历了前所未有的增长，进入了一个高速发展和全面产业化的新阶段。旅游逐渐从奢侈品转变为大众消费品，其增长速度甚至超过了全球经济的平均增速。特别是在欧美国家，经过第二次世界大战后的短暂恢复期，社会经济迅速进入了一个新的发展时期。战时孕育的众多新技术开始广泛应用于民间产业，为全球旅游业，特别是长途旅游带来了巨大的推动力。航空运输的费用大大降低，使得更多的民众有了出游的机会。这导致了一个前所未有的旅游热潮，大量的游客开始跨越国界，进行长距离的旅行，这一现象被形容为"大众旅游"。因此，这一时期也被誉为"大众旅游的黄金时代"。

在 20 世纪中后期，伴随着高新技术，如电子、信息技术和生物工程技术在生产中的广泛应用，劳动生产率显著提升，从而使得工作时长逐渐缩短，为人们提供了更多的休闲时间。此外，全球经济在这段时间也经历了显著的增长。特别是一些发展中国家，他们在短短几十年内迎头赶上，经济增长迅速，人均收入稳步上升。随着《关税及贸易总协定》的实施，全球经济更加开放，双边和多边合作日益频繁。加之通信和交通技术的进步，国际的经济联系更加紧密，为旅游业的全球化发展创造了有利条件。科技的进步也为旅游业带来了革命性的变革。例如，大型宽体客机的投入使用，使得航空旅游更快、更远、更舒适；磁悬浮列车的出现为铁路旅游带来了前所未有的便捷；而豪华游轮的发展则为海上旅游提供了更高的舒适度。此外，信息技术的快速发展不仅增强了人们对全球各地的好奇心，还使得旅游预订和查询变得更为便捷。

20 世纪中后期，随着全球经济的持续增长和技术的迅速发展，旅游业经历了前所未有的繁荣。这一时期的旅游业不仅在规模上得到了显著的扩张，而且在深度和广度上都有了质的飞跃。首先，由于全球经济的持续增长和人们收入水平的提高，旅游需求呈现出爆发式的增长。这种增长不仅体现在旅游人次的大规模增加，还表现在旅游消费的多样化和高端化。为了满足这种多元化和高端化的需求，旅游供给也在不断地创新和完善。这不仅要求旅游行业内部各个环节紧密协作，还要求旅游业与交通、餐饮、住宿等其他相关行业，建立更为紧密的合作关系。这种跨行业的合作不仅可以提供更为完善和高质量的旅游产品，还可以进一步推动各个行业的发展。其次，旅游业已经成为全球经济的重要组成部分。据《世界旅游经济趋势报告（2022）》显示，2019年全球旅游总人次达到了123.10亿，全球旅游总收入达到了5.8万亿美元，占全球GDP的6.7%[①]。这些数据充分说明了旅游业在全球经济中的重要地位。再次，随着旅游业的深入发展，产业内部的分工和协作关系也在不断完善。例如，包价旅游的出现，不仅为消费者提供了更为便捷和经济的旅游选择，还推动了旅游产业内部的专业化和集约化发展。在这种发展模式下，一些大型、专业化的旅游企业集团逐渐崭露头角，成为旅游市场的主导力量。最后，旅游业在社会经济生活中的作用也在不断加强。在经济较为发达的国家，旅游和休闲已经成为人们生活的重要组成部分。为了进一步推动旅游消费，许多国家和地区的政府都出台了一系列的政策和措施，旨在鼓励旅游消费，提高人们的生活质量。

20世纪90年代，随着互联网和其他先进技术的广泛应用及旅游业管理水平的显著提升，发达国家的旅游业呈现出显著的变革趋势。这种变革不仅仅是在技术或管理层面，更深层次地，它反映了旅游市场从规模化、标准化的产业化模式向更为注重个性化和旅游体验质量的方向转变。这种转变标志着旅游业进入了一个新的、更为成熟和多元化的发展阶段。在这一时期，消费者的旅游需求呈现出更为复杂和多样化的特点。与此同时，旅游者对于旅游体验的期望也发生了显著的变化。他们不再满足于传统的、固定的团队旅游模式，而是更倾向于根据自己的兴趣和偏好，自由选择和组合旅游产品，以实现更为个性化的旅游体验。这种趋势不仅仅体现在旅游产品的选择上，更体现在旅游活动的内容和形式上。例如，各种专项旅游，如探险旅游、健身旅游、修学旅游和各类度假旅游等，逐渐成为旅游者的新的消费选择，而传统的观光旅游则逐渐失去了以往的主导地位。与此同时，旅游者对于旅游产品的质量要求也在不断提高。他们不仅关心旅游的安全性，而且更关心旅游产品的性价比、新颖性、刺激性和冒险性等多方面的因素。这种趋势反映了旅游者

---

① 佚名.《世界旅游经济趋势报告（2022）》发布[J].中外文化交流，2022（3）:74-75.

的消费观念和价值观的变化，也反映了旅游市场的成熟和多元化。

从旅游供给角度分析，旅游企业在这一时期经历了深刻的变革。首先，他们的服务理念得到了显著的提升。众多企业开始深入理解并实践"以客户为中心"的经营哲学，主动适应旅游者的需求变化，细化市场定位，并努力优化服务，以提高客户的满意度。其次，旅游企业在技术应用上也取得了长足的进步。通过引入和整合互联网技术、营销策略技术以及服务管理技术，企业不仅提高了其市场运营效率，还增强了对个性化需求的响应能力。随着社会经济的进一步发展，旅游活动逐渐从一种奢侈品转变为日常生活的必需品。预计在未来，旅游的参与人数和频率将持续增长，而旅游消费的模式也将呈现出更为分散的特点。这意味着旅游者将不再只聚焦于某几个热门的旅游目的地，而是更加广泛地探索各种不同的旅游体验。由于技术的进步和市场的成熟，提供旅游服务的企业可能会经历一轮整合，使得市场上的企业数量有所减少，但每个企业的服务能力和范围都将得到进一步的扩展和提升。

二、旅游经济的形成及发展

旅游业，作为一个经济领域的独特分支，随着社会生产能力的增长、分工的细化、居民生活品质的提升，以及对旅游需求的日益增长而逐渐从传统商业活动中演变而来。在第三产业中，它已经成为具有显著驱动效应的关键产业。对于旅游经济的演进，可以大体上概括为萌芽、形成和发展三个时期。

（一）旅游经济的萌芽阶段

旅游经济的起源与人类社会的演进紧密相连，它作为一种社会经济活动，是在旅游行为逐渐普及并在一定物质条件下崭露头角的。现代旅游的起源可以追溯到人类社会的早期，当时由于生产力的局限性，人们面临着各种自然和社会挑战，如环境变化导致的灾害和部落间的冲突，这迫使他们为了生存而进行空间迁徙。这种基于生存的迁徙，尽管与旅游的定义有所偏离，但它确实为旅游活动提供了初步的框架。

随着时间的推移，从原始社会到封建社会，人类社会经历了几次重大的社会分工，这促进了生产力的增长。随着生产力的提高，商品生产和交换活动也在增加，导致阶级和国家的出现。这些社会变革进一步推动了市场的扩张和商品交换的范围扩大，为围绕商品生产和交换的旅游活动提供了土壤。

在古代，旅游与当时的社会、政治、经济和文化背景相适应，形成了多种旅游形式。例如，古代的宗教朝圣、学术探索、商业往来和外交活动都为旅游经济的形成提供了基础。摩西出埃及、耶稣传教、古希腊宗教朝拜、马可·波罗出游、阿拉伯商业交往、孔子周游、玄奘取经之旅、鉴真东渡、郑和海上之旅及徐霞客中国之旅等，都在不同程度上推动了旅游的发展，为旅游经济进入萌芽阶段奠定了基础。

由于古代的社会生产力不够发达，尽管旅游活动逐渐增多，但它们大多数还没有实现完全商品化。这意味着，尽管旅游行为在古代已经存在并逐渐普及，但它们大多是基于宗教、文化、学术或政治的目的，而不是基于经济利益。因此，旅游经济在这个时期仍然只是一个萌芽阶段，尚未完全形成。但这一阶段为后来的旅游经济发展奠定了坚实的基础。随着社会生产力的进一步提高和社会分工的深化，旅游活动逐渐从单纯的宗教、文化或学术活动转变为经济活动，从而为旅游经济的形成和发展创造了条件。这一转变标志着旅游经济从萌芽阶段向形成阶段的过渡，为之后旅游经济的进一步发展打下了坚实的基础。

（二）旅游经济的形成阶段

旅游经济的诞生是旅游行为逐渐商业化的结果。通过观察旅游经济的演进，可以发现，18世纪的产业革命为现代旅游经济的崛起奠定了基础。在这一时期，机械化大工业取代了传统的手工业，导致基于机械大工业的社会生产方式的出现。这种变革极大地提高了社会生产力，进一步推动了商品的生产和交换的快速增长，为现代旅游经济的起源和进一步的扩展创造了必要的物质和技术条件。

1.产业革命为旅游经济的形成提供了物质技术基础

产业革命为旅游经济的兴起奠定了坚实的物质和技术基石。这一历史转折点极大地推进了生产工具，特别是交通工具的进步，这不仅加速了社会生产的规模化和市场的地域拓展，而且为人们进行大规模和长距离的旅行提供了必要的技术支持。例如，1807年，美国首次推出了汽船内河的定期客运服务，这之后，欧洲的多个国家也纷纷推出了蒸汽客轮服务。1830年，英国在利物浦和曼彻斯特之间开通了火车客运线路，到了1890年，这一交通方式已经吸引了众多的本国和国外游客进行参观。

2.社会生产力发展为旅游经济的形成提供了经济条件

产业革命不仅推动了技术进步，而且催生了资本主义制度的兴起和壮大，从而加速了社会生产力的增长。随着商品经济的繁荣和人民生活水平的显著提升，现代旅游经济的需求和发展得到了强烈的社会驱动。人们的可支配收入逐年增长，交通设施日益完善，加上近代的工业化进程，使得旅游活动逐步融入人们的日常生活，成为其物质和文化生活的重要组成部分。这些因素共同为现代旅游经济的兴起奠定了坚实的基础。

3.旅游服务机构的产生为旅游经济的形成奠定了产业基础

随着产业革命的推进和资本主义商品经济的繁荣，旅游服务机构的出现为旅游经济的确立提供了产业支撑。1845年，英国的托马斯·库克（Thomas Cook）创办了首家综合性旅行社，为旅游者提供全方位的旅游服务，这标志着旅游活动正式走向商品化。随后，各类专业化的旅游服务企业如雨后春笋般涌现，包括旅行社、酒店、交通公司等。这些企业不断地完善和扩充旅游住宿、餐饮和接待设施，使得旅游逐步从简单的出行活动转变为一种经济行为，进而在社会经济领域中占据了重要地位。这一转变标志着现代旅游经济的正式成型。

4.相关经济产业的发达为旅游经济的形成提供了重要前提

旅游经济的形成与多个相关经济产业的繁荣紧密相连。旅游业的特性在于和其他产业的高度关联性和依赖性。例如，交通运输业的发展为旅游者提供了便捷的出行方式；建筑业的进步确保了高品质的住宿体验；

现代农业的繁荣保障了多样化的食品供应；加工业的兴盛为旅游者带来了丰富的购物选择；信息产业的突破为人们提供了大量实时的旅游信息；而服务业的完善则为游客提供了一流的综合旅游服务。这些产业不仅为旅游业的形成提供了基础，而且它们的进一步发展为旅游业的持续繁荣提供了坚实的支撑。

（三）旅游经济的发展阶段

尽管现代旅游经济的起源可以追溯到 19 世纪中期，但其快速增长是从 20 世纪 50 年代之后开始的。尤其在 2000 年前后，旅游业迅速崛起，成为全球经济中增长最迅猛的领域，这一点在几个关键方面得到了明显体现。

1. 国际旅游人数和旅游收入快速增长

根据世界旅游组织的相关数据，2010 年，全球的国际旅游者数量达到了 9.4 亿。2019 年，全球国际旅游者数量持续增长，达到了 15 亿人次，呈现出强劲的增长趋势。同时，2019 年国际旅游收入显著上升，达到了 1.48 万亿美元，较 2010 年增长了 61.2%。长期趋势表明，国际旅游人数和旅游收入在过去的十年中都呈现出了强劲的增长，对全球经济的贡献仍然显著。

2. 旅游经济增加值贡献率不断提高

截至 2020 年，全球旅游经济在对国民经济的贡献方面仍然表现出色。旅游业提供的税收占当年全球企业所提供税收的比例为 7.6%。通过对美国、英国、法国、日本、德国的数据进行比较后显示，旅游业在这些国家的贡献仍然显著。在这些国家中，旅游业的新增价值比农业高出 3.1 倍、比汽车工业高出 3.6 倍、比金属工业高出 4.3 倍、比纺织业高出 5.7 倍。这显示了旅游业对国民经济的贡献程度远远超过了一些被认为发展势头较好的产业。时至今日，旅游业仍然在国民经济中扮演着重要的角色，为各国提供了重要的经济增长和税收来源。

3.旅游业吸收就业和创汇水平日益提高

从全球旅游业的吸纳就业人员和创汇水平来看，最新的数据显示，每年全球新增的就业人口中，平均每 10 人中就有 1 人选择进入旅游业工作。与其他行业相比，旅游业在吸纳就业方面表现出色，其吸纳就业人数是农业的 1.7 倍、纺织业的 3.8 倍、汽车工业的 4.8 倍、金属工业的 6.2 倍。全球旅游经济的外汇收入在 2000 年达到了 9776 亿美元，占全球总出口收入的比例为 12.8%。在一些发达国家，旅游业创汇占到了出口总收入的 20% 以上。这进一步凸显了旅游业在国民经济中的重要性，成为重要的创汇产业。

4.旅游经济关联带动效应增大

纵观全球旅游业的发展，不难看出它已经成为一个对整体经济都具有促进作用的产业。旅游业不仅直接为国家提供外汇，为大量人口提供就业机会，还能刺激与其相关的多个产业的增长。特别值得注意的是，旅游业对服务业的推动作用尤为显著，为更多的人提供间接就业机会，带来更多的附加收益，并促进旅游目的地国家的国际交往和经济壮大。

总体来看，鉴于现代旅游经济已逐渐崭露头角，并成为增值高、提供大量就业、贡献大量外汇和高效益的行业，其在全球经济及各国的经济中的地位也日益上升。因此，众多国家，特别是发展中国家，不仅在努力推动旅游经济的产业化，而且都将旅游业视为经济增长的引擎，给予其大力支持。

第二节　旅游经济的性质及特点

一、现代旅游的概念

现代旅游是社会经济进步与人们生活品质提高的产物，是一种多元化的社会经济活动。在历史的长河中，旅游往往被视为旅行与观光的融合。其中，旅行是指人们因特定原因离开常住地到其他地方进行活动的行为，往往是出于生计或其他必要性，而观光则是一种主动的、以休闲为核心的行为，以追求娱乐和生活的多样性为目的。

在当今社会，随着经济的繁荣和人们对提高生活质量的追求，旅行与观光已经紧密结合，共同构成了以观光为核心、旅行为载体的现代旅游活动。简而言之，现代旅游可以定义为人们为了各种目的，如观光、休闲等，暂时离开常住地到其他地方的活动。更广义地说，只要涉及观光元素的各种旅行活动都可以归入现代旅游的范畴，包括但不限于商务出差、会议、宗教活动、家庭团聚、学术研究、健康恢复、体育赛事和商业交流等。现代旅游相较于古代旅游，呈现出更为丰富和多样的特点。下面着重介绍现代旅游的特点。

（一）现代旅游已成为人们精神文化生活的组成部分

随着社会经济的进步，提高人类的生活质量成了社会发展的核心目标。在这一过程中，人们的消费模式也发生了变化，从基本的生存需求，逐渐转向追求更高层次的精神和文化满足。旅游消费，作为一种特殊的消费模式，位于享乐与个人成长的交叉点上。随着经济的繁荣和个人收入的增长，人们更多地将资源投向旅游，以寻求身心的放松和文化的充实。现代社会中，旅游不再仅仅是一种休闲活动，而是成了人们追求知识、体验不同生活和愉悦身心的重要手段。人们通过参观历史遗迹和自然景观，不仅能够欣赏到各地的美景，更能够深入了解不同的文化和历史背景。哪怕是与家人和朋友的团聚，也为人们提供了一个回顾过去、展望未来的机会。旅游已经深深地融入人们的日常生活中，成为现代人的精神文化生活的重要组成部分。

（二）现代旅游是一种有益身心的文化审美活动

在当代社会，旅游已超越了其物质消费的维度，逐渐被视为一种精神和文化的追求。从文化学的视角解读，旅游既是文化创造的载体，也是文化体验的场所。在旅游的过程中，各种社会和民族文化的精髓被融合、展现，进而塑造了一种包含食宿、交通、观光、购物和娱乐等多重元素的综合文化生活模式。同时，旅游者在与目的地的自然景观和地方文化接触中，不仅进行了审美的体验，更在深层次上实现了对异域文化的认知和欣赏。这种体验不仅有助于个体的身心健康，更在宏观层面上推动了跨文化的交流和理解，为国家和民族间的和谐共生提供了有力的桥梁。

（三）现代旅游是一种以经济活动为基础的综合性社会活动

在当代社会中，旅游已经超越了其自身的文化和休闲属性，逐渐成为一种深度融合经济活动的社会现象。尽管旅游的核心目的不仅是经济利益，但其实施和运作的整体框架均围绕经济活动展开。为满足旅游者在食宿、交通、观光、购物和娱乐等方面的需求，必须依赖专业化的服务部门，并通过一系列的交换行为来实现。这种交换不仅涉及物质和服务，并在更高层面上涉及文化、知识和经验的交流。因此，现代旅游已经转化为一种综合性的社会活动，其核心是基于经济活动的交互和交换。随着旅游业的持续扩张和深化，旅游活动逐渐呈现出其经济属性，成为一种目标明确、基于经济活动的社会经济现象。

二、现代旅游经济的性质

现代旅游经济的崛起与国民经济的紧密结合，是现代科技创新、社会生产力增长和长期商品生产与交换的综合体现。因此，现代旅游经济建立在现代旅游活动之上，深植于商品经济之中，得益于现代科技的支持，并在旅游者与旅游经营者之间的经济互动中不断演化，展现其独特的经济活动和关系。

作为社会经济体系的核心部分，现代旅游经济展现出以下显著特点。

（一）旅游经济是一种商品化的旅游活动

在传统的自然经济环境中，旅游活动往往是个体化的，主要依赖于旅游者个人的能力和资源来满足其旅游需求，这种活动很少涉及旅游产品的生产和交换。随着社会经济的发展和商品经济的崛起，现代旅游经济已经从这种自给自足的模式转变为一个高度商品化的模式，其中旅游产品的生产和交换成为其核心特征。首先，现代旅游经济的出现是建立在商品经济的基础之上的。这意味着，旅游活动不再只是为了满足个人的休闲和娱乐需求，而是成了一种经济活动，涉及大量的资金流动、资源配置和市场交易。在这种背景下，作为旅游活动主体的旅游者和旅游经营者之间的关系变得尤为重要。旅游者不仅是旅游产品的消费者，也是市场上的需求方，他们的消费选择、消费习惯和消费能力都对旅游经济的发展产生深远的影响。其次，旅游经营者在现代旅游经济中扮演着至关重要的角色。他们不仅是旅游产品的生产者，还是旅游市场的经营者。这意味着，旅游经营者需要不断地研发新的旅游产品，满足旅游者日益多样化的需求，同时还需要有效地管理和运营旅游市场，确保旅游产品的价值得以实现。这种双重角色使得旅游经营者成了连接旅游者和旅游市场的关键纽带，他们的决策和策略选择都会对整个旅游经济产生深远的影响。最后，现代商品生产和交换的发展为旅游活动的商品化提供了必要的条件。随着全球化的加速和技术的进步，旅游产品的生产和交换变得更加便捷和高效。这使得旅游活动可以更好地满足旅游者的需求，也为旅游经营者提供了更多的商机。建立在商品经济基础之上的旅游活动，已经成为一种真正的商品化社会经济活动。

（二）旅游经济是一种综合性的服务活动

尽管旅游活动的核心并非纯粹的经济目的，但其实施和运作却深深植根于经济活动之中。在当代旅游实践中，为了满足旅游者的多样化需求，如食宿、交通、观光、购物和娱乐等，必须提供一系列服务。因此，从供应侧来看，旅游经济主要是一种以服务为核心，涉及多个企业和行业的经济形态。这种以服务为导向的经济模式，可以通过实物或直接的劳动服务来实现。正如马克思所说，服务的本质在于其为使用者带来的价值，无论这种价值是源于商品还是直接的劳动输出。

现代旅游经济，作为一种以服务为核心的经济形态，不仅为游客提供餐饮、住宿、交通、观光、购物和娱乐等基础服务，还伸展至通信、医疗、健康、商务等配套服务领域。因此，参与现代旅游经济的不仅有旅行社、酒店、餐厅和交通公司，还包括金融机构、邮政服务、医疗机构、安全部门、海关和商业检查等相关部门。简而言之，现代旅游经济是一个以旅游为核心，经济为支撑，服务为关键的多元化经济体系。

（三）旅游经济是一个相对独立的经济产业

在经济学的多个维度中，现代旅游经济逐渐崭露头角，成为一个相对独立且具有显著特色的经济产业。其独立性并非一蹴而就，而是在长期的历史演变中逐步形成。尤其是第二次世界大战后，全球经济格局发生深刻变革，旅游经济的发展呈现出前所未有的活跃态势。首先，旅游经济的发展速度迅猛，其增长率在多个时期均超过了全球平均经济增长速度。这种快速增长不仅体现在经济产值上，更在于其对整体经济的综合效益。这种效益包括但不限于促进相关产业的发展、带动区域经济、提高就业率、增加外汇收入等。其次，旅游经济的带动力显著。旅游经济作为一个综合性产业，其涉及领域广泛，从基础设施建设、餐饮住宿、交通运输到文化娱乐等，都与旅游经济紧密相连。这种带动效应不仅在国内范围内产生，更在国际范围内放大，为全球经济增长提供了强大的动力。再次，旅游经济对劳动力市场的吸纳效应不容忽视。与传统产业相比，旅游产业对劳动力的需求更为广泛，涵盖了从基层服务人员到高级管理人员的各个层次。这使得旅游产业成为解决就业问题的重要途径。此外，许多国家，尤其是发展中国家，已经认识到旅游经济的重要性，并将其作为国家经济发展的重点产业。这不仅表现在政策扶持上，更体现在对旅游产业的长远规划和投资。这种重视为旅游产业提供了良好的外部环境，进一步促进了其规模的扩大和产业结构的完善。最后，旅游经济的全球性特点使其成为现代经济发展中的"朝阳产业"。随着全球化的深入发展，旅游业已经超越了国界，成为连接各国的桥梁。这种全球性的特点不仅使旅游业成为第三产业中的"龙头"产业，更使其在整个社会经济发展中占据了举足轻重的地位。

三、现代旅游经济的发展特点

第二次世界大战后，由于科技的飞速进步、交通工具的持续优化、全球经济的稳健增长以及国际关系的日益和谐，全球旅游经济得到了前所未有的推动。根据《世界旅游经济趋势报告（2020）》显示，2019 年，全球旅游总人数（包括国内旅游和国际旅游）达到了 12.31 亿，同比增长 4.6%。这表明全球旅游仍然保持着稳健的增长趋势。2019 年全球旅游总收益达到了 5.8 万亿美元，占全球 GDP 的比例为 6.7%。这进一步突显了旅游业在全球经济中的重要性，作为一个重要的经济支柱。长期趋势显示，旅游业在全球经济中发挥着重要作用，其持续增长对全球经济产生积极影响。这一趋势清晰地展示了现代旅游业在全球经济中的领先地位。从第二次世界大战至今的旅游经济发展历程中，可以识别出现代旅游经济的几个关键特征。

（一）旅游经济活动的大众性

20 世纪 50 年代以后，旅游经济活动逐渐从一个少数上层人群所享有的特权，转变为广大人民群众都可以参与的社会经济活动。这一转变的背后，是社会生产力的显著提升、人们实际收入的增长及工作与休闲时间的重新分配。首先，社会生产力的提高意味着更高的生产效率和更多的商品与服务供应。这不仅提高了人们的生活水平，也为更多的人提供了旅游的经济条件。随着工业化和自动化的进程，人们的工作效率得到了显著提升，从而释放出更多的休闲时间供人们进行旅游活动[1]。其次，随着经济的增长，人们的可支配收入也在持续上升。这为更多的家庭提供了旅游的经济条件。不仅如此，随着社会福利制度的完善，如带薪休假等政策的实施，为人们提供了更多的时间和机会去体验旅游。最后，交通运输的技术进步和基础设施的完善，为旅游活动提供了更为便捷的条件。现代交通工具如飞机、高速铁路等，大大缩短了人们的出行时间，使得远程旅游成为可能。随着旅游资源的开发和旅游接待设施的建设，旅游目的地为游客提供了更为丰富和多样的选择。这种旅游活动的普及和大众化，不仅创造了巨大的旅游需求，而且为旅游业的发展提供了强大的动力。随着更多的人参与到旅游活动中，旅游业也逐渐从一个边缘产业，发展成为现代经济中的重要部门。这种发展趋势不仅反映了人们对于休闲和娱乐的需求增长，也显示了旅游业在现代经济结构中的重要地位。

（二）旅游经济活动的全球性

现代旅游经济已经超越了国界和地理限制，成为一种跨国的社会经济现象。尤其是从 20 世纪 50 年代开始，科技的飞速发展极大地推动了通信和交通的现代化。这使得人们能够在短时间内，以更为经济的方式游览全球各地，满足其多样化的旅游需求。旅游经济的国际化趋势也加深了各国政府、企业和公众之间的互动，为全球旅游活动提供了更为便利的环境。

---

[1]　罗明义. 迈向 21 世纪的国际旅游业与中国旅游业 [J]. 经济问题探索，1994（3）：56-59.

（三）旅游经济活动的规范性

随着现代旅游经济的不断发展，其活动逐步走向了有序和标准化。不论是跨国游还是本国游，旅行社常常扮演着核心的组织角色，将众多的游客整合起来，与各种旅游企业和景区合作，按照事先规划的路线、活动和时间表，为游客提供全方位的服务，满足他们的各种需求。对于游客来说，他们只需支付一定的费用，就能轻松享受旅行的乐趣，无需为餐饮、住宿、交通等琐事烦心。这种有序的旅游经济模式，推动了旅游活动的普及和国际化趋势，使得现代旅游逐步崭露头角，成为国家经济的重要组成部分。

（四）旅游经济发展的持续性

自20世纪50年代开始，旅游经济呈现出持续而稳健的增长趋势。与全球经济和工业增长率相比，旅游经济始终展现出强劲的增长动力。旅游经济的稳定扩张进一步强化了其在国家经济体系中的关键地位。旅游活动已逐渐融入人们的日常生活，成为常态化的休闲选择。值得注意的是，随着旅游经济的发展，人们对生态环境的保护意识逐渐增强，对环境污染的治理力度也逐渐加大，旨在实现旅游业与自然、文化及人类生活环境的和谐共生，进而推动社会经济的稳定增长。

表1-1 世界旅游业增长水平比较表

项目　　　　　　　年代	50年代	60年代	70年代	80年代	90年代
世界旅游业平均增长率（百分比）	12.6%	10.1%	6.0%	8.4%	8.1%
世界经济平均增长率（百分比）	5.4%	4.9%	3.5%	2.8%	3.4%
世界工业平均增长率（百分比）	6.8%	6.5%	5.3%	2.6%	2.7%

资料来源：《世界经济年鉴》《中国旅游年鉴》等。

第三节　旅游经济的发展要素与运行机制

一、旅游经济的发展要素

（一）旅游需求

旅游需求描述了人们在非工作或非薪酬活动之外，因各种旅行目的而选择长期或暂时离开常住地的意愿。由于游览的驱动因素和数据收集系统中的不确定性和差异，评估旅游需求时需要考虑特定的条件和规定。最普遍的评估方法是基于到达的游客数量和基于入境的游客数量，或者是基于所选择的住宿方式来评估这一需求。根据世界旅游城市联合会与中国社会科学院旅游研究中心共同发布《世界旅游经济趋势报告（2019）》《世界旅游经济趋势报告（2020）》显示，2018年，全球旅游总人次（包括国内旅游人次和国际旅游人次）达121.0亿人次，增速为5.0%，较2017年6.7%略有下降。2019年全球旅游总人次（包括国内旅游人次和入境旅游人次）为123.10亿人次，较上年增长4.6%；全球旅游总收入（包括国内旅游收入和入境旅游收入）为5.8万亿美元，相当于全球GDP的6.7%[1]。

1.旅游需求的特点

旅游需求在全球范围内展现出独特的分布和集中性。在地理分布上，欧洲和北美洲成了主要的国际旅游目的地，吸引了大约90%的全球旅游需求。这两个地区不仅是主要的旅游目的地，也是主要的旅游者输出地。国际旅游流量的构成主要是各地区之间的旅游活动。世界旅游组织的研究进一步揭示，超过三分之二的国际旅游需求是在同一洲的国家之间往来。具体到美洲，地区间的旅游活动占据了旅游总量的80%。而在非洲，

---

① 《世界旅游经济趋势报告（2022）》发布[J].中外文化交流，2022（3）:74-75.

这一比例低于 25%，这与非洲国家的发展水平和旅游供应能力有关。

2. 旅游需求的季节性

旅游需求在多数国家呈现出明显的季节性特征，通常在一年中的某几个月集中出现。人们渴望在适宜的气候和环境中度过休闲时光，享受不工作的日子，这种愿望导致了旅游的季节性。学校的课程安排和工业生产的时间安排进一步加强了这一特征。

显著的季节性主要与休假旅游相关，而与商务或其他动机的旅游关系不大。这就解释了为何气候因素在假期旅游中起到了决定性作用，而在其他如探亲、体育活动等旅行中，气候并不是首要考虑的因素。为了吸引夏季以外的度假者、会议参与者、退休人员和 18 至 30 岁的未婚年轻人，旅游机构提供了各种优惠，如减价、免费度假等。

尽管通过大量的促销和广告活动努力吸引所有客户，但这些活动的效果并不总是令人满意。近年来，有迹象表明，错峰休假正在普及，如部分人在夏季度假，部分人则选择冬季，同时短期度假和周末度假也在增加。随着工作日的减少、部分时间工作制的扩大和休年假的引入，旅游经济的活力将得到进一步加强。

3. 旅游需求的因素

（1）假期时间增多。国家对于带薪休假制度的认可是推动现代旅游需求增长的关键因素。随着这一权利在更多国家的普及并涵盖更广泛的社会阶层，为大规模的潜在旅游需求提供了客观基础。同时，工作时间在短期和中期内的缩短，以及对休息时间的日益重视，进一步加强了这一趋势。

（2）经济因素。经济要素在近 30 年内在多个国家显著地影响了旅游需求。随着个人或家庭的可支配收入的增长，私人消费在物质和服务方面，特别是在旅游业上，得到了显著的推动。旅游业的盈利能力增强，吸引了各种社会群体的参与，特别是在经济较为发达的国家。旅游业受益于相对价格的调整，如有利的汇率，使得某些国家的旅游价格更具吸引力。与此同时，旅游消费的固定成本，无论是相对还是绝对，都有所

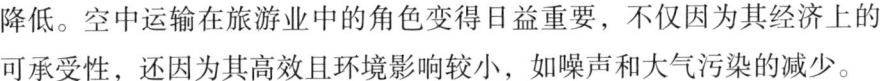

降低。空中运输在旅游业中的角色变得日益重要，不仅因为其经济上的可承受性，还因为其高效且环境影响较小，如噪声和大气污染的减少。

（3）人口因素。人口因素对居民的旅游行为产生了显著影响。城市居民往往更倾向于参与旅游活动。年龄、性别、家庭结构和孩子数量等因素也对外出度假的决策产生了重要影响。在西欧，可以观察到随着年龄的增长，人们外出度假的频率有所下降，而旅游行为也会随着年龄段的变化而有所不同。例如，在欧洲，年轻人更偏好于前往地中海沿岸的旅游目的地，并选择多种交通和住宿方式。因此，了解这些人口因素对土地规划者来说至关重要，可以帮助他们更有效地选择和配置可用资源。

（4）社会因素。大众对于度假的态度已经发生了显著变化，这种变化不仅是模仿高收入群体的消费习惯，而是有着更深层次的社会意义。在这样一个日益开放和繁荣的社会背景下，旅游业已经超越了单纯的地理和政治界限，成了连接不同国家和社会各阶层的桥梁。这种连接不仅是物质上的，更多的是心灵上的交流和理解。人们开始认识到，尽管每种社会文化都有其独特的价值，但在某种程度上，这些价值是可以相互补充的。旅游业为这种跨文化交流提供了一个平台，使得不同的社会和文化可以通过合作和互补来实现共同的发展。这种发展不仅促进了旅游业的繁荣，也为整个社会带来了积极的影响。

（5）组织和促销。旅游业已经成为经济和社会发展的重要力量，吸引了各国政府的高度关注。这个行业不仅是经济增长的驱动力，更是实现文化、社会、教育和政治目标的有效手段。在旅游业的早期阶段，主要是由旅游经营者和推广者来规划和推广旅游产品，他们通过扩大旅游需求和控制供应来实现更大的利益。随着时间的推移，许多国家逐渐认识到旅游业的重要性，并开始积极参与旅游推广活动，赋予其更高的发展优先级。这不仅仅是因为旅游业可以带来外汇收入，更重要的是，政府希望确保旅游部门的健康发展，并对其可能对自然、文化环境、土地利用、职业培训和消费者保护等方面产生的影响进行监督和管理。

（二）旅游消费

1.概况

旅游消费，作为旅游需求在各种服务和物品上的货币化表示，反映了旅游者在旅行过程中的总体支出。这种消费的特点与旅游者的性质紧密相关，因为只有当消费者被定义为"旅游者"时，其消费才被视为"旅游"的消费。

旅游消费的规模和模式主要受实际价格水平和消费者可支配收入的影响。这些变量之间的关系也受到一系列非经济因素的影响，如社会对旅游消费的态度。这种变化意味着旅游已经成为发达国家人们的一种日常生活方式，并逐渐成为发展中国家的精英群体的生活方式。

尽管目前旅游消费面临挑战，但其增长势头并未减弱。为了应对这些挑战，旅游消费进行了结构调整，如加强国内旅游或探索更经济型的国际旅游。

在欧洲和北美这些视旅游业为重要产业的国家，旅游消费仍然呈现出集中的特点。从时间上看，旅游消费与法律、社会规定的自由时光相一致，如周末、节假日等。从空间上看，旅游地的选择上呈现出集中趋势，有时甚至达到饱和。从外出动机上看，休闲动机在旅游消费中占主导地位。

在旅游业欠发达的国家，由于旅游需求量较小，上述的集中现象较少出现。在这些国家，商务旅游占主导地位。但值得注意的是，季节性效应在非旅游消费的旅游地更为明显。在城市地区，酒店等场所有其常客，这些客户是它们收入的重要来源。而在没有当地居民支持的专门旅游区，经营者可能只在旅游旺季经营旅游设施，旅游淡季则选择关闭这些设施。

2.旅游消费的类型

旅游消费，根据其性质和范围，可以细分为多种类型。但为了简化分类，主要考虑旅游者的来源和消费的地理位置。从这个角度出发，旅游消费主要可以划分为两大类别：国内旅游消费和国际旅游消费。国内

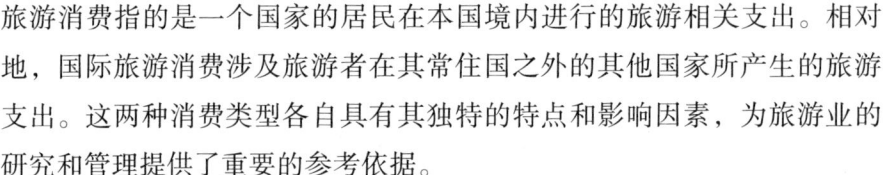

旅游消费指的是一个国家的居民在本国境内进行的旅游相关支出。相对地，国际旅游消费涉及旅游者在其常住国之外的其他国家所产生的旅游支出。这两种消费类型各自具有其独特的特点和影响因素，为旅游业的研究和管理提供了重要的参考依据。

3. 旅游消费和国民经济一体化

旅游消费在国民经济中的一体化程度是一个关键的研究领域。旅游消费中的部分物产和服务并非由接待国生产，而是从外部输入，导致部分收入流向国外。这种收入流失与接待国的经济发展水平和经济结构的一体化程度呈反比关系。具体而言，当一个国家的经济结构更为发达和完善时，其旅游收入流失的程度相对较低。

为了更准确地理解这种收入流失，需要考虑多个方面的"流失"。这包括直接用于满足旅游需求的消费物品和服务的输入，为满足旅游需求而生产的物品所需的生产资料的输入，以及支付给外国制造商的各种费用，如报酬、酬金和手续费。此外，还需要考虑在外国进行的旅游促销和广告费用，以及对旅游业的资本输入。获取这些数据并不容易，因为它们往往是分散的，并且缺乏一致性。个别国家，如马耳他，可能会经历高达50%的旅游收入流失。通过中介消费的概念，可以进一步探索旅游经济的一体化。某些物品和服务的中介消费可能也包含旅游成分，尤其是在交通运输领域。

4. 旅游消费的结构

旅游消费的结构在经济学和旅游学研究中占有重要地位，因为它反映了旅游者在不同旅游活动和服务上的支出模式。传统的旅游消费主要包括住宿、交通运输、购物、参观、其他娱乐费用和其他费用。其中，住宿，包括餐馆和食品，通常占消费总额的40%到50%，而交通运输约占30%。这些比例会根据地点、年份和旅游类型的不同而有所变化。例如，在免税区，购物的比例可能会占消费总额的三分之二以上。

近年来，旅游消费的趋势似乎趋于稳定，但这主要取决于发展中国家是否能够满足其本国公民基本的旅游需求，并通过旅游业提高其公民的生活质量。在资源有限、食品定量配给的社会背景下，这种消费模式可能会受到质疑。但值得注意的是，旅游消费也受到旅游业的基本价值观的影响，即旅游业能够促进国际关系并为社会带来丰富的社会和文化机会。这意味着，旅游消费者的态度与旅游目的地的社会、文化和物质遗产的真实性和受重视程度是一致的。

长期来看，旅游业可能会受益于工作时间的缩短和人们平均寿命的延长。传统的生活模式，即培训、工作和退休，正逐渐被一个新的生活模式所取代。在这个新的模式中，休闲、培训、工作、个人和家庭生活的各个方面都得到了平衡的发展，具有连续性。与旅游消费相对应的是为旅游者提供的物品和服务的生产。实际上，实际的旅游需求等于被消耗的旅游生产。从生产的角度来看，旅游业的分析揭示了旅游者与供应者之间的经济互动、旅游供应者的分类及供应者之间的相互作用。这三个方面都是旅游经济学研究的核心内容，为研究者提供了深入了解旅游消费结构的重要视角。

（三）旅游生产

生产或供应是每个经济领域的核心要素。具体而言，它代表了一个特定时期内，通常是一年，一个行业创造的所有最终服务和商品的总价值。旅游业的经济定义源于其核心目标，即为旅游者提供其所需的商品和服务。这一属性为旅游业所独有。

1. 整个经济体系中的一种活跃因素

在整个经济结构中，旅游业因其多样化的生产部门而被视为一种活跃的组成部分。以西班牙为例，其根据74个生产部门的重要程度为最终旅游需求提供的百分比分配了其生产职责。产销关系也明确地表明，旅游经济的特性可能会根据不同的国家或地区而有所不同。每个国家的独特资源、接受的设施及促进发展的设备都可能影响与旅游相关的生产部门的种类。但是，某些基础部门，如餐饮业和酒店业，始终是必不可少的。

2.整个经济体系的一种多样化成分

旅游业在整个经济体系中作为一种多样化的组成部分，为国民经济注入了多样性。这种多样性源于其与各个经济部门的紧密联系，特别是在经济相对落后的国家，这一特性尤为明显。例如，石油出口国在经济衰退和外贸收缩的背景下，全面的生产转型变得尤为关键，此时，旅游业可以作为生产结构的补充。

从经济的角度深入探讨，各国普遍认为旅游业是一个充满活力和多样性的部门并努力发展。但这也带来了一系列的要求和挑战，如需要为各种旅游活动提供适当的场所，确保土地的统一规划和整治；各国需要根据其经济和社会条件确定旅游部门的最佳规模；不同类型的国家应根据其特点和优势发展旅游业等。对于发展中国家，旅游业的核心价值在于促进生产，包括创造就业机会、吸引投资和增加外汇收入。

3.旅游业的增加值

旅游业在经济领域中的贡献经常通过其与国民生产总值的比较来衡量，这有助于评估旅游业对国家生产的影响。为了确保这种比较的准确性，必须使用一致的数据，因为国民收入的总额在不同情境下可能存在差异。

与旅游业收入相关的是其生产总值的概念。更具体地说，应当考虑的是旅游部门的增加值，这一数值是基于旅游部门为生产其专用物品和服务而从其他部门购买的物品和服务的总额计算得出的。由于旅游产值中的大部分是由个人支付的，因此获得高额的增加值百分比是可以预期的，并通常保持在50%到60%之间。例如，旅馆和餐饮业经常被用作研究这种情况的代表，它们在大多数情况下都获得了相似水平的增加值，而与之相比，大多数工业部门的相应百分比则较低。

从经济分析的角度看，增加值可以进一步细分为以下几个部分，即工资、补贴、社会保险分摊额、固定资本的消耗、税收和纯间接税。营业上的结余，与企业的利润并不完全相同，而是作为这一系列数值的平衡部分。

另一个关注点是将最终产值视为与相关部门创造的总社会产量等值的价值，这可以解释为参与生产过程的制造者所获得的总收入。但是，由于难以明确鉴别旅游企业，关于这一问题的统计信息相对较少。旅游生产的物质载体也是一个复杂的分析对象。

（四）旅游投资

从技术角度看，为了创建一个真正的新资产，如设备、建筑或交通运输器材，需要进行投资。对于旅游部门，其在宏观经济中的投资很少受到深入分析。分析师更关心的是，与其他部门相比，投资于旅游部门是否能带来更高的回报。对农业和工业部门进行的分析通常较为复杂，这是因为旅游业由多种元素构成，而且比较其投资和产出是一项挑战。

1.基础设施投资和设备投资

在早期阶段，对基础设施和设备的投资进行初步区分是有意义的。研究者对资本与生产的比例进行分析时，通常基于一个简化的估计，并能够获取不同生产部门之间的比较数据。没有合适的基础设施，旅游业的发展是不可能的，应该考虑将地方社区的利益与旅游发展相结合。例如，建设一个机场不仅是为了满足旅游需求，它还可能有其他用途，如促进经贸人员来往等。

2.资本与生产系数关系的计算

在资本与生产之间的关系研究中，非洲、加勒比海地区以及其他地方的实证研究为研究者提供了多种资本与生产系数关系的估算。对旅游部门的资本强度进行精确计算是充满挑战的。通常，研究者仅针对旅馆业进行资本强度的计算，因为对整个旅游部门进行此类计算在实际操作中几乎是不可行的。从本文引用的多数研究中，特别是对联合国贸易和发展会议、米歇尔以及法布尔的研究，可以得出以下观点。

旅游部门对资本与生产系数关系的估算结果呈现出显著的分散性，这无疑受到了各国特有情境的影响。此外，通常观察到旅游部门的资本与生产系数相比工业部门的系数在某种程度上是相似的。以西班牙为例，资本与生产系数关系似乎已经达到了某种稳定性，其平均边缘系数为2.5。这意味着，旅馆业和饭店业每实现一个增值单位，需要投入相当于总资本的三倍（其中包括 20% 的分期偿还）。

这种系数的计算为研究者提供了一个框架，以评估旅游部门的投资效益，并与其他经济部门进行比较。这种比较也揭示了旅游部门的独特性，特别是在考虑其与其他部门的相互作用时。例如，旅游部门的投资可能会对交通、住宿和其他相关服务产生间接影响，这进一步复杂化了资本与生产系数关系的计算。

3. 国家的作用

在旅游经济领域，国家作为一个关键的经济参与者，其角色与其在其他经济部门中的作用相似，但具有其独特性。国家在旅游投资领域的介入通常表现为提供基础设施建设的信贷、推动旅游的商业化和信息化、创建和管理旅游企业、参与合资企业以及提供各种财政和税收激励措施。这些介入方式的选择往往取决于国家对经济干预的基本策略和原则。

国家的介入通常旨在开发具有丰富旅游资源但在初期对私人投资者缺乏吸引力的地区。这种介入不仅是为了经济利益，更是为了实现社会和集体利益。因此，对于国家投资来说，除了考虑经济回报，还需要考虑其对社会的整体效益。

为了确保对旅游基础设施的投资能够带来更大的效益，国家需要采取一系列策略。例如，通过集中投资以降低单位成本，适时地进行投资以满足旅游需求，以及将投资的利益扩展到其他用途，如满足地方居民的需求。这些策略的选择和实施需要考虑到旅游业的季节性特点，以及如何在旅游旺季之外有效地利用资源。

联合国贸易和发展会议的研究也强调了为实现这一目标而采取的主要手段。其中，集中投资和适时的投资是关键。鉴于旅游的季节性特点，投资决策还需要考虑到旅游业在非旺季时的发展模式。为了确保投资的效益，国家还需要考虑如何将这些投资的利益扩展到其他领域，如为地方居民提供服务。

（五）旅游业与就业

旅游业历来被认为是一个劳动力集中的领域。由于旅游服务中几乎都涉及人工服务的元素，这使得旅游业成为一个能够创造大量就业机会的行业。问题的关键在于，与其他经济部门相比，旅游业是否具有更高的就业创造潜力。多项研究表明，即使在经济不景气的时期，旅游业的就业情况也与制造业相当。遗憾的是，研究者通常只能对酒店业进行详细的分析，对整个旅游业的准确数据的统计仍然是一个挑战，往往只能依赖近似的估计。

1.旅游业的直接和间接就业

旅游业对于就业的贡献经常被简化为直接和间接的分类，但这种分类方式可能掩盖了其真实的影响。直接就业通常涉及那些在旅游相关企业中工作的人员，如酒店、旅行社和景点的工作人员。这些工作通常与旅游活动有直接的联系，为游客提供服务或产品。然而，旅游业的经济影响远不止于此。间接就业涉及那些为旅游业提供支持和服务的企业，如食品供应商、建筑公司或营销机构。这些企业可能不直接面向游客，但它们的业务与旅游业的繁荣密切相关。此外，还有一种被称为"引发就业"的现象，即由于旅游业直接和间接就业带来的收入增加，导致其他非旅游部门的需求增加，从而创造更多的就业机会。例如，当一个酒店雇用了更多的员工，这些员工的消费可能会增加当地零售业的销售，从而为零售商创造更多的工作机会。特别是在旅馆和餐饮这样的行业中，直接、间接和引发的就业都有其独特的影响。这些部门往往是旅游业的核心，它们的成功直接关系到整个旅游生态系统的繁荣。

旅游业创造的就业机会是多种因素的综合结果，包括国家的旅游政策、发展水平以及旅游业对国民经济的贡献。随着旅游部门劳动生产率的提高，其对就业的贡献也会提高。

2.旅游业和职业培训

旅游业作为一个劳动密集型的部门，对于人力资源的需求持续增长，特别是在高峰旅游季节。为了满足这种需求，职业培训成了确保员工具备所需技能和知识的关键途径。各国政府和相关行政部门认识到了培训的重要性，并开始承担起培训的责任。如负责教育、劳动、旅游和社会事务等部门，都参与到培训的组织中来。此外，专业机构，如雇主协会、雇员协会或劳资协会，也为培训提供支持，无论是在协调还是在资金方面。这种多方参与确保了培训的多样性和广泛性，同时明确培训的投资来源于政府、企业和雇员本身。

培训的层次和形式也应因不同的需求而变化。从学徒制度到速成培训，再到终身培训，每一种形式都旨在满足特定的学习需求和目标。这些培训可能是集中的，也可能是分散的，有的侧重达到国际水准，有的则更侧重于国内的特定项目。特别是在旅馆和饭店行业，传统的培训方式往往是通过旅馆职业学校进行的。随着行业的发展和变化，这种方式可能不再能满足学员的需求。因此，其他形式的培训，如远程教育和行政管理培训，也开始受到重视。同时，由于教员和教练员的流动性较高，培训的方式和内容也需要不断地调整和更新。

3. 季节工和移民工

旅游业的季节性特征导致了对劳动力的不连续需求，从而催生了对季节工和移民工的依赖。这种特性促使企业采取策略，尽量将固定成本转化为与生产量相关的可变成本，这些成本在消费者支付的价值中更容易回收。尽管如此，劳动力仍然是产品创造的关键要素，并且在分期偿还的成本中占有重要地位。

由于旅游业的产品无法像农业或工业产品那样储存或"转移"以满足高峰季节的需求，劳动力的使用必须具有高度的灵活性。此外，由于工作日的延长，报酬制度和职业等级变得更为复杂。这也解释了为什么旅游部门会建立基于百分比的分红和薪酬制度。与此相伴的是社会保险的问题，特别是当固定工资被视为社会保险费用的基数时，社会保险往往只能为工资者提供较低的补偿。

旅游业的季节性特点导致了对劳动力的断续需求，特别是在淡季时，企业往往会裁减部分员工，其中大多数是业务表现不佳的员工，这些员工通常是移民劳动者。季节工的比例因企业的性质、地理位置和规模而异，但在旅馆业中，他们的比例有时高达总员工的 40% 到 60%。

国际劳工组织进行的研究试图对旅游和旅馆业中的各种职位进行分类。这些研究发现，季节工和移民工往往面临着最差的工作条件。这主要是因为许多国家的劳动法规是基于固定工的情况制定的，而不是针对季节性和移民工。这导致了一系列的问题，如工作时间超出法定标准、不遵循休假规定以及对移民工的不公平待遇，如工资差距、工资滞后、不合理的扣除、不按照加班工时支付工资以及对本国工人的优先考虑等。

另一方面，在发展中国家，由于当地缺乏技术和管理人才，移民工往往被聘为技术和管理岗位。这些"外籍员工"通常承担重要的职责，并享有较好的工作条件和薪酬。这种策略在缺乏专业人才的国家中已经形成传统，即通过提供较低的薪资吸引外籍员工，从而降低了雇佣合格专业人员的成本。

4. 新的旅游职位的成本

旅游业的发展与其内部的职位创设成本紧密相关，这一成本不仅取决于该行业的绝对就业数字，还与其生产效益和其他经济部门的比较有关。当深入探讨旅游业作为一个生产部门时，必须谨慎对待这些数据，因为旅游生产的不同发展阶段会影响新设职位的成本。

考虑到旅游业的三个主要发展阶段：创办、成熟和高度使用空间，可以明显看出，在创办阶段，由于需要进行初步投资和组织结构的建立，以及在高度使用空间阶段，由于需要利用边缘资源，新设职位的成本都会相对较高。此外，旅游业的各个下属部门，如旅馆、旅行社和交通运输，都有其独特的技术生命周期，这也会影响新设职位的成本。

尽管目前的研究，特别是关于旅馆业的研究，并未给出明确的结论，但这些研究至少表明，旅游业新设职位的成本与发展中国家其他工业部门相当。然而，这一成本并不是均匀分布的，因为在旅游业的各个下属部门中，如饭店、旅行社、旅游促销和交通运输，新设职位的成本存在显著差异。

5.就业和毛增值

旅游产业中创造的就业与产值之间的关系可以通过选择法来展现，这种方法旨在确定一个部门在多大程度上密集地使用劳动力。虽然这种方法避免了"就业／投资方法"的某些缺陷，但所得到的数据并不总是精确的，通常这些数据基于旅馆部门的基础估计。

二、旅游经济的运行机制

旅游经济的发展是一个综合性的系统工程，其内部运行机制涉及多个相互关联的子系统，这些子系统在旅游经济的理念和理论的指导下共同作用，形成了一个动态的、有机的整体。这一整体不仅反映了区域旅游的发展与资源和环境的可持续利用与保护之间的有机关系，而且揭示了旅游经济发展的多重决定因素。

旅游经济的运行受到多种因素的影响，其中包括经济、社会、旅游资源和环境等多个维度。这些维度中，旅游心理容量、旅游资源承载力、旅游生态容量、旅游及旅游业容量和旅游地容量是五个核心的系统要素。这些要素涵盖了从价值观念到资源性质，再到大气环境质量和宗教民俗等多个方面的内容。这些要素之间的相互作用和制约关系决定了旅游经济的发展状况。

旅游经济的发展不是一个孤立的过程，而是在特定的时间、空间和技术条件下进行的。这种发展具有明显的阶段性和区域性特征，旅游经济的运行是旅游业系统、社会系统和自然系统之间的协调发展的结果。社会经济系统为旅游经济的发展提供了动力和支撑，其中包括政府的推动力、市场驱动力、社区参与等多个方面的动力系统，以及政策法规体系、监督评估体系等多个方面的支撑保障系统。

旅游经济的目标是实现资源的持续利用和减少对生态环境的破坏，也要实现利益的协调和旅游的可持续发展。为了实现这些目标，必须充分调动社会经济系统中的所有积极因素，确保旅游经济模式的良性运行。木桶理论告诉，旅游经济的发展常常受到某些限制因子的制约，因此，要充分考虑这些限制因子，确保旅游经济的健康、稳定和可持续发展。

第四节　旅游经济的地位及作用

一、旅游经济在国民经济中的地位及作用

旅游经济，作为一个以服务为主导的综合性产业，已经成为国民经济的重要组成部分。国民经济是一个协同运作的系统，其中每个部门都维持着相互的平衡关系。在这样的背景下，旅游经济在国民经济中的定位主要由其特性、发展规模和业务表现来决定。

从其本质上看，旅游业是一个综合性的服务行业，它通过为公众提供各种服务，如食宿、交通、娱乐等，不仅满足了人们的基本生活需求，还为物质资料生产部门提供了再生产的途径。此外，旅游业也是社会总产品供应的关键环节，它帮助社会产品在各个劳动者之间进行合理分配，并持续地创造新的需求。

随着社会生产力和经济的进步，旅游业在国民经济中的地位逐渐上升。人们的消费水平随着经济的增长而提高，进而导致了人们对旅游业的需求也在增加。随着人们对精神和休闲需求的增长，旅游业得到了迅速的发展，并在国民经济中占据了越来越重要的位置。

旅游业的表现也显示了其在国民经济中的重要性。旅游业与当前的"绿色产业"发展趋势相吻合，并被视为一个充满活力的"朝阳产业"。许多经济发达的国家，如瑞士、法国和日本，都有着强大的旅游经济，这进一步证明了经济的繁荣与旅游业的发展之间的紧密关系。

（一）平衡外汇收支

对于任何国家来说，加强与其他国家的经济合作，增加外汇收入都

是至关重要的。外汇收入的来源主要有两个：一是通过对外贸易获取，即贸易外汇；二是通过非贸易途径，即非贸易外汇。在当前全球贸易竞争加剧的背景下，旅游业作为非贸易外汇的主要来源，其作用日益凸显。旅游业是一个具有开放性和国际性的产业。通过发展旅游经济，不仅可以吸引国际资本的流入，参与全球市场的竞争，优化外部经济联系，而且能吸引大量的国外游客，从而稳定外汇收益。因此，旅游业的外汇收入常被形容为"无形的出口"。尤其是考虑到旅游业的高外汇创收能力、低成本和很少受各国税收政策的限制等优点，已经成为许多国家稳定外汇收入的关键途径。

（二）加快货币流通

积极推进国内旅游业的发展不仅满足了广大居民对旅游的渴望，还有助于资金的快速流转，进一步推动市场的健康发展和兴盛。随着人们收入的增长和生活品质的提升，他们的消费习惯也在发生变化，这使得更多的可支配资金被用于旅游消费。大力推动旅游经济，刺激人们对旅游产品的需求，鼓励各类旅游活动的展开，可以有效地扩大旅游市场，促进资金的流转。这不仅可以缓解市场上由于过多的资金积压而产生的潜在风险，还有助于维护市场的持续繁荣。

（三）扩大就业机会

旅游业，作为一个多元化的服务领域，为社会创造了众多的职业机遇。由于旅游业涵盖了广泛的服务内容，并且许多服务过程难以完全由现代技术替代，这使得旅游业在人力需求上远超其他行业。此外，旅游业具有显著的拉动效应，不仅可以维持自身持续增长，还能刺激与之相关的行业发展，进一步扩大就业空间。旅游业不仅为社会提供了大量的直接职位，还间接地为其他相关领域带来了更多的工作机会。

（四）带动相关产业

尽管旅游业主要聚焦于非实体生产，其对其他产业的带动作用却不容小觑。它不仅能够刺激实体生产部门的增长，还能助推第三产业的蓬勃发展。首先，旅游业的兴盛依赖于实体生产部门的稳定基础。如果缺乏足够的物质生产条件，旅游业的发展将受到限制。旅游业的有序扩张无疑会推动各类实体生产部门的进步。其次，作为国民经济中的一个综合性领域，旅游业与多个其他行业紧密相连，能够直接或间接地推动交通、商务、建筑、通信、金融、房地产、外贸等领域的增长，从而加速整体国民生产总值的提升。

（五）积累建设资金

旅游业在经济领域中独树一帜，它不仅依赖自身的经济回报来推动其发展，而且还为其他产业的扩张提供了资本积累。与传统产业相比，旅游业展现出了高效的投入产出比例。这种高效的经济性能意味着旅游业不仅能够为自己的持续增长创造有利条件，而且还能为整体国民经济和社会进步提供资金支持。简而言之，旅游业不仅是一个高效益的产业，还在资本积累和经济增长方面发挥了至关重要的作用。

（六）带动贫困地区脱贫致富

贫困问题一直是各国政府和国际组织关注的焦点。众所周知，许多贫困地区往往是经济欠发达的，但这些地区往往拥有丰富的旅游资源。因此，利用这些资源，通过旅游业的发展，可以为这些地区带来经济上的转变。开发这些地区的旅游潜力不仅可以推出具有地方特色和高品质的旅游产品，还可以为当地居民提供就业机会，从而助力他们摆脱贫困，推动地区经济的快速增长。

总的来说，旅游业在国民经济中所占据的位置，使其在推动经济增长中起到了不可或缺的作用。许多国家已经认识到发展旅游经济的重要性，并采取了一系列措施来促进其发展，如将旅游纳入国家发展计划、增加旅游投资、加强旅游宣传、培训旅游专业人才、出台相关法规、提供税收优惠、简化旅游相关手续等，这些都为全球旅游业的蓬勃发展提供了有力支持。

二、旅游经济对政治的影响及作用

旅游经济的兴盛不仅在经济领域产生深远影响，而且在国内外政治格局中也留下了独特的印记。从国内角度看，提升生活品质是各国普遍追求的目标。旅游经济为人们带来了一种融合物质与精神的高品质生活方式。通过推动国内旅游，人们有机会拓宽视野，更深入地了解自己的国家和文化，这不仅增强了他们的民族认同感和爱国情怀，还有助于身心健康，从而提升整体国民素质，推动社会全面进步。

从国际视角看，国际旅游活动为旅游者提供了一个了解和认识其他国家的平台，有助于纠正某些误解，提高接待国在全球的知名度和影响力。对于接待国，这也是一个宣传自己文化的机会，进一步加强了各国之间的友好关系。在国际政治领域，旅游经济的繁荣往往基于稳定的外交关系。如果两国之间缺乏外交关系或航空协议，国际旅游交流往往会受到限制。跨国旅游涉及的签证、货币兑换、保险、交通等问题，都需要通过外交途径来解决。因此，国际旅游在某种程度上可以被视为一种"软外交"，在促进国家间的相互理解、调解国际矛盾及维护世界和平方面都发挥了重要作用。

三、旅游经济对社会的影响及作用

旅游经济在全球化背景下的发展，对旅游接待国的社会结构和文化产生了深远的影响。这种影响不仅体现在经济层面，更深入到社会和文化的各个方面。旅游经济活动一旦展开，旅游者与旅游接待国的居民之间就产生了一种独特的社会交往，这种交往在某种程度上改变了双方的生活方式和价值观。

旅游经济的兴盛促进了社会信息的充分交流，为现代文明的传播提供了平台。即便是那些相对落后的国家，也在旅游经济的推动下逐渐打破了传统的观念束缚，开始对外开放，接纳新的文明元素，这无疑为人类社会的进步做出了贡献。对于旅游接待国而言，外国旅游者的到来不仅带来了经济利益，更重要的是，他们的行为和生活方式在一定程度上影响了当地居民的价值观和生活习惯。这种影响可能是正面的，也可能是负面的。例如，旅游者的生活方式可能会被当地青年模仿，这既可能激励他们积极向上，也可能导致他们过于追求物质享受。为了满足旅游者的需求，旅游接待国可能会对其基础设施和服务进行改进，这无疑会提高当地居民的生活水平。

但旅游经济的发展也可能带来一些负面影响。过度的旅游开发可能会导致资源的过度消耗，环境的破坏，甚至可能会引发社会不平等。例如，当旅游业将大量的资源用于满足外国旅游者的需求时，可能会导致当地居民的需求被忽视，从而产生不满。此外，外国旅游者的消费行为可能会对当地居民产生心理压力，使他们感到自己的生活水平与外国旅游者有很大的差距。更为严重的是，一些不健康的外国文化和行为方式可能会渗透到当地社会，导致一系列社会问题。

四、旅游经济对文化的影响及作用

旅游经济与文化之间的关系在当今全球化背景下显得尤为紧密。文化，作为人类社会发展过程中所创造的物质和精神财富的总和，与旅游经济的发展相互影响，共同塑造了现代社会的面貌。旅游经济活动中的各个环节都与文化有着直接的接触，这使得旅游业成了文化交流的重要载体。随着旅游者的流动，不同的社会群体和民族文化得到了广泛的交流，为世界各地的文化交流创造了有利条件。

旅游经济的发展对各民族的传统文化起到了积极的作用。在旅游经济的推动下，许多曾经濒临失传的优秀传统文化得到了重新振兴。旅游者对各民族独特文化的追求，使得这些文化成了旅游业发展的宝贵资源。此外，现代文明的发展和文化的交流在一定程度上对各民族文化产生了选择和淘汰的作用。旅游经济活动成了推动这一过程的重要手段，使得各民族文化的精华得到了进一步的锤炼和发扬，而那些落后的文化元素则逐渐被淘汰。

同时，旅游经济的发展也促进了整个人类精神文明的进步。通过旅游交往，各国人民得以了解其他国家和民族，这种文化交流为世界文化的共同发展创造了条件。旅游经济活动使得各国人民更具国际观念和开放意识，加强了其对经济改革与发展的认识，深化了各国人民之间的相互了解和友谊，进一步促进了国家之间的科技和文化交流，从各个角度推动了全球文明的进步。

然而，旅游经济的发展也给文化带来了一些挑战。例如，外来文化的冲击可能会对本土文化产生不利影响，导致某些优秀的民族文化发生变化或逐渐消退。为了适应旅游经济的需求，一些传统文化可能会被商业化，失去其原有的特色和内涵。旅游经济与文化的关系是相辅相成的，需要在发展旅游经济的同时，对民族文化进行深入的分析和研究，确保文化的健康发展。

五、旅游经济对环境的作用及影响

旅游经济在全球范围内的迅速发展，为众多国家带来了经济增长的机会，同时使得各国对旅游资源和生态环境的保护产生了更为深刻的认识。国际和国内的多种保护措施，如世界遗产保护、自然保护区的建立、风景名胜区的评定和历史文物的保护，不仅保护了人类社会的生存环境和珍贵的文化遗产，还为旅游经济的持续发展提供了丰富的资源。

与此同时，旅游业的无序扩张也带来了一系列的生态和环境问题。著名的旅游胜地，如泰国的芭堤雅海滩、埃及的金字塔和狮身人面像等，都在遭受了不同程度的破坏。一些地方的自然美景和历史遗迹，如今都面临着由于过度开发而带来的环境压力。

旅游经济对环境的影响不只是对旅游景点的直接破坏。在旅游产品的生产过程中，自然景观的改变、原始森林的砍伐及各种污染物的排放都对环境构成了威胁。旅游活动本身也带来了一系列的环境问题，如游客产生的垃圾、交通工具排放的废气和噪声污染，以及由于游客数量过多导致的人为破坏和交通拥堵。

因此，旅游经济的发展与环境保护之间的关系需要得到更为深入的探讨。为了实现可持续的旅游经济发展，必须将环境保护纳入发展策略中。这不仅意味着要采取措施减少旅游活动对环境的负面影响，还需要通过环境的改善来为旅游业创造更好的条件。只有这样，才能确保旅游经济的持续发展与环境的长期保护之间达到一个和谐的平衡，实现经济与环境的双重目标。

第二章 旅游业与生态环境关系分析

第一节 生态环境对旅游业的影响分析

每一种产业的扩展，不论规模大小，都会对其所在地的环境带来一定影响。这种影响涉及自然和人造的各个方面，对于旅游业来说更是如此。旅游活动，作为人们在异地寻求休闲和体验的一种方式，无疑对生态环境产生了深远的影响。随着我国经济的飞速增长，旅游业也逐渐崭露头角，成了许多地区的经济支柱。但这种迅速发展的旅游业并不是只带来好处。20世纪80年代起，我国旅游景点因过度开发而导致的环境问题逐渐凸显。郑韶毅在2007年的研究中深入探讨了旅游业增长对生态环境的潜在威胁，他结合了旅游业的特点，全面评估了这种增长给生态环境带来的各种影响。他以都江堰为例，全面评估了旅游业扩张对其生态环境的影响，并揭示了两者之间的动态关系[1]。

陈杨在2008年的研究中，选取了上海的三个典型旅游景点来探索旅游活动如何影响土壤、植被和水质。他通过研究发现，旅游活动对这些

---

[1] 郑韶毅.旅游业的扩展对生态环境的影响评价[D].成都：西南交通大学，2007:35.

环境因素都产生了负面影响①。更为重要的是，土壤与植被之间存在着相互反馈的关系，这意味着任何一个方面的改变都可能对另一个方面造成影响。此外，旅游活动对水环境的影响与多种因素相关，包括旅游活动的方式、强度及水域的大小和自净能力。

旅游业的发展对生态环境带来双重效应：一方面有积极的正效应，另一方面也存在不可忽视的负效应。作为旅游的核心吸引力，生态环境在旅游业中扮演着至关重要的角色。为了确保旅游业的持续发展，维护和创造一个健康的生态环境成为重中之重。虽然旅游业被普遍视为"无烟"产业，很多人认为它与其他产业相比较很少对环境造成污染和破坏。但事实并不总是这样。实际上，无论是建设旅游设施，还是游客的日常活动，都可能对所在地的生态环境带来影响。这些影响可能是小范围的、短暂的，但在某些情况下，特别是在过度开发的旅游目的地，这些影响可能是深远和长久的。想要深入理解旅游业与环境之间的关系，可以将其视为两个相互作用的系统。在这两个系统中，任何一方的变化都可能对另一方产生影响，形成一个相互反馈的循环。这种复杂的相互作用关系揭示了旅游业和生态环境之间的密切联系，并强调了在发展旅游业时必须考虑到生态环境的保护和可持续性。旅游系统与环境系统的相互影响效应如图2-1所示。

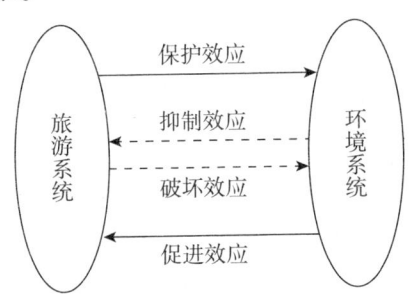

图2-1 旅游系统与环境系统的相互影响效应

---

① 陈杨. 旅游环境影响效应研究与景区间影响程度比较 [D]. 上海：上海师范大学，2008：15.

旅游经济在全球范围内的持续增长，不仅为各地带来了经济利益，也对当地的生态环境产生了深远的影响。生态环境，无论是自然的还是人造的，都成了旅游产品的核心组成部分。由于旅游活动的本质是在异地进行的非谋生的身心体验，它与生态环境的关系变得尤为密切。随着我国经济的迅猛发展，旅游业也在蓬勃发展，成了许多地区的经济支柱。

郑韶毅的研究深入探讨了旅游业发展对生态环境的多方面影响。他指出，旅游业的扩张不仅带来了经济效益，也对生态环境产生了不可忽视的压力。这种压力表现为环境污染、生态破坏等问题。他还通过对都江堰这一旅游城市的研究，揭示了旅游业扩展与生态环境之间的动态关系[①]。陈杨则从土壤、植被和水环境三个方面，研究了旅游活动对环境的具体影响，发现旅游活动对这些环境因子都产生了不同程度的负面影响[②]。

旅游业与环境之间的关系是复杂的。一方面，生态环境为旅游业提供了必要的资源和条件，使其得以发展。另一方面，旅游业的发展也对生态环境产生了影响，这种影响既有积极的，如促进环境保护，也有消极的，如环境破坏。尽管旅游业被视为无烟工业，但其对环境的影响不容忽视。旅游活动中的各种行为，如交通、住宿、餐饮等，都可能对环境产生影响。因此，旅游业与环境的关系需要得到更为深入的研究和探讨。

为了实现旅游业的可持续发展，必须对其与环境之间的关系进行深入研究，找出可能产生的问题，并采取相应的措施进行调整和改进。只有这样，旅游业才能在保护环境的基础上，实现真正的可持续发展。

一、生态环境与旅游业的良性互动

生态环境与旅游业之间的关系已经成为众多研究者关注的焦点，因为生态环境为旅游业的持续发展提供了关键支撑。崔峰（2008）的研究

[①]　郑韶毅.旅游业的扩展对生态环境的影响评价 [D].成都：西南交通大学，2007：15.

[②]　陈杨.旅游环境影响效应研究与景区间影响程度比较 [D].上海：上海师范大学，2008：26.

采用了协调发展度数学模型，对上海在 2000 至 2006 年间的旅游经济与生态环境的协同发展进行了深入评估[①]。结果显示，上海在生态环境建设上的投入相对于其旅游经济的增长来说是超前的，这意味着上海的生态环境得到了显著的提升，而与此同时，旅游经济仍具有巨大的潜力和发展空间。这为研究者提供了一个有力的证据，即旅游业的发展与生态环境的保护可以实现共赢。

这种共赢的关系主要体现在两个方面。首先，为了促进旅游业的发展，必须对环境进行改善和保护。旅游活动追求的是一个宜人的环境，这包括清新的空气、纯净的水源等。因此，发展旅游业意味着要尊重和保护自然资源，维护生态平衡，并在必要时进行人为的景观美化。在我国，众多的旅游胜地已经通过旅游开发，实现了生态环境的改善和优化，成了风景如画的旅游目的地。其次，旅游业的发展也为地方环境的优化提供了动力。为了吸引更多的游客，许多地方已经开始调整产业结构，优化资源利用，从而创造了一个更加宜居和美丽的环境。例如，我国的"中国优秀旅游城市"评选活动，已经成功地提高了多个城市的形象，改善了当地居民的生活环境。近年来的"绿色城市"评选，更是强调了经济发展与环境保护的平衡，其中，西安和桂林这两个知名旅游城市的表现尤为突出。

表2-1　"绿色城市"评价体系

考核指标	考核内容	具体指标	指标权重
绿色经济指数	城市经济发展所引起的资源环境消耗程度	城市 GDP 总量 大气污染程度 水资源消耗量	50%

① 崔峰.上海市旅游经济与生态环境协调发展度研究[J].中国人口·资源与环境,2008(5): 64-69.

续　表

考核指标	考核内容	具体指标	指标权重
绿色经济潜力指数	经济结构和理性	服务经济比重	30%
	现有各种污染处理率	污水处理率 生活垃圾无害化处理率	
	循环经济发展现状	工业固体废物综合利用率三废综合利用产品产值	
人居环境指数	空气质量	空气优良天数占全年的比重	15%
	城市绿化水平	人居公园绿地面积 城市建成区绿化覆盖率 燃气普率	
	市政设施完善程度	每万人拥有公交车辆 人居道路面积 排水管道密度 用水普及率	
污染防治指数	污染源治理投资力度	污染源治理本年投资总额	5%
	投资力度城市环境基础设施建设	城市环境基础设施建设本年投资总额	

对于旅游业的进展，它对绿色旅游资源和环境带来的双重效应是显而易见的。正面的效应是为旅游业提供了巨大的开发潜力，确保其长远发展的基石就是维护健康的生态环境。事实上，无论规模大小，旅游活动都可能对生态环境产生各种影响，甚至导致环境恶化。

近些年，以可持续性为核心的旅游开发策略开始受到重视。从各种自然保护区到森林公园，再到国家和世界级的地质公园，这些都是旅游业在保护生态资源、地质资源及野生动植物资源时采取的措施。这些旅游目的地旨在为游客提供观赏、学习和科研的机会，满足其文化和心灵上的需求。为了实现这一目标，管理层制定了一系列策略，包括但不限于规划、管理措施和规章制度，以确保资源得到保护、恢复和可持续发展。此外，他们还采取各种宣传策略，如广播、电视、媒体广告和导游讲解，以增强公众的环保意识和行动。

以自然保护区为例，这些地方经过精心规划和管理，被设计为保护生态和生物多样性的特殊区域。这些区域不仅为动植物提供了栖息地，还通过广泛的宣传和教育活动提高了游客和当地居民的环境保护意识。考虑到森林资源被过度利用带来的长期影响，各国纷纷设立了森林公园。这些公园通过科学管理和合理开发，转变为一个综合了生态保护、休闲、健身、科研和教育的多功能场所。随着旅游业对森林资源的合理开发，森林旅游也成了世界各地的热门活动，从而实现了旅游和生态环境的双赢。

二、生态环境与旅游业的矛盾冲突

虽然旅游业与生态环境有着正面的相互作用，但旅游业对生态环境的潜在影响仍不容忽视。随着经济增长对环境的日益严重的影响，正面临一个挑战：是否真正可以实现在保护环境的前提下持续地发展经济。遗憾的是，目前对旅游与环境影响的研究仍然有限。现有的研究主要集中在两个方面：一是围绕旅游活动的环境承载力，二是旅游活动对特定区域或生态的具体影响，如对非洲野生动物、地中海的水污染，以及对特定海滨和山区的影响。20世纪70年代后期，经济合作与发展组织构建了一个框架，目的是研究旅游活动对当地环境造成的压力。该框架主要考虑了以下几个方面：首先，与旅游相关的建设活动如何永久性地改变环境，包括高速公路、机场和度假村的建设等。其次，旅游活动产生的废物，包括有机和无机垃圾，可能会破坏海洋生态、危害公众健康和降低旅游目的地的吸引力。最后，旅游者的活动可能对生态环境造成直接的伤害，如游客的踩踏可能会损害珊瑚礁、植被和沙丘。

旅游业对生态环境的负面冲击主要体现在两个维度上。

（一）与旅游目的地的开发活动有关

旅游目的地的开发主要围绕旅游景区和相关地域展开，涉及从初期规划到土建工程、房地产建设、设施部署和全程管理的一系列行动。但在追求旅游业发展的过程中，许多地区未能平衡好资源的开发与环境的保护。这导致了在自然生态尚未受到破坏的地区，盲目地开垦、建设道路、酒店和观光设施（例如缆车、观景平台等），从而引发了植被损失、景观改变、土壤侵蚀和环境污染等问题。实际操作中，许多旅游开发项目要么缺乏深入规划，要么规划与实际需求相去甚远，导致执行时遭遇诸多难题。有时，旅游规划与国土、区域、城市和流域规划之间的协同也存在缺失，从而引发实施中的冲突和纠纷。综上所述，当缺乏明确和科学的规划时，旅游目的地的开发难免会对其生态环境带来不利影响。

对旅游资源的过度开发和不恰当利用已导致多种生态和环境问题。为适应大量游客的需求，景区有时会进行盲目的土地开发，如挖山取石、破坏森林以建设住宿和休闲设施。这样的行为加速了土地流失，可能导致地质灾害如山洪或水源枯竭，从而破坏了原生态环境，使野生动植物的生存空间受到挤压。许多地方在追求旅游利益时忽略了对生态环境和生物多样性的保护。由于监管缺位和执法不力，野生动植物受到了大量的捕杀和破坏，导致一些稀有物种面临生存威胁。以吉林长白山为例，该地的山顶冻原是国内独有的生态系统，具有巨大的科研价值。由于过度开发和游客数量激增，这块宝贵的生态宝藏正在遭受不可逆的损害。泰山为建设索道而进行的开发活动，导致其著名景点"月观峰"的大部分被炸毁，导致大片地貌改变和生态破坏。这些建设和开发活动大多是在没有充分考虑生态和环境影响的前提下进行的，暴露了当前旅游发展的盲目性和不可持续性。

（二）存在于旅游活动过程中

旅游活动，作为现代社会中一个重要的经济和文化活动，与生态环境之间存在着错综复杂的关系。交通是旅游活动的关键组成部分，它通过各种方式，如火车、汽车、飞机和轮船，连接旅游者与目的地。这种联系虽然为人们提供了方便的出行方式，但也给生态环境带来了明显的影响。交通工具的尾气排放不仅产生了大量的温室气体，还对周围的空气质量造成了影响，特别是在交通拥堵的高峰期。大量的交通工具进入景区还会破坏其原有的宁静与和谐，从而对当地的动植物种群和生态环境造成干扰。

随着私家车的普及和自驾游的兴起，特定的旅游景点在旅游高峰期经常面临交通拥堵和停车难题。这不仅增加了碳足迹，还加剧了对地方资源的压力。旅游者在景区的各种活动，无论是参观、游览还是休闲，都对该地的环境资源产生了影响。例如，大量的游客踏足可能导致土壤被压实，影响植被生长；不当的游览行为，如踏踩、涂鸦和随意丢弃垃圾，可能对景区的生态环境和视觉体验造成破坏。

当旅游活动达到某一阈值时，特定地区的物资和能源需求可能急剧增加，导致地方基础设施面临超负荷运转的风险。这不仅对当地的经济和社会环境构成挑战，还可能引发各种环境问题，如大气、水、垃圾和噪声污染。以衡山为例，大量的废弃物和汽车排放使得该地的空气质量受到了威胁。寺庙中的焚香行为，也可能进一步加剧空气污染。旅游造成的生态环境消极影响如表2-2所示。

表2-2 旅游造成的生态环境消极影响

受影响因素	具体体现
对于植物和动物物种的影响	动物在打猎活动中或为提供纪念品被杀 打乱它们的繁殖习惯 动物向内部或外部迁徙 在采集木料和植物过程中破坏植被 在清除或安装旅游设施时破坏植被的范围和性质
污染	排放污水和泄漏油料污染水源 汽车尾气污染空气 旅游交通和活动中制造噪声污染
地貌	土壤的凝集加速了地表流失和侵蚀 山体滑坡的危险加大、雪崩的危险加大对一些地貌的破坏 （如岩石和山洞） 对水库的破坏

续 表

受影响因素	具体体现
自然资源消耗	对地表水源的消耗 为旅游活动提供能源而消耗煤和石油 火灾的危险加大
外观影响	设施（建筑、电梯、停车场） 垃圾

旅游者在旅行过程中对旅游资源和生态环境的干扰展现了两个核心特点。首先，旅游者的数量对资源与环境的冲击程度起决定性作用。这尤其在众多旅游高峰时期，大批游客涌入景区时，对其资源和环境造成的巨大压迫中尤为明显。其次，旅游者对资源和生态环境的影响是持续变化的。由于旅游者是一个不断变动的集体，随着他们的组成和活动习惯的变化，其对环境的影响模式和强度也会随之调整。

第二节 旅游业对生态环境的影响分析

旅游经济与生态环境这两大系统之间存在着辩证关系。一方面二者相互影响，相互支持与促进，另一方面二者又存在矛盾冲突的一面。

一、旅游经济与生态环境的互促共进

旅游业的发展与生态环境的保护是相辅相成的。随着全球对可持续发展的重视，许多国家已经认识到在不损害自然资源和生态环境的前提下进行经济发展的重要性。旅游业，作为一种不直接消耗自然资源的产业，正是实现这一目标的理想选择。为了提供更好的旅游体验，旅游业需要投资于生态环境的保护和美化，这不仅有助于吸引更多的游客，还有助于保护和恢复自然生态。反过来，一个健康的生态环境是旅游业繁

荣的基石。旅游业依赖于自然资源和生态环境来满足游客的休闲和娱乐需求。在一个宜人的生态环境中，游客可以尽情欣赏自然美景，参与各种户外活动，从而获得身心的放松和愉悦。如果生态环境受到破坏，旅游业将失去其吸引力，进而影响其经济效益。因此，旅游业与生态环境之间存在着一种天然的共生关系。只有通过合理的规划和管理，确保生态环境的健康和旅游业的可持续发展，两者才能实现真正的共赢。

二、旅游经济与生态环境的矛盾对立

旅游经济与生态环境虽然存在着互促共生的关系，但现实中却不尽然，由于对经济利益的过度追求，二者存在着相互影响的矛盾关系。从现阶段来看，二者关系表现为相互牵制的案例比比皆是。

（一）过分追求经济效益导致生态环境恶化

旅游业因其低投入、快速回报和资源可持续性的特点，长久以来被视为经济增长的重要驱动力。很多地方在发展旅游业时，主要关注的是游客数量，因为这直接关联到经济收益。当然，作为一个主要的经济部门，旅游业的经济回报是至关重要的。但是，如果只关注经济效益，而忽视了生态环境的保护和基础设施的更新，这种短视的策略会导致生态环境的持续退化。如果这种趋势持续下去，不仅旅游业的经济利益会受到损害，人类的生存环境也会面临挑战。以青藏高原为例，杨大文团队基于耦合冰冻圈过程的分布式冻土水文模型 GBEHM，模拟预估了青藏高原历史与未来冻土与地下冰储量变化。在过去 40 年间，青藏高原多年冻土面积下降约 13.9%，地下冰储量减少了约 401.1 Gt，约为同期冰川储量减少量的 2 倍。这一结果表明在全青藏高原，地表以下的地下冰储量相比地表以上的冰川储量对气候变化响应更为剧烈[①]。在未来气候情景下，青藏高原多年冻土面积将持续下降，地下冰储量持续减小。

① 王泰华，杨大文，杨雨亭，等．气候变化下多年冻土融水对青藏高原径流影响评估（英文）[J].Science Bulletin, 2023（11）：1105—1108.

（二）环境恶化最终会影响经济效益的持续增长

随着时间的推移，生态环境的退化可能不会立即显现其负面影响，但随着时间的推移，这些影响会逐渐浮现并对经济产生深远的影响。在追求短期经济利益的过程中，许多旅游开发者和经营者可能会忽视或低估这种长期影响。当生态环境受到损害，旅游资源减少，长期的经济增长也会受到威胁。

以泰国的布吉岛为例，尽管该岛每天都能带来巨大的旅游收入，但由于长期的过度开发和资源消耗，一些生态宝藏，如产卵的海龟，已经从岛上消失。这种短视的开发策略不仅损害了生态环境，而且也影响了长期的旅游收入。当自然之美逐渐消失，旅游的吸引力也会随之减弱，从而影响经济效益。

国际研究也提供了关于环境退化对旅游经济的影响的数据。据《国际旅游研究》报告显示，考虑到气候变化的影响，到 2050 年，地中海地区的游客数量可能会减少数千万，导致旅游收入大幅下降；同样，加勒比海地区的游客数量也将大幅减少，带来的经济损失也是巨大的[①]。这些数据强调了保护生态环境对于确保旅游经济长期增长的重要性。

① 韩杰，崔庠，王犹青. 世界旅游市场的结构、发展趋势及我国应采取的对策 [C] 济南：山东省地图出版社，1991：102-105.

第三章 旅游经济发展方式转变的动因分析

第一节 旅游经济发展方式转变的政治动因

一、生态文明时代的到来

2007 年发布的党的十七大报告中，提出了"要建设生态文明，基本形成节约能源资源和保护生态环境的产业结构、增长方式、消费模式"[①]。此决策意味着中国进入了生态文明的新时代。生态文明，涵盖了人类根据与自然和社会的和谐关系所达成的物质和精神上的累积。它代表一种文化伦理模式，主张人与自然、人与人、人与社会之间的和谐共存、良性循环、全方位发展与持续繁荣。作为人类文明进程中的一种新型文明形态，生态文明侧重于尊重与保护自然，强调人类的社会关系和生态环境之间的相互关联性。生态文明的核心是建立可持续的生产和消费模式，从而指导人类走向持续和谐的发展路径。

生态文明的兴起体现了人类对传统文明，特别是工业文明的深度审视。这标志着文明发展的理念、路径及模式的显著转变。工业文明的生

---

① 杨莉，刘琦爽.十七大以来党的生态思想研究 [J].传媒与教育，2015（2）:6-8.

产逻辑往往呈线性，从资源的开采、产品制造到最后的废弃。这种生产逻辑无休止地消耗有限资源，其生活模式则受制于物质主义和高消费观念。事实上，工业文明所依赖的大多数资源是不可再生的，其过度开发可能给社会带来难以挽回的后果。

进入生态文明时代，经济发展模式从"追求增长"转向了"推动转型"。在这样的背景下，旅游经济的发展策略也必然会经历深刻的转变。在过去，旅游业经常采用粗放的资源开发方式，破坏了生态环境。例如，一些旅游投资者在短期内获取旅游地的开发权，通常为了快速实现盈利，过度推广各种旅游项目，而忽视对生态环境的保护。尽管这种策略可能在短期内带来经济效益，但长远来看，它削减了该地区的可持续发展潜力，与生态文明的理念大相径庭。

随着生态文明在全球范围内逐渐受到共同认知并被视为新时代的方向，我国的众多旅游企业也积极拥抱这一趋势，着手实践以生态为核心的旅游经济模式。例如，深圳东部的华侨城景区中的茵特拉根小镇和茶翁古镇就展现了其对绿色旅游的深刻理解。在获得大梅沙地块的开发权之后，华侨城集团为确保附近饮用水源的水质不受影响，投入逾千万元人民币创建了一个环绕水库的人造湿地作为生态缓冲带。这片湿地不仅起到了生态保护的作用，其盛开的鲜花也成了游客欣赏的景点。这一做法向人们展示了旅游开发与生态保护不仅可以共存，而且可以相辅相成，为其他旅游区提供了有益的参考。

生态文明的理念旨在建立一个基于环境资源承载能力、遵循自然法则、追求代际及代内公平、以可持续的政策为手段的社会，其目标是实现经济、社会和环境的三重共赢。这为旅游行业提供了强大的理论支撑，引导其向更加可持续的发展方向转变。

二、构建和谐社会、"两型"社会的要求

"和谐社会"于 2004 年 9 月 19 日首次提出，它描绘了一个团结、和谐及社会各阶层携手合作的理想状态。这一构想强调"民主法治、公平

正义、诚信友爱、充满活力、安定有序、人与自然和谐相处"六大特征。进入 21 世纪后，中国的社会变革与增长越来越受到外界的关注。在此期间，改革不仅覆盖了经济、政治和文化等多个领域，而且其影响深入到了公众的日常生活和经济权益。相比于过去单纯以经济 GDP 为衡量标准，现代的发展观更加综合，尝试在经济增长、人文进步以及环境保护之间找到平衡，使得资源与人口、环境之间实现共同发展。根据国际经验，一个国家在人均 GDP 达到 1000 美元至 3000 美元的阶段，往往是经济增长的关键期，但也面临着各种社会矛盾的突显。正确处理这些问题，就有机会将经济推向新的高度；相反，若处理不当，可能导致经济的停滞或退步。为确保经济的健康发展，避免潜在的社会冲突，有必要强化改革的成果，注重社会稳定，加强社会结构的优化，完善社会制度，以及转变经济增长模式。通过这些措施，目的是推动经济和社会的协同进步。

"两型"社会旨在构建资源节约型和环境友好型的社会结构。资源节约型社会强调以最小的资源消耗实现最大的经济产出，其中关键的措施包括采纳集中的土地使用方法、推进循环经济示范区和进一步的资源价格改革。而环境友好型社会则注重人与自然之间的和谐关系，这需要建立特定的功能区、制定相应的评价标准、推动生态补偿和环境政策，以及完善排污权交易机制等措施。应在全社会推广节省和环保的生产消费方式，使之成为所有组织和个人的日常实践，以此实现资源节约和环境友好的双重目标。随着经济的进一步发展和资源短缺的加剧，我国经济需要从"高投入、高能耗、高污染、低产出"模式，转变为"低投入、低能耗、低污染、高产出"的模式。不仅构建和谐社会需要这样的转型，实现"两型"社会同样有着此类要求。对于旅游行业来说，这意味着要推动其经济发展模式的创新。具体来说，旅游业应该努力优化对资源的使用，确保其在时间、空间和数量上的高效率，并增强与当地社区和居民的合作与共赢。旅游业的增长应建立在提高旅游产品的人文价值、环境效益、企业盈利和社区生活质量这些方面的综合提升之上。

第二节 旅游经济发展方式转变的经济动因

一、旅游自身发展面临升级转型

经济增长与经济发展是两个相互关联但含义不同的概念。具体而言，经济发展不仅涉及经济总量的提升，也就是说，一个国家或地区的产品和服务增加产量或效率，为经济发展提供物质支持。它还涉及经济结构的调整和完善，如投入与产出、分配与消费等方面的平衡。经济发展还反映在经济质量的提升上，如经济回报、社会和个人福利、生活质量、经济的稳定性、生态环境的改进，以及政治、文化和人的整体进步等方面。而经济增长更侧重于经济规模的扩张，是经济发展的重要组成部分，为经济发展提供基本动力和支持。简单来说，经济增长是手段，经济发展是终极目标；经济增长为经济发展提供基石，而经济发展是经济增长的终极成果。传统的生态外生型旅游经济发展策略主要注重旅游经济的量化增长，这只是旅游经济发展的一个中间阶段。而生态内生型的可持续发展策略则综合考虑了旅游经济的规模增长、结构调整和质量提升，代表了旅游经济发展的更高阶段。

中国的旅游业经过几十年的飞速发展，尽管曾经付出了较高的资源和环境代价，但现在已经从一个旅游经济增长的初级阶段进化到了一个更为成熟和发展的阶段。这为中国的旅游业提供了强大的动力，助其向更高的发展水平迈进。

（一）旅游资源驱动

旅游资源包括一切能够吸引游客并促进他们进行旅游活动的自然和社会元素，它们对旅游业的增长产生经济、社会和生态效益。一个国家或地区的旅游资源的独特性、丰富性、利用率和开发策略，直接决定了其旅游业的规模和相关的旅游消费模式。这些资源既包括具体的如山脉、水系、公园、古迹等物质元素，也涵盖了如文化和习俗等抽象因素。但任何形式的旅游资源，如果管理不善，都可能面临损失、退化甚至永久性的消失。当前，我国把旅游业视为关键产业来推进，众多地区积极开发旅游，使得各种具有吸引力的旅游资源都被纳入开发范围。从粗放的旅游资源开发转向更加精细和可持续的开发是旅游业发展的必然选择。

（二）旅游环境驱动

旅游与环境维持着一种互相影响的密切关系，它们互相依存，也对彼此造成影响。旅游的持续增长需要稳定的环境支持，但随之而来的开发活动也可能对这一环境造成压力。为了满足游客的各种需求，旅游活动往往会造成不同程度的环境破坏和生态污染。例如，在开发某些风景名胜区时，大量输入的资源和能量往往破坏了原本的生态平衡。同时，大量游客的活动也会对这些地方造成进一步的压力，如森林公园的开发可能导致某些生物种群的减少或消失。我国的旅游目的地普遍面临环境退化的问题，如水、空气污染和垃圾堆积等环境压力。此外，许多旅游景点在高峰期面临超过其承载量的人流，导致交通拥堵、住宿紧张等问题。为了确保旅游业的健康发展，必须以保护旅游环境为核心，调整旅游业的发展策略，使其走上可持续的道路。

（三）旅游竞争力驱动

在当前的市场经济环境中，竞争已成为每家企业的日常挑战。尤其在经济全球化和信息技术持续进步的背景下，行业竞争愈发尖锐。特别是自 2001 年中国加入 WTO 后，我国的旅游行业就面临了前所未有的国际竞争压力。在过去，由于对外国旅游企业的准入限制，我国的旅游公司在一种较为封闭的环境中进行了竞争，这种环境下的竞争并不总是最高效和最有活力的。随着《服务贸易总协定》的实施，我国的旅游企业与外国的大型旅游集团开始在平等的基础上进行竞争，涉及资金、资源、技能和效率等多个领域。在这种新的竞争环境下，只有调整和优化旅游

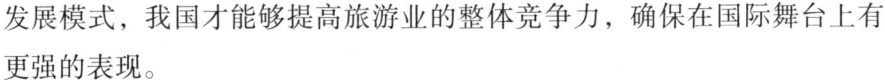

发展模式，我国才能够提高旅游业的整体竞争力，确保在国际舞台上有更强的表现。

二、旅游市场绿色需求不断升温

旅游市场在全球范围内正经历一个明显的变革，生态旅游的需求也在持续增长。世界旅游组织宣布 2002 年为"国际生态旅游年"是这一变革的标志。这一变革进一步加强了绿色旅游在全球的推广和发展。各种机构、学术团体和公司都认为绿色旅游是经济发展与环境保护之间的最佳桥梁。

中国在这一趋势中也并非置身事外。事实上，早在 1999 年，国家旅游局（现中华人民共和国文化和旅游部）便以"生态环境旅游年"为主题，推动了全国范围内的生态旅游活动。近年来，绿色旅游与中国的自然保护区、森林公园、自然景观资源开发及生物多样性保护相结合，标志着绿色旅游在国内迈出了更为稳健的步伐。

绿色旅游的增长背后的原因有很多。首先，绿色旅游以富有吸引力的方式提供了一种生动的、直观的方式来传递自然科学知识，从而增强了公众的环保意识和文化修养。这种旅游形式不仅满足了人们对美的欣赏、身心的放松，还加强了人们的身体健康，因此备受欢迎。实际上，据统计数据显示，绿色旅游成为旅游业中增长最快的领域。

绿色旅游作为一个新兴的旅游模式，需要面对与传统旅游不同的一系列挑战。在它的发展过程中，必须考虑如何遵循可持续发展的原则。这意味着需要制定一系列规范和标准，确保绿色旅游能够实现其对自然和社会的承诺。例如，绿色旅游应该强调对自然的真实体验，使游客能够真正地欣赏大自然的风光，也能够理解和尊重当地的文化和传统。在这种旅游模式下，环境保护的观念是至关重要的。绿色旅游应该鼓励游客在旅游过程中对大自然有深入的了解和尊重，同时应该注意保护和改善旅游目的地的社会经济和生态条件。

绿色旅游应该考虑如何在保护环境的同时，推动经济的发展。这需要将自然区域和生物资源视为旅游发展的重要基础，确保当地社区能够参与到这一过程中，从而实现旅游和环境保护的双赢。

三、旅游生态补偿机制有望完善

生态补偿在生态经济学领域被广泛研究和讨论。联合国于 1992 年通过的《里约环境与发展宣言》和《21 世纪议程》明确提出，生态成本需纳入政策决策的考量中，让生产者和消费者在决策时充分体现环境代价，同时确保价格能够真实反映资源的稀缺性与其固有价值，为防范环境恶化提供有效手段。生态补偿的核心思想是通过经济或制度的方式来鼓励和促进生态保护。

对于旅游业来说，其与环境之间的关系亟待考虑与平衡。尽管生态旅游被人们视为一种能够平衡经济和环境双重需求的模式，但其发展仍可能对环境带来超出预期的压力。因此，在旅游业的发展策略中，融入生态补偿的思维变得至关重要。旅游生态补偿的提出，体现了对资源与环境容量的深度反思，它倡导对生态环境资源的深度评估，并结合政府和市场的双重手段，确保对生态环境造成损害的行为能得到相应的经济补偿。这些补偿资金被有效用于生态建设和环境维护，从而为旅游业的长远发展创造一个可持续的资源与环境基础。旅游生态补偿可以通过多种模式来实现。

（1）基于财政再分配的旅游生态补偿模式。这一模式的核心是政府基于公正原则，从已有的财政收入中抽取一部分用于生态补偿。政府可以通过补助或激励来对那些致力于生态环境保护和建设的公共努力进行经济奖励，同时对那些为了生态保护而放弃一部分经济利益的个体或团体提供经济补助。但这一补偿模式完全依赖于外部资金注入，可能导致当地在生态保护和建设方面缺乏持续的自我驱动力和自我支撑机制。由于补偿资金的多少是基于财政收入的固定比例，而非实际的经济损失或贡献，这种补偿可能无法完全弥补那些为生态保护作出牺牲的人们的损失，也可能无法满足受益者对补偿的实际需求。

（2）旅游生态补偿的循环反馈模式。这一模式的核心在于明确区分旅游开发活动中的经济利益受益者与生态环境的损益受影响者，然后由受益者根据一定的标准向损益受影响者提供补偿。由于生态资源作为公共物品具有外部性，其影响的范围广泛，跨区域的环境变动与相邻地区的社会发展之间的联系不明确。因此，确定一个科学、合适的补偿计算方式，并将其转化为实际的操作策略是这种补偿模式成功实施的关键。为实现有效补偿，必须在经济受益者与生态环境损益受影响者之间达到均衡，通过多角度的研究和协同操作，形成一个完善的生态补偿评估体系。

（3）社会公益导向的旅游生态补偿策略。这种策略是生态补偿的未来方向，秉持"使用者支付，破坏者修复"的理念。基于企业的生产和经营活动及其对环境的影响，国家会征收相应的生态补偿费。这些补偿资金，在纳入预算后，将专门用于支持生态和环境的保护与修复项目。这样可以确保那些为了生态保护而牺牲经济利益的地区或实体得到适当的补偿，并对那些致力于生态建设的行动者提供资金支持。这种公益导向的补偿策略不仅能够平衡各个地区之间和不同时间段的生态利益，而且在法律和市场机制的双重作用下，还可以最大化地利用和保护生态资源，为社会的持续发展提供强大的生态支持。广西、江苏、福建等省份已经开展了这种补偿费的征收和管理，特别是在旅游领域对生态破坏行为进行征税。

显然，旅游生态补偿机制的出现本身就是旅游经济发展方式转变的一种制度尝试，随着旅游生态补偿机制的不断完善，旅游经济发展方式也将不断走向健康、科学。

四、旅游循环经济正在逐步推广

自20世纪90年代开始，鉴于全球人口的日益增长、资源的逐渐减少、环境的恶化和生态系统的变革等情况，循环经济这一理念得到了各国的广泛关注，无论是工业化国家还是正在发展的国家都认识到了它的重要性。这也催生了构建一个循环社会的宏大愿景。进入 21 世纪后，中国明确了科学发展的方向，坚信循环经济是我国经济向可持续发展迈进的关键。

　　旅游循环经济是将循环经济的原则应用于旅游行业，它结合了循环经济和可持续发展的核心观点。这种经济模式旨在达到社会、经济和环境的共同繁荣。传统的旅游业常常忽视各产业间的互相关联性，以及社会经济系统与自然生态系统之间的相互作用，这导致了线性的资源消耗模式，许多旅游资源被滥用或耗尽，造成了环境的损害。而循环旅游经济则坚守"3R"策略，即：减少、再利用和回收。该策略模仿自然生态的循环模式，确保在旅游活动中采用生态友好的方法，这不仅提高了资源利用效率，还促进了环境的保护。它鼓励在旅游业中实行环保开发、高效使用旅游资源、设计生态友好的旅游产品和鼓励旅游者采取可持续的消费方式。这样，旅游业不仅能实现从数量增长到质量提升的转型，还能扩展其产业链，带动绿色产业和新兴产业的增长，从而为社会提供更多的就业机会和持续的发展。

　　旅游循环经济的实践涉及旅游业的各个相关层面，包括旅游目的地、旅游客源地及旅游通道等环节，需要从旅游区的规划、开发、旅游活动开展的全过程综合考虑。旅游循环经济体系的构建如图 3-1 所示。

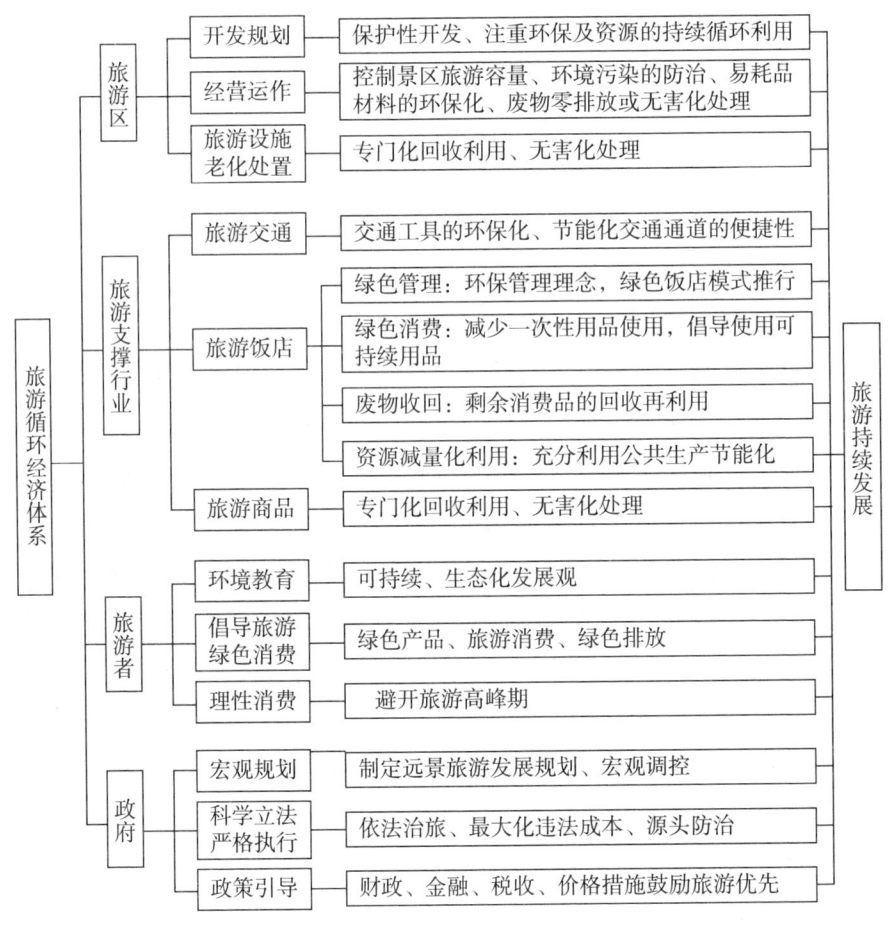

图 3-1　旅游循环经济体系的构建

　　可以预见，旅游循环经济代表了我国旅游业未来发展的方向，它也构成了旅游经济发展方式转变的内生动力。

第三节 旅游经济发展方式转变的社会动因

一、社会环保意识的觉醒

进入 21 世纪后，全球各国人民的生态意识都在持续觉醒与提升。特别是 2009 年 12 月 7 日在哥本哈根召开的世界气候大会，各国纷纷展现出积极的参与态度，共同讨论环境保护的重要议题。这次会议无疑是对现有生产和消费模式的一次深入审视。全球的碳排放问题使得人类开始重新审视其日常的生活与消费模式，从中孕育出了"低碳生活"的理念。

"低碳生活"理念实际上是对资源使用进行的深入思考，它强调在日常生活中尽量减少能量的消耗，从而减少二氧化碳的排放。这一理念迅速受到了人们的接纳和实践。"低碳族"这一新的社会群体应运而生，他们自身在生活中强调节约，也努力影响他人，共同构建低碳生活环境。

另一个值得注意的趋势是"乐活族"的崛起。该群体追求的是健康和可持续的生活方式，他们在消费选择上往往更加倾向于环保、健康和可持续的产品。该概念源于 1998 年保罗·瑞恩的研究，其在《文化创意者：5000 万人如何改变世界》中首次提出"乐活"的概念。他们不仅关注个人的身体健康，还关注到生态环境的健康。这一新兴的消费观念在欧美国家已经获得了广泛的传播和实践，现在正逐渐在中国得到普及。

与此相伴的是"乐活"市场的迅速扩张。无论是再生能源、有机食品、瑜伽、心灵成长，还是生态旅游，所有这些领域都开始融入乐活的理念，形成一个庞大的市场体系。例如，多家汽车制造商都在研发混合动力和氢燃料汽车；有机食品制造商也努力与乐活概念接轨，而旅行社则针对乐活消费者提供绿色自然旅行产品。

从上述趋势可以看出，无论是"低碳族"还是"乐活族"，他们都代表了现代社会中日益增强的环保意识和实践。这种对环境友好的生活方式不仅有益于地球的生态平衡，也为旅游经济发展提供了新的方向和机遇。

二、旅游方式的绿色转变

在 21 世纪，"绿色"已成为人类发展的关键词。无论是工业、农业还是服务业，都受到了"绿色"的深刻影响，旅游业也不例外。现代的"绿色旅游"已经成为一种流行的旅游模式，受到越来越多人的青睐。这种旅游方式由一些全球较大的非营利环保组织提出，目的是鼓励游客在旅行时不仅享受自然，还能对其负责，减轻对环境的负担。选择这种方式旅行的人们，被称为"绿色游客"。与传统的观光不同，绿色旅游融合了探索、学习和环境保护为一体。游客不仅是来欣赏风景，更是要参与其中，通过与自然的紧密互动，感受其美妙，同时加深对环境的关心和责任感。为了促进这种旅游方式，很多国家都有了具体的实践和建议。在英国，考虑到长途旅行可能带来的环境问题，很多旅行社提议那些选择乘坐飞机出行的游客，通过植树的方式来中和他们的碳足迹。而在德国，人们旅行时带上了一整套的生活用品，以减少使用一次性物品对环境造成的影响。此外，日本也推出了一种新型的旅游方式，游客在游览风景名胜区时还要参与到环境保护的活动中，如捡拾垃圾等。

在我国，绿色旅游主要以森林公园、自然保护区、野生动物园和生态农业园等形态的旅游地为依托。这类地方不仅受到旅游消费者的热烈欢迎，而且也吸引了大量的旅游开发投资。绿色专项旅游形式，如森林旅游、滑雪旅游、探险旅游、攀岩旅游、海洋旅游、沙漠旅游、观鸟旅游、徒步旅游、民俗旅游及"农家乐"等，都受到了广大消费者的欢迎。

为了进一步推广绿色旅游，许多环保机构也付出了巨大努力。例如，近年来，某保护中心联合多家中文网站作为绿色旅游公益合作伙伴，向广大游客发出绿色旅游倡议书，号召大家在线签署"绿色旅游承诺"。这种尝试采用民众参与的方式，目的是提高公众的绿色旅游意识。

总的来说，绿色旅游的崛起是由于旅游业者和消费者对社会发展趋势的洞察和理念创新。从旅游业者的角度看，经济、社会和环境效益的和谐统一是他们的终极追求；而从消费者角度看，绿色的审美和行为理念已经深入人心。"除了脚印什么也不要留下，除了照片什么也不要带走"已经成了许多人的旅游格言。这种绿色的旅游转变不仅推动了旅游经济的持续发展，还促使了旅游业的生态转型。

第四节 旅游经济发展方式转变的自然动因

一、旅游经济发展对生态需求量和依赖度增大

在当前的旅游经济发展中，生态的需求量和依赖度呈现出显著的增长趋势。这种增长的背后，有多方面的原因作为驱动。在旅游资源环境的存量相对稳定的情况下，需求的持续增长已经成为限制旅游经济可持续发展的关键因素。随着市场的逐渐扩大和消费者对旅游的日益追求，对旅游资源环境的需求压力也相应增大。

虽然我国政府早已意识到提高资源利用率和转变经济增长方式的重要性，并将其置于可持续发展的核心议题之中，但传统的发展模式，特别是那种以 GDP 为主要经济增长目标和评估政府官员政绩的模式，仍在一定程度上得到延续。这种发展模式注重资源的大量消耗和粗放式经营，强调发展的速度和规模，而忽视了发展的效益和质量。更重要的是，它强调对旅游资源的开发，而忽视了对资源的保护。由于旅游资源合理开发的技术缺乏创新与发展，中央政府和地方政府之间因管理角色的差异而产生的利益博弈进一步加剧了这一问题。这种发展模式导致旅游经济的增长在很大程度上依赖于旅游资源的过度消耗和掠夺性开发，存在一系列如"高投入、高消耗、高排放、不协调、难循环、低效率"的问题，这无疑是加剧旅游资源环境对可持续发展约束的重要原因。

从管理的角度来看，有效的资源和环境管理是确保旅游经济可持续发展的关键。但在当前的背景下，我国在资源环境管理方面仍存在一定的不足。尽管已有多部相关法律法规，但在实际操作中，这些法律法规在资源

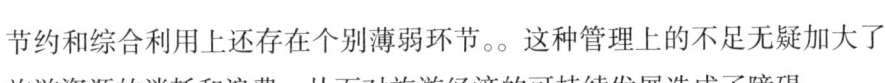
节约和综合利用上还存在个别薄弱环节。。这种管理上的不足无疑加大了旅游资源的消耗和浪费，从而对旅游经济的可持续发展造成了障碍。

二、旅游经济发展对生态基础的破坏十分明显

旅游经济发展对生态资源和生态环境的破坏十分突出，造成旅游资源环境破坏与旅游环境质量下降的原因是多方面的，概括起来有如下几种：

（一）人类经济行为的不当破坏了旅游资源与环境

人类的经济活动与旅游资源及环境的关系是复杂而微妙的。在追求经济增长的过程中，许多经济行为对旅游资源和环境产生了不可逆转的负面影响。工业生产中排放的废物和噪声是此类破坏的明显代表。这些排放不仅扰乱了旅游区应有的宁静氛围，还破坏了区域内原有的生态平衡。例如，杭州的龙井和九溪，这两个景点曾是新西湖十景之一，被誉为杭州的瑰宝。但近年来，龙井上游新设的龙井茶馆产生的残渣污水被排入水沟，并随后流入龙井泉，导致该地区的水源受到污染。与此同时，九溪上游的龙井村建有矿泉饮料厂，废水排放使九溪水变色。富春江与杭州西湖有着密切的关系，被称为"浙江旅游的生命线"。在过去，江水清澈，生态环境得天独厚。沿江兴建的一系列小企业，如小化肥厂、小农药厂和小造纸厂，将大量污水和废渣排入江中。这些污染物不仅使江水变得混浊，还导致大量鱼虾死亡。

除了上述的污染问题，不合理的资源利用和农业生产方式也对旅游资源和环境构成了威胁。例如，黄山因其独特的自然风光而闻名。然而该地区每年都要砍伐大量树木，其中包括基建用材、薪炭用材和被偷伐的树木。这些行为不仅导致黄山的植被蓄水能力大幅下降，还使其生态平衡受到严重破坏。被誉为泉城的济南，因长期过度开采深层地下水而导致地下水位下降，使得多个泉水断流或枯竭，给许多游客留下了不佳的印象。

在进行经济结构、生产力布局和城市发展规划时，如果忽视旅游资源的存在，可能会导致区域经济结构、生产力布局和城市发展方向与旅

游业的正常、持续发展对环境条件的要求不匹配。例如，洛阳在进行基础建设时使用爆破法，在邙山古墓葬区建设了众多工厂，导致大量珍贵的古墓被破坏。同样，北京的周口店猿人洞遗址在兴建和扩建小石灰厂、水泥厂和采石场时受到了严重破坏，导致原有的 26 个化石点中，只有 7 个得以完整保存。

（二）旅游开发和建设破坏旅游区环境

在现代社会的快速发展下，旅游业作为经济的重要组成部分，吸引了大量的投资与开发。这种快速的发展往往缺乏对旅游资源与旅游环境整体性的考虑，导致许多地方出现与历史、文化和民族风格不协调的建设项目，进而破坏了旅游区的原有环境和氛围。

在旅游资源的开发与利用中，许多开发者常常对旅游区的特色和历史价值缺乏深入的了解和尊重。古迹复原处理不当，如新设施与旅游景点风格不协调，都是常见的问题。特定的旅游资源，如古迹、历史建筑或特定的风景，通常蕴含有深厚的历史、文化和民族背景，这些特色是其成为旅游景点的根本原因。在开发利用过程中，这些独特的特色应当得到充分的保护与展现。然而，由于缺乏对旅游资源整体性的考虑，很多开发者忽略了旅游资源所蕴含的历史、文化和民族内涵，进行了盲目地开发。这种盲目地开发往往会导致旅游景点出现不协调的情况，破坏其原有的环境和氛围，使其失去了原有的旅游价值，进而导致游客兴致的减退。

城市建设同样对旅游氛围产生了影响。许多城市在追求现代化发展的过程中，忽视了城市原有的历史和文化背景，导致新建建筑与城市的整体建筑风格不协调，使原本作为旅游对象的城市失去了其原有的面貌。例如，北京的天坛，作为中国历史上的重要祭祀场所，原本应该传达出一种庄重和神圣的感觉。然而，由于天坛南面新建了高层楼群，使得人们在参观时难以体会到祭天的圜丘原本应有的"九天之上"的感觉。同样，苏州的沧浪亭则因为新建的现代建筑而显得局限和狭小。

这些例子都反映出在现代社会的快速发展下，旅游业开发常常缺乏对旅游资源与环境整体性的考虑，导致许多地方出现与历史、文化和民族风

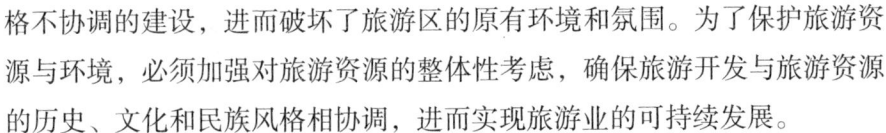

格不协调的建设，进而破坏了旅游区的原有环境和氛围。为了保护旅游资源与环境，必须加强对旅游资源的整体性考虑，确保旅游开发与旅游资源的历史、文化和民族风格相协调，进而实现旅游业的可持续发展。

（三）旅游活动对旅游区环境的影响

旅游活动，作为现代社会经济发展的重要组成部分，正面临着与环境保护之间的严重矛盾。随着旅游业的不断蓬勃发展，对旅游区环境的影响越来越明显，这不仅体现在景区的垃圾污染上，更深层次地体现在对自然生态和旅游意境的破坏上。

景区垃圾问题是旅游活动对环境产生的直接影响之一。随着旅游活动规模的不断扩大，景区内的垃圾遗弃问题日益严重。这既是由于旅游区内设施的不完善，也是因为部分游客素养不高，导致垃圾被随意抛撒，堆积在景区内。这不仅破坏了原有的自然景观，还对景点的水体造成了严重的污染。我国的很多旅游水体，包括那些原本清澈透明的湖泊和河流，都遭受了不同程度的污染。这种污染不仅表现在水体透明度、色度和气味等指标超标，水体中的漂浮物、悬浮物和油迹等污染物已经严重影响到游客的感官体验，进一步减少了其对旅游活动的兴趣。

另外，旅游区的生态系统承载能力也是旅游活动对环境产生影响的一个重要方面。每一个自然景观背后都有一个相应的生态系统支撑，这个生态系统对旅游活动有一定的承载能力。但随着游客数量的不断增加，超出景区的承载能力，旅游活动就会对景区的生态系统产生严重的破坏。例如，大量游客的涌入，会使景区的土地被踩踏得非常坚硬，导致土壤板结和树木死亡；在山区，大量游客爬山蹬踏，会破坏长期形成的稳定的落叶层和腐殖层，导致水土流失，树木根系裸露。景区的超规模接待也会导致旅游资源的过度开发。

除了上述问题，还有一些其他的环境问题也应该引起关注，如废罐公害问题。在日本，每年都有大量的废罐头瓶被遗弃在旅游区，仅国立公园的废罐处理费用一年就高达数亿日元。

第四章　旅游经济发展方式的转变——绿色发展

第一节　旅游经济绿色发展的基本理论

一、绿色经济发展理论

从 20 世纪 90 年代开始，随着我国对生态环境建设和生态经济协调发展研究的加深，绿色经济这一概念逐渐浮现并被学者广泛探讨。其核心思想是以生态环境改善为中心，实现经济与生态环境之间的紧密协调发展，以确保人与自然之间的和谐共生。

刘思华的观点对绿色经济给予了更深入的定义，强调其作为可持续经济的实现形态。这一视角揭示了绿色经济所包含的生态经济属性，并强调了其对可持续发展经济的核心特征①。他的定义成功地将绿色经济与西方的环境经济学理论区分开来，使其更为符合东方的生态经济学和可持续发展经济学理念，这一观点也得到了广大学者的认同。更为重要的是，刘思华从文明属性上强调了绿色经济作为生态文明经济的实现方式，

---

① 刘思华.生态文明"价值中立"的神话应击碎[J].毛泽东邓小平理论研究,2016(9):57-64, 92.

揭示了其作为现代文明进程中的重要组成部分。

中国学者在探索绿色经济理论时，注入了深厚的东方智慧，充分展现了东方文化在全球可持续发展议题中的独特贡献。他们深入地探讨了绿色经济的根本属性和本质内涵，并认为绿色经济是生态经济与可持续发展经济之间的桥梁，为工业经济与知识经济提供了一个融合的平台。随着绿色经济的持续发展，它逐渐被认为是生态文明新时代的主导经济形态，并在实践中得到了广泛应用。

中国在追求绿色经济的过程中，始终坚持东方的生态文明之路，这也是中国为全球永续发展做出的重要贡献。与此同时，绿色经济不仅仅是一个经济形态，更是一个文化和文明的升级，它代表了人类对未来发展方式的重新思考和选择，是人与自然和谐共生的最佳实践。

绿色经济的推进与实现并不是一帆风顺的，它面临着许多挑战和困难，需要全球各国的共同努力和合作。在这个过程中，东方智慧与西方科技的融合成了一个重要的发展趋势，两者互补，共同推动绿色经济的快速发展。中国在这方面的实践和经验为全球其他国家提供了宝贵的参考，也表明了在全球范围内实现绿色经济的可能性和必要性。

党的二十大进一步强调了绿色发展的重要性，明确提出"推动绿色发展"为我国未来发展的重要方向。这是中国特色社会主义生态文明建设的新的政治表达，也是对党的十八大提出的绿色发展理念的继承和发展。它标志着中国特色社会主义生态文明建设进入了一个新的历史阶段，更加注重与国际绿色发展趋势的接轨，强调绿色、循环、低碳的发展模式。这种发展模式不仅是为了应对全球气候变化和环境问题，更是为了实现中华民族伟大复兴的中国梦而开辟的新的发展道路。在这个新的历史阶段，中国特色社会主义生态文明建设的理论体系也得到了进一步的完善和发展。它不仅继承了"中国智慧"创立的绿色经济理论与绿色发展学说，更加注重与国际绿色发展理念的融合，强调绿色发展不仅是一种经济发展模式，更是一种文明发展的选择。这种选择既是适应世界文明发展进步的需要，也是适应中国特色社会主义文明发展进步的需要。

党的二十大报告中关于绿色发展的内容，充分体现了中国共产党对生态文明建设的高度重视和坚定决心。它明确提出，要坚持绿色发展，加快构建绿色、循环、低碳的经济体系，推动经济社会发展与自然生态相协调。这不仅是为了应对全球气候变化和环境问题，更是为了实现中华民族伟大复兴的中国梦而做出的战略选择。

二、绿色发展学说

最初，人们提出"绿色经济"这一概念，是为了在生产、分配、交换和消费等经济活动中应对环境和生态的挑战。例如，2010 年，我国政府决定转变其经济发展策略，倡导建立一个"节约资源和环境友好"的社会。但随着时间的推移，经济和社会与环境、生态之间的关系变得越来越紧密，使得"绿色发展"这一理念被更多人所接受。到了 2015 年，党的十八届五中全会将"绿色发展"上升到了"五大发展理念"的层次，并着重强调了"坚定走绿色发展之路，努力构建美丽中国"。早期，学者们研究"绿色发展"并不仅是出于经济增长的目的，也并不仅限于经济学的范畴。随着人们对绿色理念的深入理解和发展观念的转变，绿色发展的研究领域已经扩展到了人口学、生态学、社会学等多个学科。因此，绿色发展的理论基石是建立在多学科理论交叉分析的基础上的。

在近现代中国的绿色发展理论探索中，刘思华、戴星翼和胡鞍钢等学者的贡献不可忽视。刘思华在其 1994 年的作品《当代中国的绿色道路》中深入探讨了绿色发展的理论与实践问题，他明确指出中国绿色发展道路的核心在于"经济发展生态化之路"[①]。他认为，为了实现真正的绿色发展，所有的发展活动都应当以改善生态环境为核心，确保市场经济的发展是建立在生态环境资源承载力所允许的稳固基础之上，从而实现对生态环境有益的经济社会发展。戴星翼在 1995 年的《中国的持续

---

① 刘思华．当代中国的绿色道路：市场经济条件下生态经济协调发展论 [M]．武汉：湖北人民出版社，1994：15．

发展问题》中，从经济学的角度对绿色发展进行了深入的探讨，并首次明确使用了"绿色发展"这一术语[①]。他将绿色发展解读为可持续发展的新表述，并强调"通往绿色发展之路"的核心在于"可持续性的不断增加"。这一观点为后来的绿色发展理论提供了重要的理论基础。2012年，胡鞍钢在其著作《中国创新绿色发展》中，对"绿色发展"理念进行了创新性的解读。他不仅系统地阐述了绿色发展的理论体系，还总结了中国在绿色发展方面的实践经验，并为中国的绿色现代化发展提供了一个全新的蓝图[②]。这三位学者的研究，为中国的绿色发展理论提供了丰富的理论资源。他们的观点虽然各有侧重，但都强调了绿色发展的核心在于生态环境的保护和可持续性的增强。在他们的研究中，可以看到中国绿色发展理论的演变和发展，从最初的生态环境保护，到后来的经济学角度的探讨，再到对绿色发展的全面系统阐述，这一理论不断地得到丰富和完善。

第二节　旅游经济绿色发展的基本目标

总体而论，旅游业依然被视为具有环境友好性和强烈的经济带动作用的"绿色产业"。相较于其他产业，旅游业应确立更全面的发展目标，积极地承担促进经济绿色发展的责任。通过推动生产模式的革新、科学战略的部署、前沿理念的采纳等策略，全面推进旅游领域的绿色演变，从而提高旅游的生态经济价值。只有这样，旅游业才能确立其在绿色产业发展中的核心地位，并开拓一个绿色、可持续的旅游经济发展之路，这是旅游业绿色发展的终极追求。

---

① 戴星翼.中国的持续发展问题[J].人口与经济，1995（5）：10-19.

② 胡鞍钢.中国：创新绿色发展[M].北京：中国人民大学出版社，2012：62.

一、提高发展效率

在追求经济增长的同时，对环境与资源的保护成为全球共识，提高发展效率与绿色发展之间存在着密切的关联。当谈到提高资源利用率时，实际上是在讨论如何在最小的资源消耗中获得最大的经济产出，同时减少废弃物的排放和加强其处理，确保环境的可持续性。这种高效率的发展模式需要对整个产业链进行绿色化改造，从产品设计、生产开发到产品包装、分销等各个环节，都需要融入绿色发展的理念，以期在保障生态平衡的同时，促进经济和社会的和谐发展。

重庆市黔江区作为"全国休闲农业与乡村旅游示范县"的成功模范，为研究者提供了一个与绿色发展紧密结合的实践范例。这个区域所进行的生态农业实践与创新不仅是基于地域特色的发展，还是对传统农业模式的一次深度反思与革新。将生态视为农业生产的第五要素并非简单地加入一个新的生产环节，而是一种深刻的战略转型，它意味着在农业生产中，生态环境与经济产值同等重要，二者相辅相成。

重庆黔江的经验表明，只有真正重视生态的农业生产方式，才能使产品在市场中建立起高度的美誉。例如，黔江猕猴桃通过无污染的耕作方式，不仅保持了其天然的品质，还使其在市场上获得了更高的认可，这也使重庆黔江区得以赢得"全国绿色生态猕猴桃之乡"的荣誉称号。通过绿色高效的农业生产方式，黔江区的生态蔬菜年产值达到了 4.5 亿元，成为重庆的鲜菜供港基地，这不仅证明了绿色农业模式的经济价值，同时也印证了在生态与经济之间，确实存在着一个和谐共生的平衡点。而这种平衡并非自然而然形成的，它需要地方政府、企业和社会各界共同努力，通过科学的规划、创新的思维和合理的投入，确保在追求经济增长的同时，能够实现生态环境的保护和恢复，使之成为真正的绿色产业。这也为其他地区提供了一个可行的参考方案，引导其走上绿色高效的发展道路。

二、促进绿色转型

促进绿色转型并非是旅游产业独有的挑战，而是当今全球经济领域中普遍存在的议题。由于旅游经济与自然环境、历史文化的密切关系，使得其绿色转型显得尤为关键和紧迫。旅游业长期以来经历了迅猛发展，但这种增长在很多情况下是以牺牲生态平衡和文化遗产为代价的。这种现象反映了一种短视的经济行为，导致资源的浪费和低效率的开发。随着消费者对旅游体验的期望日益提高，单一、传统的旅游供给已经难以满足市场的多元化需求。

生态创新在旅游经济中的地位日渐显现，它不仅仅是对环境的保护和可持续发展的追求，更是对旅游经济模式进行整体的、根本性的创新。要实现这一目标，必须深入理解与分析旅游经济的内在逻辑，挖掘其与生态、文化、社会等多个维度的互动关系。

中国的旅游经济，由于其独特的地理、文化和社会背景，其绿色转型的路径和策略也具有特殊性。对于中国来说，过去的旅游经济发展很大程度上依赖于其丰富的自然和文化资源，但这种模式现在已经显示出其局限性。为此，中国需要在旅游经济的绿色转型过程中，注重两个方面的工作，一是持续推进技术和管理创新，提高资源利用效率。二是在市场导向下，更好地满足消费者对高品质、个性化、生态和文化体验的需求。

在技术和管理创新方面，可以考虑采用先进的信息技术和大数据分析，对旅游资源进行精细化管理和优化配置，以实现资源的合理利用和保护。同时，可以引入市场机制，通过经济手段如价格、税收等激励旅游业的绿色转型。

在满足市场需求方面，除了传统的旅游产品和服务外，还可以开发一系列与生态和文化相关的创新旅游产品，如生态旅游、农村旅游、文化遗产旅游等，以满足消费者的多样化需求。这不仅可以提高旅游业的竞争力，还可以有效地保护和传承生态和文化资源。

第三节 旅游经济绿色发展的指导原则

绿色发展代表了一种追求可持续性的先进理念，它强调人的核心地位，倡导全面、和谐、持续的发展策略。首要任务是确保经济增长与环境保护之间的平衡，在坚持技术创新，努力实现经济增长的同时，确保能源消耗降低、环境污染减少和效益最大化。绿色发展的实现需要全社会的共同努力。政府应当承担起引导和协调的角色，通过制定合适的政策和机制，激励各行业、公司和消费者参与，共同推进绿色经济的建设，为实现可持续发展共同努力。

一、整体协同原则

旅游业，作为一个多元化的产业体系，包括食、宿、行、游、购、娱等核心部分，这些部分之间存在着紧密的关联性。考虑到这种内部的相互联系，旅游业与农业、林业、水利、工业、科技、文化、体育、医药等其他行业的深度融合显得尤为重要。在我国，旅游业已经迅速地从传统的模式转变为全域旅游的发展模式，这种模式强调了区域资源的整合、产业的融合以及共建共享的理念。全域旅游，作为一种开发性的保护模式，旨在确保旅游业的发展与资源环境的承载能力之间达到平衡。这需要对旅游资源、基础设施、功能和产业布局进行全面的优化，以实现在空间上的合理布局和优化配置。这种布局和配置不仅可以有效地缓解核心景点和景区的压力，还可以更好地保护核心资源和生态环境。为了实现这一目标，必须确保旅游产业中的食、宿、行、游、购、娱等板块，能够形成一个和谐、相互促进的发展模式。这种模式不仅可以提高旅游业的整体效益，还可以为游客提供更加丰富和多样化的旅游体验。全域旅游强调与其他产业的深度融合。这种融合不仅可以为旅游业带来新的发展机会，还可以为其他产业提供新的增长点。例如，与农业的融合可以推动农旅融合的发展，与文化产业的融合可以推动文旅融合

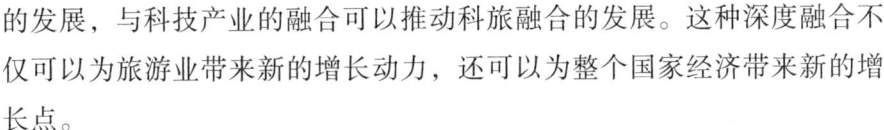

的发展，与科技产业的融合可以推动科旅融合的发展。这种深度融合不仅可以为旅游业带来新的增长动力，还可以为整个国家经济带来新的增长点。

二、低能高效原则

低能高效原则在旅游经济的绿色发展中具有深远的意义。旅游经济的绿色发展要求旅游活动在整个过程中都要考虑到对生态环境的影响，努力降低资源消耗和环境污染，甚至达到零污染。旅游产业作为非纯公益性的环保产业，其目的仍然是获得经济利益。因此在保护资源环境的同时，不能放弃对经济利益的追求。为了实现这两个目标，产业主体需要在降低能耗和减少污染的同时，确保旅游经济的优质和高效。

涪陵作为一个具有丰富历史和文化背景的地区，其地理位置、自然资源和人文历史都为其旅游经济的发展提供了有利条件。涪陵乌江玉景园是该地区的一个标志性景观，它的规划设计充分考虑了当地的地理、历史和文化特点，力求打造一个集观光、休闲、文化体验为一体的综合性旅游景区。玉景园的设计理念是将传统和现代相结合，既展现了涪陵的历史文化，又体现了现代的设计理念和技术。

重庆市农业生态旅游的发展也是一个成功的案例。随着城市居民生活水平的提高和交通条件的改善，越来越多的人选择在周末或假期进行短途旅游。重庆市的农业生态旅游正好满足了这一需求，它提供了丰富多样的旅游产品，如民风民俗、赏花尝果、农耕体验等，吸引了大量的游客。永川区作为重庆市的一个重要旅游区，其丰富的旅游资源和独特的地理位置为其旅游经济的发展提供了有利条件。

"七彩风情小镇"是宜宾市翠屏区的一个重点项目，它是一个集彩林观光、科普教育、休闲体验、养生度假、苗木交易、产业示范于一体的现代特色农业小镇。该项目的设计充分考虑了地形地貌、生态环境和地方文化，力求打造一个具有独特风格和眼光超前的旅游景区。

三、引导—推动原则

在旅游经济的绿色发展中，全社会的共同参与显得尤为关键，其中包括政府管理部门、行业经营者和消费者。绿色经济的形成和发展是在特定的制度安排下，根据既定规则，由监管者、绿色经济消费者（即居民）和遵从者（即企业）之间的相互互动和博弈所产生的。在这一过程中，政府、市场和社会三方的博弈关系纵横交错，复杂而又微妙。

为了确保旅游经济朝着绿色化的方向发展，政府的角色显得尤为重要。政府不仅需要在观念上引导，更需要在利益上进行推动，这样的双重干预手段可以更有效地促进绿色经济的发展。具体而言，政府可以通过出台相关的经济政策来引导旅游企业走向绿色发展，并加大对这些企业的支持力度。例如，政府可以通过实施优惠税费和开辟绿色通道等政策来鼓励旅游企业采取绿色行为，从而确保这些企业能够获得应得的利益。

为了限制传统的高能耗、高污染旅游产品的生产，政府还需要采取一系列的处罚性措施。这些措施不仅可以有效地遏制不环保的旅游产品的生产，还可以为绿色旅游产品的发展创造有利的市场环境。同时，政府还需要加强对绿色旅游产品的监督管理，鼓励技术创新，从而增强低碳经济转型的动力。为了确保消费者能够更好地识别绿色旅游产品，政府还可以建立和完善旅游产品的环境标志制度，为符合环保标准的绿色产品使用统一的绿色标志。

消费者在绿色旅游经济的发展中也起到了关键的作用。为了确保消费者能够更好地接受和支持绿色旅游产品，政府需要培养消费者的绿色消费观念，并提高他们对绿色旅游产品的购买能力和识别能力。这样，旅游经济的绿色发展才能得到全社会的广泛支持和参与，从而实现真正的可持续发展。

四、规划设计原则

旅游经济绿色发展的规划应遵循"减量、再用、循环"为内容的行为原则，在此基础上还应遵循再思考、再修复的原则，以及旅游区规划常用的突出特色、合理布局、价值工程、市场复合、产业联动、社区参与、人本主义协调一致、可操作性等原则。

（一）减量原则

在旅游经济的绿色发展规划中，减量原则作为核心理念，强调对各种资源，如能源、土地、水和生物等的高效、节约使用。这种原则不仅体现在对资源的直接使用上，还涉及如何通过科技和管理手段提高资源使用的效率，从而达到旅游经济的可持续发展。

考虑到旅游区的绿化系统，树种的选择显得尤为关键。选择乡土树种而非外来园艺品种，不仅可以减少灌溉用水，降低化肥和除草剂的使用，还能够自身繁衍，为地方特色增添独特的色彩。这种选择不仅有助于资源的节约，还能够强化旅游区的地方特色，为游客提供更加独特的旅游体验。

合理地利用自然过程，如太阳光、风和水等，也是减量原则的重要体现。这些自然资源在旅游经济的发展中发挥着不可替代的作用。例如，通过合理地设计和布局，可以充分利用太阳光为旅游区提供照明和供暖，从而大大节约能源。同样，合理地利用风和水资源，也可以为旅游区提供清洁、可再生的能源，从而实现旅游经济的绿色、低碳发展。

新技术在旅游经济的绿色发展中也起到了关键的作用。通过采用新技术，不仅可以提高资源使用的效率，还可以大大减少能源和资源的消耗。例如，通过采用节能技术，可以大大减少旅游区的能源消耗，从而实现旅游经济的绿色、低碳发展。通过采用水资源循环利用技术，也可以做到节约水资源，从而实现旅游经济的可持续发展。

游客在旅游经济的绿色发展中也起到了关键的作用。为了确保游客能够更好地支持和参与旅游经济的绿色发展，需要对游客进行教育和引导，使其合理地减少物质需求。这不仅有助于资源的节约，还能够提高游客的旅游体验，从而实现旅游经济的可持续发展。

（二）再用原则

再用原则强调对已有资源的再次利用，以实现资源的最大化效益。这种思维方式不仅有助于资源和能源的节约，还为旅游经济的可持续发展提供了新的思路和方向。

废弃土地和原有材料的再利用是再用原则的重要体现。例如，城市更新过程中的废弃工厂，经过生态恢复和改造，可以成为市民的新的休闲场所。这种转型不仅为市民提供了新的休闲空间，还为城市的绿色发展提供了新的动力。同样，对于旅游经济而言，废弃的旅游景点或设施，经过合理的规划和改造，可以为游客提供新的旅游体验，从而实现旅游资源的再次利用。

再用原则要求对旅游资源进行科学的保护和管理，以延长其使用寿命。这不仅有助于资源的节约，还能够为旅游经济的长期发展提供稳定的支持。例如，对于具有历史和文化价值的旅游景点，需要进行科学的保护和修复，以确保其能够长期存在和利用。同样，对于自然旅游资源，如森林、湖泊和河流等，也需要进行科学的管理和保护，以确保其生态平衡和可持续利用。

再用原则还要求对旅游产品的种类进行丰富和完善，以实现旅游产品的多样化和个性化。这不仅有助于满足游客的多样化需求，还为旅游经济的发展提供了新的动力。例如，对于传统的旅游产品，可以通过创新和改造，为游客提供新的旅游体验。同样，对于新兴的旅游市场，如生态旅游、农村旅游和文化旅游等，也需要进行产品的创新和完善，以满足游客的新的需求。

再用原则还要求对旅游产品结构进行优化，以实现旅游产品的高效和高质量。这不仅有助于提高旅游经济的效益，还为旅游经济的长期发展提供了稳定的支持。例如，对于旅游产品的定价、推广和销售等，都需要进行科学的规划和管理，以确保其高效和高质量。同样，对于旅游

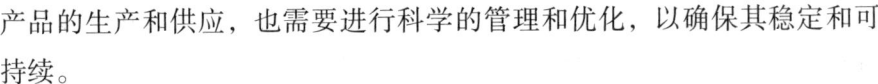

产品的生产和供应，也需要进行科学的管理和优化，以确保其稳定和可持续。

（三）循环原则

循环原则强调在旅游产品的生产和消费过程中实现资源的循环利用和废物的最小化。这一原则不仅关注资源的高效利用，还着眼于生态环境的保护和恢复，从而确保旅游经济的可持续性。

循环原则的核心思想在于将传统的线性生产模式转变为循环的生产模式。这意味着在旅游产品的生产、消费和废弃过程中，所有的资源和材料都应该被充分利用，废物应该被视为新的资源，而不是被简单地丢弃。这种转变不仅有助于减少对原始自然材料的依赖，还能够减少废物的产生和污染的排放。

在实现循环原则的过程中，废物的转化成为关键环节。通过科技创新和管理手段，废物可以被转化为新的资源，从而实现资源的再次利用。例如，旅游区的废水可以通过再次处理和净化，用于灌溉和景观用水；废弃的建筑材料可以被回收和再利用，用于新的建筑和设施的建设。

避免将废物转化为污染物也是循环原则的重要内容。这要求在旅游产品的生产和消费过程中，采取有效的措施，减少有害物质的排放，确保生态环境的健康和稳定。例如，对于旅游区的能源供应，可以采用清洁和可再生的能源，如太阳能和风能，从而减少温室气体的排放；对于旅游区的交通，可以采用低碳和环保的交通工具，如电动车和自行车，从而减少尾气的排放。

循环原则还要求对旅游产品的生产流程进行优化，确保其闭合性和高效性。这不仅有助于资源的循环利用，还能够提高旅游经济的效益。例如，对于旅游产品的设计，可以采用模块化和标准化的设计，从而实现材料的再次利用；对于旅游产品的销售，可以采用绿色和环保的包装，从而减少废物的产生。

（四）再思考原则

再思考原则不仅是对传统旅游方式的反思，更是对未来旅游发展方向的深入思考。这一原则强调从生态学的角度出发，重新审视旅游业的发展模式，确保其与生态环境、文化传统和人类需求之间达到和谐统一。

传统的旅游方式往往过于追求经济效益，忽视了对生态环境和文化传统的保护。而再思考原则提出了一个全新的视角，即生态旅游理念。这一理念强调旅游业的发展不仅要追求经济效益，更要注重生态环境的保护和文化传统的传承。这意味着在旅游经济的发展过程中，需要充分考虑到生态系统的平衡，确保人口、资源、环境和发展之间的协调。

生态旅游理念的核心是以生态学原理和可持续发展原则为指导，确保旅游业的发展与生态环境、文化传统和人类需求之间达到和谐统一。这要求在旅游经济的发展过程中，充分考虑到生态环境的承载能力，确保资源的可持续利用，避免对生态环境造成不可逆转的破坏。

再思考原则还强调对资源的保护，特别是对生态的多样性的保护。这意味着在旅游经济的发展过程中，需要充分考虑到生态系统的多样性，确保各种生态系统得到有效的保护和恢复。另外，还要注重资源利用的可持续性，确保资源在长期的利用过程中不会被耗尽。

再思考原则强调环境保护与宣传教育的结合，确保旅游业的发展与环境保护相辅相成。这要求在旅游经济的发展过程中，不仅要注重环境保护，还要加强对游客的宣传教育，提高他们的环保意识，引导他们参与到环境保护中来。

（五）再修复原则

再修复原则涉及如何对受损的生态系统进行有效的恢复和管理。在旅游区的发展和运营过程中，由于各种原因，生态系统可能会受到不同程度的损害，甚至面临破坏的威胁。为了确保生态系统的健康和稳定，需要对受损的生态系统进行及时和有效的修复。

生态系统具有一定的自净和自我恢复能力。在面临轻微的干扰和损害时，生态系统可以通过自身的调节机制，实现对受损部分的自我修复。例如，一些受损的植被可以通过自然再生的方式，逐渐恢复到原来的状态。然而，这种自我恢复的过程可能会比较缓慢，需要较长的时间。

但是，当生态系统受到严重的损害，尤其是在关键生态功能区域受到破坏时，仅依靠生态系统的自我恢复能力是远远不够的。这时就需要采取人工治理措施，对受损的生态系统进行有针对性的修复。这可能涉及对土壤、水源、植被等关键生态要素的人工干预，以促使生态系统尽快恢复到健康的状态。

人工修复的过程中，可能需要补给大量的物质、能量和信息。例如，对于受到严重破坏的土壤，可能需要添加有机肥料、微生物菌剂等，以促进土壤的生物活性和肥力恢复。对于受到污染的水体，可能需要进行物理、化学或生物处理，以去除污染物质，恢复水体的自净能力。此外，还可能需要引入外来的物种，以促进生态系统的生物多样性恢复。

再修复原则不仅仅是对受损生态系统的修复，更是对旅游区的可持续发展的保障。只有确保生态系统的健康和稳定，才能为游客提供良好的旅游体验，实现旅业业的长远发展。旅游区的管理者和决策者需要高度重视再修复原则，将其作为旅游经济绿色发展的核心理念，确保旅游区的生态环境得到有效的保护和管理。

（六）突出特色原则

突出特色原则在旅游经济绿色发展中占据了核心地位，它强调了对旅游区独特性的认识、保护和发展。在全球化的背景下，旅游区面临着同质化的竞争压力，如何在众多的旅游目的地中脱颖而出，成为游客心中的首选，是每一个旅游区都需要思考的问题。而突出特色原则为此提供了有效的策略和方法。

每一个旅游区都有其独特的自然景观、历史文化、建筑风格和生活方式。这些独特性不仅是旅游区吸引游客的核心竞争力，也是其可持续发展的基础。旅游区的规划和管理需要充分认识到这些独特性的价值，采取措施对其进行保护、弘扬和发展。

通过对自然景观的保护和合理利用，旅游区可以为游客提供独特的自然体验。例如，山水、森林、湖泊、沙漠等都是旅游区的自然资源，它们不仅为游客提供了休闲娱乐的场所，也是旅游区形象的重要组成部分。通过对这些自然景观的科学规划和管理，旅游区可以实现与邻近旅游区的"优势互补"，为游客提供更加丰富和多样的旅游体验。

建筑风格、园林设计、服务方式和地方特色节目等也是旅游区独特性的重要体现。它们不仅反映了旅游区的历史文化和生活方式，也是塑造旅游区形象的重要手段。通过对这些元素的创新和发展，旅游区可以为游客提供独特的文化体验，增强其在游客心中的印象和吸引力。

（七）合理布局原则

合理布局原则涉及旅游区的空间组织、功能配置和资源利用。在旅游区的规划和建设中，如何进行合理的布局，使得各个功能区既能够独立发挥其特色，又能够与整体形成和谐统一，是一个需要深入研究和探讨的问题。

旅游区的布局首先要基于其自然环境、历史文化和社会经济条件进行分析。不同的旅游区有其独特的地理位置、气候条件、生态系统和文化背景，这些因素都会影响到旅游区的布局和功能配置。因此，旅游区的布局要充分考虑这些因素，确保其与旅游区的整体形象和特色相一致。

在此基础上，旅游区的布局还要考虑到各个功能区的相对位置和关系。不同类型的旅游活动，如观光、休闲、娱乐、文化体验等，需要不同的空间和设施支持。旅游区的布局要确保各个功能区既能够独立发挥其作用，又能够与其他功能区形成互补和协同。这样，旅游区不仅能够为游客提供丰富和多样的旅游体验，还能够实现资源的高效利用和环境的可持续保护。

此外，旅游区的布局还要突出重点地区和重点项目。在全区域的布局中，有些地区和项目由于其独特的自然景观、历史文化或社会经济价值，具有较高的吸引力和影响力。这些地区和项目不仅是旅游区的核心竞争力，也是其可持续发展的关键。旅游区的布局要确保这些重点地区

和项目得到充分的保护和发展，为游客提供独特的旅游体验。

（八）价值工程原则

价值工程原则强调如何在确保旅游区功能的前提下，最大限度地降低成本，从而实现旅游区的高效运营和可持续发展。这一原则的核心思想是通过对旅游区的功能与成本进行深入的比较分析，找出最佳的发展策略和方案。

在旅游区的规划和建设中，价值工程原则要求人们不仅要关注旅游区的直接经济效益，还要充分考虑其对资源和环境的影响。这意味着在确定旅游区的发展策略和方案时，开发者不仅要考虑其经济效益，还要考虑其生态效益和社会效益。只有这样，旅游区才能够实现真正的绿色发展。

价值工程原则还强调对旅游区的功能与成本进行系统的分析和评估。这要求开发者在旅游区的规划和建设中，不仅要关注其总体功能和成本，还要关注其各个部分和环节的功能与成本。通过这种系统的分析和评估，可以更加准确地确定旅游区的优势和劣势，从而制定出更加合理和有效的发展策略和方案。

（九）市场复合原则

市场复合原则强调对不同的市场需求进行深入的研究和分析，从而为旅游区提供更加多元化、多功能的旅游产品。这一原则不仅有助于提高旅游经济效益，还有助于旅游区更好地适应市场的变化，实现可持续发展。

在全球化的背景下，旅游市场的需求日益多元化，不同的区域、不同的群体都有着各自独特的旅游需求。为了满足这些需求，旅游区需要进行精细化的市场研究，找出各个市场的特点和需求，根据这些需求策划、设计、加工、组合、包装出有吸引力的旅游产品。这不仅可以提高旅游区的经济效益，还可以增强旅游区的市场竞争力。

市场复合原则还要求旅游区根据市场的变化进行创新。随着社会的发展和变化，旅游市场的需求也在不断地变化。为了适应这些变化，旅游区需要不断地进行产品创新，开发出新的旅游产品，从而满足市场的新需求。这不仅可以帮助旅游区开拓新的市场，还可以帮助旅游区巩固已有的市场地位。

（十）产业联动原则

产业联动原则在旅游经济的绿色发展中占据了核心地位，它强调旅游业与其他产业之间的紧密联系和相互促进。这一原则认为，旅游业的发展不仅仅是一个单一的经济活动，而是与其他产业紧密相连，共同构成一个复杂的经济体系。

旅游业作为一个综合性的产业，其发展不仅可以带动相关产业的发展，如农业、手工艺、食品加工业等，还可以为其他产业创造更好的投资环境，促进资本的流动和技术的交流。例如，随着旅游业的发展，交通运输业、商业、生物产业等都会得到相应的推动，从而实现整体的经济增长。旅游业的发展同样需要其他产业的支持。例如，休闲娱乐业、民族文化产业等为旅游业提供了丰富的产品和服务，使旅游业能够更好地满足游客的需求，提高其经济效益和水平。反之，其他产业的发展可以为旅游业提供更多的投资机会，促进其技术创新和产品升级。

产业联动原则还强调旅游业与其他产业之间的协调发展。这意味着旅游业的发展不能损害其他产业的利益，而应该与其他产业共同合作，实现互惠互利。只有这样，旅游业才能够在一个健康、和谐的大环境中持续发展，为社会和经济带来更大的利益。

（十一）社区参与原则

社区参与原则在旅游经济绿色发展中具有至关重要的地位，它强调了社区居民在旅游开发中的主体地位和作用。这一原则认为，旅游开发不仅仅是一个经济活动，更是一个涉及社区居民权益、生态环境和传统文化的综合性活动。因此，确保社区居民在旅游开发中的广泛参与，不仅可以提高旅游开发的效益，还可以促进社区的可持续发展。

在旅游经济绿色发展规划中，社区居民的参与不仅体现在旅游项目的决策和实施过程中，更体现在旅游开发的各个环节，如旅游资源的开发、旅游产品的设计、旅游服务的提供等。通过加强宣传和教育，可以提高社区居民对旅游开发的认识和支持度，使他们成为旅游开发的积极参与者和受益者。

为了确保社区居民在旅游开发中的广泛参与，需要制定一系列的优惠政策和措施，如提供技术培训、资金支持、税收减免等，以提高社区居民的参与积极性和能力。同时，建立合理、公正的收益分配机制，确保社区居民在旅游开发中获得公平的经济回报，从而提高他们的生活水平。

社区参与原则还强调了社区居民对本地生态和传统文化的主人翁意识。通过参与旅游开发，社区居民可以更好地了解和珍惜本地的生态环境和传统文化，成为生态和文化保护的积极力量。这不仅有助于提高旅游开发的质量和效益，还有助于实现社区的可持续发展。

（十二）人本主义原则

人本主义原则在旅游经济绿色发展中占据了核心地位，它将旅游者置于中心位置，强调为旅游者提供一种超越功利的体验和成长经历。这一原则不仅是一个简单的旅游策略，更是一个深入旅游业核心的哲学思想，它认为旅游不仅仅是一个经济活动，更是一个涉及人的情感、体验和成长的综合性活动。

在旅游经济绿色发展规划中，人本主义原则要求开发者和经营者将旅游者的需求和体验放在首位，而不是仅仅追求经济效益。这意味着旅游规划不仅要考虑如何吸引更多的游客，提高旅游收入，还要考虑如何为旅游者提供一个有意义的、难忘的体验。这种体验不仅是观光、购物、娱乐，更是一种情感的沟通、文化的交流、生活的体验。

人本主义原则还强调旅游规划的主题是游戏，即为旅游者提供一种非功利的娱乐。这意味着旅游活动不仅是为了实现某种目的，如休闲、购物、观光，更是为了追求一种纯粹的快乐、一种与众不同的体验。这种体验可以是一次冒险、一次探索、一次创造，也可以是一次与自然、与文化、与历史的深入交流。

人本主义原则强调旅游规划的价值在于创造旅游的娱乐价值。这意味着旅游规划不仅要考虑如何提高旅游业的经济效益，还要考虑如何为旅游者创造更多的价值，如文化价值、生态价值、情感价值等。只有这样，旅游业才能够真正实现可持续发展，为社会和经济带来更大的利益。

（十三）协调一致原则

协调一致原则在旅游经济绿色发展中具有显著的重要性，它强调了旅游业发展与其他领域、规划之间的和谐关系。这一原则不仅仅是为了确保旅游业的顺利发展，更是为了实现整体的社会经济和环境的可持续发展。

在旅游经济绿色发展规划中，协调一致原则要求开发者将旅游业的发展纳入更大的社会经济发展战略中，确保其与国家和地区的总体目标、方针和政策相一致。这意味着旅游业的发展不仅要考虑其自身的利益，还要考虑其对整体社会经济的影响和作用。协调一致原则还要求旅游业的发展与其他相关规划，如城市总体规划、土地利用规划、风景名胜区规划、自然保护区规划、文物保护规划和环境保护规划等，相互协调、相互支持。这不仅可以确保各个规划的顺利实施，还可以避免因规划之间的冲突和矛盾而导致的资源浪费和环境破坏。

为了实现上述内容的协调一致，需要根据国民经济的实际形势，对各个规划进行定期的审查和调整，确保其与实际发展相适应，满足社会经济的实际需求。这不仅可以提高规划的实施效果，还可以为旅游业的可持续发展提供有力的支持。

（十四）可操作原则

可操作原则在旅游经济绿色发展规划中占据了关键地位，它确保了规划不只是一个理论框架，而是一个具有实际指导意义的工具。这一原则强调规划的实用性和实施性，确保规划能够在实际操作中得到有效的执行。

旅游经济绿色发展规划涉及一定地域内的旅游系统的多个方面，包括资源配置、环境保护、文化传承等。为了确保规划的全局性和连续性，必须站在一个宏观的角度进行考虑，确保各个方面的协调和统一。这就要求规划具备科学性，能够基于对旅游业发展的深入研究和对未来发展趋势的准确预测，为旅游业的长远发展提供指导。

旅游经济绿色发展规划也是一个具体的操作指南，为各个部门提供了旅游开发和建设的具体方向和方法。规划必须具备可操作性，确保其内容明确、具体，易于理解和执行。这就要求规划在制定时，不仅要考虑到旅游业的总体目标，还要考虑到各个部门的实际情况和需求，确保规划的内容既有指导意义，又有实际操作性。

为了实现上述的可操作原则，旅游经济绿色发展规划需要进行定期的评估和调整，确保其与实际发展相适应，满足旅游业的实际需求。这不仅可以提高规划的实施效果，还可以为旅游业的可持续发展提供有力的支持。

第四节　旅游经济绿色发展的基本内容

一、旅游绿色市场

在当代旅游行业中，由于旅客的多样化需求与期望，没有哪个单一的旅游产品能完全满足所有消费者的不同需求。为此，旅游经营者在面对巨大且复杂的市场时，往往会根据自身的资源与竞争优势，对市场进行细分并选择适合自己的目标市场，进而制定相应的营销策略。这样的市场细分策略不仅能帮助旅游经营者更好地满足消费者的特定需求，而且有助于提升企业的市场竞争力。旅游市场细分理论是建立在消费者特性与需求的多样性基础上的。这意味着将广大的旅游市场按照消费者的特定属性与需求进行分类，进而为每一个细分市场设计和推出符合其特性的旅游产品。例如，基于旅游者的地理位置、文化背景、经济状况或购买习惯等因素，旅游市场可能会被划分为多个不同的子市场。这些子市场的消费者可能会因其特有的文化、社会背景或经济条件而展现出独特的旅游需求和偏好。

对旅游市场进行细分在实际操作中起到了至关重要的作用。它使得旅游经营者能更深入地了解目标客户群体的需求与偏好，从而制定出更为精准的产品策略和营销策略。更为重要的是，通过市场细分，旅游企业能够准确定位自己在市场中的位置，发现并抓住市场中的商机，进而在众多的竞争对手中脱颖而出。从学术角度来看，旅游市场的细分可以视为一种将复杂市场情境简化并针对性处理的策略工具。它不仅有助于企业深化对市场的理解，而且也能提高企业的市场响应速度。具体来说，旅游市场细分考虑到了旅游者的多种特性，如购买欲望、购买实力、地理环境、文化和社会背景、购买习惯及购买心理等。这些特性的不同造成了旅游者间需求的广泛差异。因此，旅游市场细分的核心理念是通过将一个宏大的市场划分为多个具有相似需求或特性的小市场，实现资源的合理分配和目标市场的有效覆盖。

（一）旅游的需求类型

人们在旅游中追求的核心需求，可以被精炼为对"意象"的向往。这种意象所塑造的"美"是旅游业持续繁荣的关键因素。它不仅仅限于对自然景观和民俗文化的审美赏识，还涵盖了对日常生活与传统农耕工作的体验渴望。随着旅游领域由简单的观光逐渐转变为休闲和健康度假，旅游的需求可以大致被归纳为五大类别。

1. 对回归自然的渴望

在现代社会，随着城市化进程的加速和科技的快速发展，人们的生活节奏变得越来越快，城市的生活环境也变得越来越拥挤和复杂。高楼林立，车水马龙的街道，以及无休止的噪声，都使得城市居民承受着巨大的生活压力。这种长期生活在密闭、喧嚣的环境中，使得人们对自然和宁静的生活环境产生了强烈的向往。人们渴望脱离都市的喧嚣，回归自然，感受那份原始、纯净的宁静。这不仅仅是对一个幽静环境的追求，更多的是一种身心的放松和对生活质量的追求。人们希望通过旅游来实现这种向往，暂时远离繁华的城市，融入大自然的怀抱，通过呼吸新鲜的空气、听听鸟鸣、观赏绿意盎然的景色，来放松身心，净化心灵。与此同时，参与各种农事活动也成了人们旅游的新选择。在田野间劳作，感受土地的温暖，体验收获的喜悦，这些都使得城市居民找回了与自然的联系，重新认识到人与自然和谐相处的重要性。种植、收割、饲养等每一个环节都让人们体验到生活的原始乐趣和自然的魅力。

2. 求新求知需求

都市居民，由于长时间处于城市环境中，与农村的联系相对较少，这导致他们对农业和自然的知识存在一定的不足。特别是对于年轻一代，他们对农村的传统设施和纯朴的乡土风情充满好奇。这种对新鲜事物的探求和好奇心驱使着越来越多的城市人选择走进农村旅游景区，深入了解地方的传统文化和民间艺术，进而丰富自己的生活体验，拓展知识，并通过文化的感受陶冶自己的情操，以满足内心深处的求知欲和探索新事物的渴望。

3. 怀旧情结驱使

由于我国历史的独特背景，大量的城市青年在 20 世纪 60 年代到 70 年代曾走进农村，参与下乡插队和"上山下乡"运动，与农民结下深厚的情感纽带。在农村中，他们与农民同吃同住，共同劳作，积累了宝贵的人生经验和回忆。对于这部分经历过农村生活的城市人来说，农村不仅仅是一个地方，更多的是一个充满回忆的情感载体。当他们回想起那段与农村、农民紧密相连的日子，往往会产生一种怀旧的情结，渴望重新踏入那片熟悉的土地，体验曾经的生活，缅怀那段难忘的岁月。

4. 康体养生需求

随着社会的进步和老龄化的加速，人们对旅游的需求已经从单纯的观光转变为对健康和养生的追求。这种转变反映了现代人对健康生活方式的重视。在这样的背景下，除了传统的旅游模式，康体养生和户外运动等新兴的旅游形式逐渐受到了广大民众的欢迎。人们不再满足于城市的繁华和喧嚣，更多的是寻求与大自然的亲近，希望在清新的空气中，绿色的食品旁，享受一份宁静和健康。在农村的优美环境中，旅游者可以参与各种户外运动，强身健体，满足其对康体养生的深厚需求。

5. 参与互动意识

随着旅游体验的逐渐丰富，现代城市居民对于旅游活动呈现出强烈的参与和互动欲望。过去，农家乐的吸引力可能仅仅局限于其餐饮特色。但近年来，游客对于"互动参与性体验"的追求显著增强。他们不仅想要观赏具有地方特色的景观，更希望深度参与，如亲手采摘果实、体验农耕生活，或者加入旅游商品的制造中，亲身感受创造的过程。这样的参与不仅满足了游客的好奇心，更带给了他们创造的成就感和深入体验的满足。全面的体验让游客对所游之地产生更深厚的记忆与感情。这种多维度的互动性需求反映了城市居民对旅游体验的多元化和深化趋势。

（二）旅游目标市场策略

随着人们生活水平的提高。很多都市人都热衷于旅游，使旅游成为都市生活的重要组成部分。以城市居民为客源市场的旅游开发可以考虑将适合自己的目标市场确定在工薪阶层旅游市场、城镇学生旅游市场、以家庭单位出游的周末旅游市场及私营工商业的业主、城市个体、离退休职工旅游市场和入境游游客等几个细分市场上。下面来看一则具体实例。

耕育农园让孩子在劳作中收获知识。耕育农园代表一种休闲农业经营模式，它结合了农业生产、生态环境和农村文化为中小学生及游客提供体验活动。通过详细的指导和解说，满足游客的知识需求，强化自然教育，并促进城乡互动。在现代都市，许多孩子对农业知识和农产品的不了解成为一个日益受到关注的问题。增加自然教育显得尤为重要。虽然许多自然教育课程是由商业机构组织并收费，费用大约在 100 元到 400 元之间，但众多家长仍愿意为孩子支付这些费用以获取这样的学习体验。实际上，许多课程的报名人数常常超出预期。在面对中国日益严重的环境问题时，农园中的自然教育课程旨在教育孩子认识并尊重自然，鼓励他们珍惜和保护环境。教育的初衷是培养孩子的自然关爱意识，提高他们对自然环境的观察和认知能力，从小树立环境保护意识。对于旅游行业来说，产品是其营销活动的关键。为了更好地满足消费者的个性化需求，旅游营销需要不断加速产品开发的步伐，并不断完善配套服务，提高服务质量，以增强品牌的市场知名度和接受度。根据不同的旅游细分市场和旅游企业的目标，存在三种不同的市场策略供企业选择和应用。

1. 实施差异化策略

为了满足不同消费者的多样化需求，旅游企业正在积极采用差异化策略，即针对每个细分市场的特性扩展其旅游产品线，并据此制定对应的营销策略以增加销售。面对当前市场上众多相似的旅游产品和激烈的竞争，产品差异化的策略显得尤为关键。实施差异化策略的方法多种多样。例如，结合冒险和健身元素的旅游体验，像定向越野、野外求生、漂流、冲浪、滑翔伞、户外露营等，都是非常具有个性和前沿感的旅游选择。农村地区，尤其是拥有丘陵、山地、草原、河流和湖泊的地方，为这类活动提供了理想的环境。此外，还可以设计各种专题旅游项目。例如，"都市人体验农活""市民的小菜园"和"农具制作与使用教学"等，这样既能让游客深入了解当地文化，也能为他们提供与众不同的旅游体验。休闲农业旅游带给游客的愉悦也值得重视。这种旅游方式能让游客亲近自然，体验农村的宁静和简朴，是都市人放松心情、远离喧嚣的好去处。

差异化策略在旅游市场中的应用带来了一系列的优势。通过准确地针对不同地区消费者的特定需求，旅游企业能够更加有针对性地设计和宣传其产品，从而提高销售总量。此外，差异化策略还可以帮助企业在某一细分市场中获得竞争优势，进而提高市场占有率，塑造正面的品牌形象。然而，这种策略也可能带来一些挑战。例如，可能需要承担更高的产品研发、生产和营销费用。

丽江某酒店为研究者提供了一个典型的休闲旅游产品的实例。这家酒店不仅是国内首家注重低碳环保理念的高端帐篷度假营地，而且还是国内首家五星级的帐篷营地。这种特殊的住宿体验为游客提供了一个独特的机会，让他们能够亲近大自然，享受到草原的原生态美景。更重要的是，丽江某酒店成功地将豪华住宿体验与自然环境相结合，创造了一个为客户提供放松和回归自我的理想场所。

在今天的旅游市场中，差异化策略和产品创新已经成为吸引消费者的关键。旅游企业需要继续探索如何结合消费者的需求和市场的趋势，提供更加有针对性和创新性的旅游产品和服务。通过这种方式，旅游企业不仅可以更好地满足消费者的需求，还可以在竞争日益激烈的市场中确保其实现持续发展。

2. 保持文化特色

农村地域的独特魅力吸引了城市居民对于旅游的浓厚兴趣。为了更好地满足这种需求，旅游开发不应忽视农村本身丰富的生态农业和独特的文化背景。将文化资源和文化元素转化为旅游体验，能够提升文化深度，增加游客的互动体验，并设计出更具吸引力的文化旅游产品。旅游业务应根据其所在的地理和文化环境，探索与众不同的发展路线，力求达到一定的规模和景观效果。例如，滨州市的香坊王村大地乡居就充分利用了地方的文化和风情，通过"一间房一个故事"的理念，以闲置的农舍为基础，整合当地的文化特色和特产，创造出既精致又具有地方特色的乡村度假胜地，形成了一个集主题住宿、休闲用餐、创意购物和文化沙龙活动等多重功能于一体的乡村艺术客栈。这不仅让游客能够更深入地体验农村的魅力，也提升了当地的经济效益和文化价值。

二、旅游绿色产品

旅游产品指的是为满足游客需求而向市场提供的旅游服务和体验，包括旅游服务的提供方式、活动场所及给游客带来的独特经验和感受。简而言之，旅游产品涵盖了旅游目的地为游客所提供的整个旅游体验的各个方面。需要不断创新旅游产品，满足消费者日益多样化和个性化的旅游需求。加强旅游产品的配套服务和设施也是关键，这不仅能提升旅游体验的整体质量，还能增强品牌的市场声誉和受欢迎程度。在开发和推广旅游产品时，经营者应重视其独特性和功能，确保每一种产品都有其明确和独特的价值主张，从而确保其在市场中的竞争优势。

（一）旅游产品的生命周期策略

产品生命周期的概念对于旅游企业在分析其产品在市场上的位置和发展方向上具有深远的影响。它能够助力企业及时推出新产品、优化现有产品，并有针对性地确定适宜的产品战略。生命周期描述了旅游产品在市场中的存在时长，通常可以细分为四个主要阶段：推出期、成长期、成熟期以及衰退期。这一理论为旅游企业提供了一个框架，帮助它们更好地理解并应对市场变化，从而做出明智的决策。

1.推出期

当消费者对旅游产品不熟悉时，他们的购买行为往往带有探索性质，重复购买的情况较少，这使得销售增长受到限制。为了增加消费者对旅游产品的了解，旅游企业需要进行大量的广告和推广活动。这增加了旅游产品的营销和销售成本，从而使得企业的利润较低，有时甚至面临亏损。

在营销策略方面，当旅游产品正处于市场推介阶段，主要的促销目标是让消费者了解并接受这一新产品。旅游企业应采取渐进式的市场进入策略，通过广告、公关和其他营销手段来提高产品的市场知名度。常见的做法包括通过媒体进行宣传，邀请行业内的专家进行实地考察，或通过邮件和社交平台进行推广。随着产品知名度的提高，企业可以逐步调整价格策略，以实现投资回报。

2. 成长期

随着旅游宣传和推广活动的深入，消费者对旅游产品的认知度逐步提高。更多的人开始尝试购买旅游产品，回头客也在不断增加。这使得旅游产品在市场上逐渐建立起良好的知名度，销售量和销售额都呈现出快速的增长趋势。

在这个成长阶段，营销策略的核心目标应是加深消费者对旅游产品的喜好，并进一步扩大销售规模。尽管广告宣传仍然是关键，但其焦点应转向强调旅游产品的品牌价值和独特性。公关活动的作用也应得到加强，以建立和维护与消费者的良好关系。直接的促销活动可以适当减少。为了满足市场的需求，旅游产品应不断创新和完善，满足游客的需求。此外，还应加大促销力度，扩大市场份额，丰富旅游产品线，并探索新的潜在市场。

3. 成熟期

在成熟期，旅游市场上涌现出大量的旅游产品，为消费者提供了丰富的选择。这种多样性加剧了市场的竞争，特别是一些创新的旅游项目可能会对现有的产品产生替代效应。在这种环境下，产品的差异化成了市场竞争的关键。尽管销售额仍在增长，但增长速度已经放缓，通常在1%到10%之间。

在这个阶段，由于市场上的竞争者日益增多，广告的核心应该是强调产品相对于竞争对手的独特优势。为了保持销售稳定，需要增加促销活动，为消费者提供吸引人的优惠，并结合销售团队和公关策略来维护和扩大市场份额。此外，探索新的市场、提高产品和服务的质量、标准化服务流程和增加服务种类都是需要采取的必要措施。采用差异化策略，无论是在服务、价格还是产品功能上，都要确保与其他同类产品有所不同。同时，开发多元化的销售渠道和创新产品也是适应消费者不断变化的需求的关键举措。

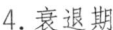

4.衰退期

在衰退期，旅游产品面临着被新型旅游业态所取代的风险。随着新的旅游形态的出现和逐步占据市场，大部分旅游业态的销售开始出现下滑，只有少数知名品牌能够维持其市场地位。在这种情况下，如果旅游企业不能及时调整策略，它们可能会面临转型、转产或甚至是倒闭的风险。

面对这种挑战，旅游企业的营销策略应当重点放在推广活动上，维持一定的广告投放以保持消费者的关注，并吸引那些仍然对产品有偏好的消费者。为了收回更多的投资，降低旅游产品的价格可能是一个有效的策略，同时，企业可以考虑将资源集中在最有潜力的细分市场和销售渠道上。适当的产品改进可以帮助其刷新市场形象并激发消费者的购买欲望。最重要的是，企业应该开始研发新产品，以实现产品的迭代更新，确保其在市场上的竞争力。

（二）旅游新产品策略

旅游产品创新已成为现代旅游企业发展的核心驱动力。在旅游目的地可持续发展的导向下，旅游产品设计创新应被视为一个系统工程，旨在全方位提高产品质量并拓宽产品功能。这种创新不仅体现在单一的旅游产品项目中，通过充分利用旅游资源并确保其有效配置以提高产品质量和功能，这一点在产品的整个生命周期中都有所体现，从规划设计到制造、维护、营销和消费，它是旅游产品质量、功能和管理创新的综合体现。

尽管旅游产品具有与其他产品相似的特性，但其独特性也不容忽视。因此，旅游新产品的开发应遵循市场需求、注重特色、选择性开发和可持续发展的原则。例如，大理白族自治州依靠其优美的自然风光、独特的民俗风情和保存完好的古镇村落景观，通过突出其特色并选择性地开发，成功打造了一系列特色旅游产品，如双廊、鹤庆新华村的银器制作和剑川狮河村的木雕制作等。这些特色旅游产品不仅吸引了大量游客，还为当地带来了可观的经济收益。

旅游新产品的开发是旅游业长期生存和发展的关键，也是旅游企业维持其活力和竞争力的核心策略。为了成功开发新产品，旅游企业需要深入研究市场需求，充分利用旅游资源，注重产品的特色和差异化，并确保其可持续性。旅游企业还应与当地社区合作，共同开发和推广新产品，以确保产品的成功并为当地带来长期的经济和社会效益。总的来说，旅游新产品的开发不仅可以为企业带来经济收益，还可以为当地社区和游客提供更多的选择和更好的体验，从而实现旅游业的可持续发展。

1.旅游全新产品导入策略

在旅游业中，新产品的推出往往伴随着大量的广告和宣传活动，目的是引起消费者的关注并促使其进行购买。在这一阶段，旅游企业的策略应强调产品的"新颖性"。在制定营销策略时，企业不仅要充分认识到新产品的独特优势和特点，并要在促销活动中大胆投入，还要对潜在的市场竞争风险进行评估，迅速采取行动，确保产品能够迅速进入其成长阶段。为了抢占市场的先机，旅游企业需要紧密关注市场动态，满足旅游消费者的需求。加强广告和宣传活动，利用多种促销策略来突出产品的特点，是关键的步骤，以确保产品在市场上的快速扩张和占有率的提高。

2.旅游产品更新策略

（1）旅游资源重组策略。在旅游业的发展中，产品的持续更新和创新是关键。旅游资源作为旅游产品开发的基石，需要在新的市场环境下得到重新的认识和整合。市场导向的资源组合策略强调根据市场需求重新配置资源，目的是激发旅游者的兴趣，满足或创造新的旅游需求。文化作为资源组合的纽带，为旅游产品提供了深厚的背景和内涵。无论是以自然为基础的生态文化，还是以宗教和民俗为主题的传统文化，或是以高新科技和新文化为代表的现代文化，都为旅游产品的开发提供了丰富的素材。经济效益导向的资源组合策略则强调在充分利用和发掘旅游资源的基础上，推动资源的优化组合，以实现更高的经济回报。

以河北涉县为例，该县作为全国休闲农业与旅游示范县，拥有丰富的农耕文化和特色景观。涉县对其丰富的红色旅游资源进行了重新整合，以红色文化为主题，推出了一系列与红色历史相关的旅游产品。整合了八路军一二九师司令部旧址、左权抗日殉国公墓、晋冀豫边区政府等红色旅游景点，不仅推出了红色旅游套餐，还新增了一系列体验式活动，如推石碾、纺线等，使游客能够更加深入地体验和了解红色文化的历史。涉县还推出了与红色文化相关的特色美食，如"红米饭"和"南瓜汤"，使游客在追忆红色岁月的同时，能够享受到地道的"红色"美食。

（2）旅游产品升级策略。在旅游业的发展过程中，面对市场的不断变化和消费者需求的多样性，坚持旅游产品的持续创新和升级策略显得尤为重要。为了适应这种变化，旅游企业需要对其产品进行深度的升级和改进，以满足市场的新需求并保持其在市场上的竞争力。

提升旅游产品形象是旅游产品升级策略的关键。形象不仅仅是外在的表现，更多的是对旅游产品内在价值的提炼和传达。通过对原有旅游产品形象的提炼和创新，可以使消费者从一个新的视角来看待和认识这些产品，从而激发他们的购买兴趣。

提高旅游产品的品质也是旅游产品升级策略的重要组成部分。这包括对旅游产品的规划、设计和管理进行持续的完善和改进，对原有的旅游资源进行深度的开发，以及对旅游产品的内容进行丰富。例如，通过实体产品开发和服务产品开发，可以为消费者提供更加丰富和多样化的旅游体验。

科技在旅游产品升级策略中也扮演了重要的角色。通过引入和应用高新技术，旅游企业可以设计出具有创意和创新性的旅游产品，满足消费者对高科技旅游体验的需求。例如，云南昭通市大山包景区成功地将高新技术和创意结合，开发出了翼装飞行这一全新的旅游产品，吸引了大量的探险旅游爱好者。

三、旅游绿色价格

旅游产品的价值在市场中通过交换得以体现。与其他商品相似，旅游产品价格代表了旅游者为满足其物质和精神需求而购买的旅游产品的价值。从旅游者和旅游企业的视角，旅游产品可以细分为整体旅游产品和单项旅游产品。在旅游过程中，游客可以根据自身需求选择购买整体或单项旅游产品，从而形成了旅游价格的多种表现形式。

旅游包价是一种综合性的价格形式，它涵盖了食、住、行、娱等一系列服务，为游客提供了全方位的体验。这种价格形式通常被称为"一揽子旅游"或"一条龙服务"，为游客提供了便利和价值。旅游单价则是旅游者根据自己的需求，选择性购买整体旅游产品中的某一个或某几个要素所支付的价格。旅游差价和旅游优惠价分别代表了由于时间、地点或其他因素导致的价格差异和为消费者提供的某种折扣或优惠。

在旅游市场中，旅游企业的定价策略是其成功的关键。新产品价格策略关注新产品的市场推广和接受度；心理定价策略则侧重于消费者的心理预期和接受程度；促销定价策略旨在通过短期的价格优惠来刺激消费；改进价格策略则是在产品的基础上进行改进以满足市场的新需求；而需求价格策略则是根据市场的需求来设定价格。

在旅游业中，绿色价格的概念也逐渐受到关注。这是因为随着全球对环境保护和可持续发展的重视，旅游业也需要对其产品和服务进行绿色化改造，以满足消费者对环保和绿色旅游的需求。绿色价格不仅仅是价格的体现，更多的是对旅游产品和服务的可持续性的体现。通过制定合理的绿色价格策略，旅游企业可以更好地满足市场的需求，实现经济和环境的双重效益。

（一）新产品价格策略

旅游产品都有自己的市场寿命周期。旅游企业应该根据旅游产品寿命周期各阶段的不同特点和变化趋势，从市场的需要出发，有针对性地对价格进行调整。

1.撇脂定价策略

撇脂定价策略，作为旅游市场中的一种独特的价格策略，其核心思路是在新产品上市初期设定较高的价格，以期在短时间内实现对产品研发成本的回收并获得较高的利润。随着市场的演变和竞争的加剧，价格逐渐调整至较低水平。这种策略的名称源于其对利润的追求方式，如同从牛奶上撇取最上层的奶油，旨在最大化初期的收益。

撇脂定价策略的应用，往往基于以下几点考虑。首先，新产品在市场中往往具有独特性和创新性，因此，高价可以反映其稀缺性和价值。其次，高价策略可以迅速回收研发和推广的成本，为企业带来短期的高额利润。最后，随着市场的发展和竞争的加剧，逐步降低价格可以吸引更广泛的消费者群体，同时限制新的竞争者进入市场。

但撇脂定价策略并非无懈可击。过高的价格可能会导致部分消费者的反感，认为企业过于追求利润，忽视了消费者的利益，从而影响企业的形象和声誉。旅游企业在采用这种策略时，必须充分考虑市场的接受度和消费者的心理预期。

在实际应用中，撇脂定价策略更适用于那些具有独特技术、难以仿制、资源垄断性强和不易被替代的旅游产品。例如，黄山风景区，作为中国和世界的双重遗产地，其独特的自然和文化资源使其具有很高的垄断性和不可替代性。因此，即使在2002年门票价格大幅上涨后，游客量仍然保持增长，这在很大程度上得益于其独特的资源和撇脂定价策略的合理应用。

2.渗透价格策略

渗透价格策略在旅游市场中的应用，体现了一种对市场渗透的策略思维，旨在通过低价快速吸引消费者，迅速占领市场份额，随后在市场稳定后逐渐调整价格。这种策略的核心理念是利用消费者对新产品的好奇心和对价格优势的敏感性，以实现对市场的快速渗透。

与撇脂定价策略追求短期高利润的策略不同，渗透价格策略更注重长期的市场占有率和品牌建设。通过低价进入市场，旅游企业可以迅速吸引大量消费者，为品牌的长期发展打下坚实的基础。低价策略还可以有效地阻止竞争对手进入市场，或使其在价格战中处于不利地位。

渗透价格策略并非没有风险。持续的低价可能导致企业的利润空间受到压缩，长期下去可能影响企业的经营稳定性。但如果市场对低价产生依赖，那么在后期提价时可能会遭遇消费者的反感，影响品牌形象。因此，旅游企业在采用渗透价格策略时，必须进行精准的市场定位和成本控制，确保在低价策略的同时，能够保持企业的盈利能力。

在实际应用中，渗透价格策略更适用于那些市场竞争激烈、产品易于被模仿或替代的旅游产品。例如，某个新兴的旅游目的地，为了快速吸引游客，可能会采用低价策略，提供优惠的旅游套餐或住宿服务。随着目的地的知名度提高，游客量增加，企业可以逐渐提高价格，实现更高的利润。

3. 满意价格策略

满意价格策略作为旅游市场中的一种独特定价方法，体现了对满足消费者期望和企业利润之间平衡的追求。这种策略的核心在于综合考虑消费者的支付意愿和企业的盈利目标，从而确定一个既能保证企业利润又能获得消费者认可的价格。

在实施满意价格策略时，旅游企业首先需要进行期望价格的调查和预测。这通常涉及对目标消费者群体进行深入的市场调研，了解他们对新产品的期望价格范围。这种调查可以帮助企业更准确地了解市场的价格敏感度，从而制定更为合理的价格策略。

与撇脂价格策略和渗透价格策略相比，满意价格策略的特点在于其适中性。它既不追求短期的高利润，也不完全依赖低价来吸引消费者。这种策略的目的是确保企业盈利的同时，让消费者感到价格公正，从而增强其购买信心。

满意价格策略的成功实施，往往需要企业具备较强的市场洞察力和灵活的定价策略。企业需要根据市场变化和消费者反馈，适时调整价格，确保其始终处于一个既能满足消费者期望又能保证企业盈利的水平。

满意价格策略还与企业的品牌形象和市场定位紧密相关。一个定位高端的旅游产品，其满意价格可能会高于一个面向大众市场的产品。因此，旅游企业在制定满意价格策略时，还需要充分考虑其产品的市场定位和品牌形象。

（二）心理定价策略

对价格较为敏感的消费者，在认可、购买旅游产品或服务时，往往是通过价格因素来判断的，因而可以在定价中利用旅游消费者对价格的心理反应，刺激消费者购买旅游产品或服务。

1.尾数定价策略

尾数定价策略，也被称为非整数定价策略，是一种旅游产品定价方法，它将价格设定为一个不以整数结尾的数字。这个策略的核心理念在于，旅游消费者通常认为整数价格是一种概括性定价，可能包含了一定的余地，因此并不准确。相反，非整数定价传达了精确计算的印象，使消费者觉得这个价格是经过认真考虑和合理确定的，即使定价略高，消费者也会认为是物有所值。这种策略的背后是对消费者的心理认知和消费习惯的了解。不同国家和地区的消费者对数字有不同的文化和心理联想，不同的数字结尾可能会传达不同的含义。尾数定价策略充分利用了这一点，满足了不同地区和文化的消费者需求。例如，某些国家或地区的消费者可能认为价格以 .99 或 .95 结尾的产品更具吸引力，因为这些价格看起来更具精确性。这种心理认知使得消费者更倾向于接受这样的价格，即使它们略高于整数价格。

2.整数定价策略

整数定价策略旨在通过制定价格时采用合整的数字，以增加产品或服务的感知价值，从而促进销售和提高利润。在这一战略中，价格被塑造成一个整数，而不是使用不便于消费者支付或理解的小数点价格。这种定价策略是针对旅游业的特点和需求而设计的，以满足消费者的心理和行为偏好。

在现代旅游业中，消费者通常倾向于以价格高低来衡量产品或服务的质量和价值。由于旅游产品和服务的种类繁多，对于许多消费者来说，他们可能不太了解这些产品的具体特点。因此，采用整数价格的策略可以为产品增添身价感，使消费者更容易接受，并认为产品或服务具有更高的品质。这种心理感受可以激发消费者的购买兴趣，从而促进旅游产品的销售。

例如，在旅游活动中，一些民间历史工艺品、字画以及高档山庄、度假村的客房价格经常采用整数价格策略。举例而言，一间豪华套房的租金被定为500元，而不是495元。这种定价策略的背后是认为500元的价格更容易为消费者接受，因为它传达了高品质和高档次的感觉。此对于一些旅游小商品或散装商品，整数定价策略也非常适用。这种策略涉及将价格设置为整数，如1元或2元一小袋，以便消费者购买或一次性使用。这样的定价方法简化了交易过程，避免了找零问题，提高了购物的便利性。

整数定价策略的成功背后，还涉及心理学和消费者行为的深入研究。消费者往往更容易处理整数价格，因为它们简单易懂。这种心理感觉与购买决策和价格接受度紧密相关。通过采用整数定价策略，旅游企业可以更好地满足消费者的需求，提高购买意愿，从而取得竞争优势并实现更高的销售和利润。

（三）促销定价策略

促销定价策略是指在制定价格时要考虑企业促销活动的需要，使价格的制定能够为促销活动服务。常见的旅游业促销定价策略有价格领袖策略和专门事件定价策略。

1.价格领袖策略

当旅游企业为新推出的产品进行促销时，通常会实行大幅度降价策略，在很短的时间内将价格降至成本以下从而吸引旅游者。其目的在于鼓励旅游者大量购买产品，从而广泛扩大新产品的知名度。但这种策

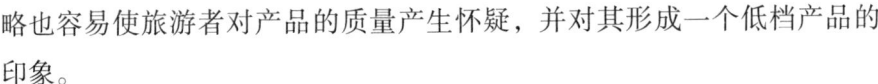
略也容易使旅游者对产品的质量产生怀疑，并对其形成一个低档产品的印象。

2.专门事件定价策略

专门事件定价策略是旅游企业为了吸引更多游客而采用的一种独特的定价方法，它依赖于特定的活动或节日时机来实施价格优惠，从而促进销售。这种策略的核心是通过组织特定的活动或利用特定的时机，为消费者提供有吸引力的价格优惠，从而刺激消费者的购买意愿。

以云南巍山小吃节为例，该活动不仅为游客提供了一个了解巍山小吃和历史的机会，还通过优惠价格推出了多条巍山旅游线路，从而吸引了大量游客。这种专门事件定价策略不仅增加了巍山的知名度，还为当地的旅游业带来了可观的经济效益。此外，通过这种策略，巍山成功地打造了"吃在巍山"的品牌形象，使得巍山成了大理旅游的新亮点。

专门事件定价策略的成功实施需要旅游企业具备一定的服务设施和专业的服务人员。只有在确保能够为游客提供高质量的服务的前提下，这种策略才能够取得预期的效果。否则，即使价格再低，也无法吸引消费者。

在我国，由于一些旅游企业的知名度和资金实力相对较弱，其推出的大多数旅游产品都是位于城市近郊或景区附近。这些旅游产品的客源主要是城市的周末和节假日的休闲度假游客，他们对价格的敏感性较强，因此在价格方面通常采取低价策略。

（四）需求价格策略

需求价格策略旨在根据市场需求的强弱来决定旅游产品的价格，以在不同情况下提升产品的盈利能力或竞争能力。当市场需求旺盛、供不应求时，旅游产品的价格可以略微提高，以增加产品的盈利水平。相反，当市场需求低迷、销售不畅时，价格可以略微降低，以提升产品的竞争力。具体的价格调整幅度应当以满足旅游企业最低盈利要求为基础，并且不高于竞争对手提供相似产品的价格水平。这样的定价策略旨在实现扩大市场销售的目标，同时确保企业仍然能够获得盈利。在实际操作中，需求价格策略需要密切关注市场变化，以便及时作出价格调整以适应不同的市场需求状况。

（五）绿色产品价格

在当今的市场环境中，绿色产品已经成了一个不可忽视的趋势。随着消费者对环境保护的日益关注，其对绿色产品的需求也在逐渐增加。绿色产品的价格策略却成了企业和消费者之间的一个焦点问题。

绿色产品的迅速发展和成熟使得绿色产品的价格弹性相对较小。这意味着，尽管绿色产品的价格相对较高，但消费者仍然愿意购买。这是因为绿色产品往往代表了更高的品质和对环境的责任感。然而，这种高价策略也可能导致消费者的反感，因为他们普遍希望产品价格能够更加亲民。

在当代市场中，绿色产品的价格策略和宣传策略已经成了企业营销的核心议题。这两者之间存在着密切的关联，共同影响着消费者的购买意愿和企业的市场地位。

（六）旅游广告策略

1.旅游广告的概念

旅游广告，作为旅游企业的一种有偿信息传播活动，旨在通过各种媒介对外宣传其旅游产品、服务和信息。这种传播活动区别于常规的大众传播和宣传，因为它具有广泛的传播面、强烈的表现力和吸引力，并通过多种传播媒体间接传达给公众。随着技术的进步和新媒体的出现，旅游广告的形式也日益丰富，从传统的报纸、杂志、电视和电影广告，到现代的网络广告，都为旅游企业提供了多样化的选择。

旅游广告的核心目的是推动旅游产品的销售，这要求广告制作者不仅要掌握广告宣传的基本特点和方法，还要深入了解旅游产品的特性。通过精心设计的视觉效果和劝服性的宣传策略，迎合旅游者的消费行为和心理需求，从而有效地推广旅游产品。当广告策略得当，它不仅可以帮助旅游企业建立良好的品牌形象，提高其在市场上的知名度，还可以传播有关旅游的信息，促进市场的拓展，宣传旅游产品的独特之处，激发消费者的购买欲望，甚至传播当地的社会文化，为消费者提供丰富的文化体验。

以美国的"波浪谷"为例，这一独特的石岩景观位于亚利桑那州，被美国政府列为自然保护区。为了保护这一珍贵的自然资源，政府实施了严格的访问限制，每天只发放 20 个"进入许可证"。这种限制策略不仅确保了"波浪谷"的生态环境得到了有效保护，还意外地提高了其在全球范围内的知名度。许多游客因为无法获得参观资格而感到遗憾，但这也使"波浪谷"成了美国生态旅游的标志性景点。这一成功的案例充分证明了，适当的广告和宣传策略，结合资源的稀缺性，可以为旅游目的地带来巨大的品牌价值和市场回报。

2.旅游广告媒体决策

旅游广告必须通过一定的媒体才能传达给旅游者。旅游广告媒体就是选择传播广告信息的媒体类型。旅游企业要突出强调媒体报道的作用，重视广告的营销价值。旅游广告可选择的媒体很多，作为旅游产品，可以通过户外广告如候车亭广告、楼顶广告、车体广告等有助于潜移默化地推广和宣传旅游产品的手段，让旅游产品"上媒体"。

3.旅游广告的创意营销

在旅游广告策划中，创意不仅是中心，更是广告活动的灵魂和旅游的卖点。成功的旅游广告创意往往源于新颖出奇的构思、逆向思维的角度、深入挖掘的乡土文化、探索新的传播渠道、农耕文化的再造、真实与善良的价值观、情感与心灵的深度连接及名人效应的加持。

口号，作为广告中的点睛之笔，有着至关重要的作用。一个成功的口号能够将旅游的特点和风格浓缩，形成一个简短、鲜明、易记、合乎韵律且顺应时尚的形象标志。这样的口号不仅能够迅速在旅游市场上树立一个整体、生动的形象，还能与旅游企业的名称和标志紧密结合，共同构建企业的品牌形象。

新的广告模式，如针对性地为游客提供个性化的资讯，可以更加精准地满足消费者的需求。这种模式不仅能够创意地展现品牌魅力，还能帮助消费者更加便捷地选择自己喜欢的旅游线路和旅行方式。通过这种方式，企业可以用更少的广告费用赢得更多的客户，实现更高的市场回报。

（七）旅游营业推广

营业推广又称为销售促进，是旅游企业为了在特定的时间和地点刺激交易双方，鼓励旅游者迅速或大量购买旅游产品和服务而采纳的一套策略和方法。这种推广方式注重短期效果，具有非常规、多样、直接和高效的特点。其核心是在有限的时间和范围内，使用各种促销工具，对供应和需求双方产生影响，从而驱使旅游者产生即刻或大规模的购买行为。

通过销售促进，旅游业可以快速地将新的旅游产品引入市场，有效地应对和超越竞争对手的促销策略，诱导旅游者进行再次购买，并增加旅游产品的销量，从而提高总销售额。例如，某些客栈可能会为旅游者提供标准房间的促销活动，这不仅能增加标准房的销售，还可能刺激套房、餐饮和其他娱乐活动的销售。但销售促进主要是短期策略，一旦促销活动结束，销售可能会出现下滑。因此，企业在依赖促销吸引客户时应持谨慎态度。

1.旅游营业推广的方法

旅游营业推广作为一种策略性手段，旨在短时间内刺激消费者购买决策，从而达到提高销售额的目的。对于消费者而言，营业推广的核心是激发其购买欲望，无论是鼓励现有消费者增加购买量，还是吸引潜在消费者的注意。例如，通过邀请消费者和旅游中间商参与免费旅游活动，或者在国际旅游展览会上展示，都是为了增加消费者对旅游目的地的认知和兴趣。福建武夷山的"一元"门票活动便是一个成功的例子，尽管门票价格大幅下降，但由于吸引了大量游客，带动了其他相关业务的增长，如住宿、餐饮和娱乐等。

对于旅游中间商，营业推广的目标是激励他们更加积极地销售旅游

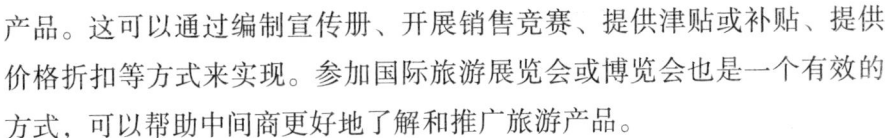

产品。这可以通过编制宣传册、开展销售竞赛、提供津贴或补贴、提供价格折扣等方式来实现。参加国际旅游展览会或博览会也是一个有效的方式，可以帮助中间商更好地了解和推广旅游产品。

而对于旅游企业的销售人员，营业推广的目的是鼓励他们更加努力地销售和开拓市场。为此，旅游企业会组织销售竞赛，通过有奖问答或设立销售额奖等形式，激发销售人员的兴趣和积极性。对于表现出色的销售人员，旅游企业会给予物质和精神上的奖励，如免费旅游、提高折扣和佣金等。这种方法已被证明能够有效地提高销售人员的工作积极性，并被许多旅游企业采纳。

2.旅游营业推广的实施过程

旅游企业可以通过旅游营业推广的有效实施，达到增强吸引力，把顾客直接引向产品，快速激发需求，临时改变消费者购买习惯的效果。

（1）旅游营业推广方案的策划。

①确立旅游营业推广目标。确定旅游营业推广目标就是要回答"向谁推广"和"推广什么"两个问题。因此，旅游营业推广的具体目标一定要根据目标市场类型的变化而变化，针对不同类型的目标市场，拟定不同的旅游营业推广特定目标。例如，针对旅游消费者而言，目标可以确定为鼓励老顾客重复购买旅游产品，吸引新的消费者试用等。针对旅游中间商而言，目标可以确定为促使中间商持续地经营本企业的旅游产品和服务，提高购买水平和增加短期销售额等；针对旅游推销人员而言，目标可以确定为鼓励推销人员大力推销旅游新产品和服务，刺激非季节性销售和寻找更多的潜在旅游者等。

②选择旅游营业推广方法。旅游营业推广方法是多种多样的，每种方法都有其各自的特点和适用范围。在实际中，要针对不同的旅游营业推广目标选择不同的方法。

③制订旅游营业推广方案。确立了旅游营业推广目标，并选择了适当的营业推广方法，接下来就是着手制定具体的旅游营业推广方案。制定一个完整的营业推广促销方案一般要考虑以下几个方面的内容：确定

刺激的规模、选择营业推广对象、决定营业推广媒介、营业推广预算分配。

（2）旅游营业推广方案的实施。旅游营业推广方案的实施必须根据计划按部就班地进行，并及时解决出现的问题，并做出相应的调整。

（3）旅游营业推广效果评估。旅游营业推广活动完成后，对其效果进行评估是检验推广促销是否达到预期目标，以及促销花费是否合算的唯一途径。评估效果既包括短期效果，也包括长期效果。但在很多情况下，长期效果的衡量只能采用定性或定量预测的方法来判断估计，而且结果也比较粗略。因此，效果评价多数侧重于短期效果的评估。尽管推广效果评估方法很多，但最普遍采用的一种方法是把推广之前、推广期间和推广之后的销售情况进行比较，因为短期销售量的变化幅度是衡量旅游营业推广效果的最好依据。

（4）网络促销。网络促销的特点完全符合绿色营销促销的原则，是一种效用高的促销形式。目前网络促销主要有以下几种形式。

①建立主页。

②在电子公告栏（BBS）上发布信息。

③加入网上商场。

网络促销的步骤对我国一些企业来说还比较陌生。在缺乏经验和专门人才的情况下，企业可按以下步骤在网络上做促销。

①选定合适的网络服务商。企业的网络服务商（ISP）应当具备如下条件：拥有与国际互联网连接的高速率的国际线路；可以提供多种国际互联网连接方式，如电子邮件、拨号账号、租用专线连接等；拥有具备大容量中继线的服务器，可保证大量用户同时进入国际互联网；能够提供网络技术培训。

②制订网络促销计划。网络促销的计划应包括以下几方面的内容：网络促销的目的是树立企业的绿色形象，还是仅仅为了促销某类产品；网络促销的目标客户群；网络促销的具体表现形式；网络促销的传播方向是单向的还是双向反馈的；促销效果评价方法和指标；逐步投入人力、

物力开展网络促销。

③检验网络促销的效果。企业应按促销计划，定期检验网络促销的效果。一般来说，成功的网络促销有以下特征：2 至 3 个月内企业收到的电子邮件数量成倍增加；企业在网络上做的客户调查回馈比率高；6 个月至 2 年内，网络促销带来的收入超过促销投入。

第五章　旅游经济的绿色发展转变的路径

第一节　旅游经济绿色发展转变的理论路径

一、从"空的世界"到"满的世界"的经济理论变革

传统的西方经济学理论往往忽视了旅游经济对生态和社会系统的依赖性，导致三者之间的紧密联系被忽略。余谋昌认为，这种经济观念过于强调经济增长，而忽视了同样重要的社会公平和自然环境与资源。这种单一的经济增长导向使得其在某种程度上对社会和自然产生了负面影响。

在当前生态经济和知识经济并存的时代背景下，为了实现社会的和谐发展，必须重新审视和调整传统的经济发展观念。这意味着，我国需要从对经济的单一追求转向更加注重生态和社会的平衡发展。简而言之，我国的经济发展策略应该从过去的"资源无限"的观念转变为"资源有限"的现实认知。

传统经济学中的"空的世界"观念，是工业化时代思维的产物，它在某种程度上也影响了旅游业，特别是在大众旅游的发展阶段。这种经济思维导致了旅游业的不可持续发展，使得这个原本应当是绿色、可持续的产业也面临了挑战。为了确保旅游业的健康、可持续发展，从业者

需要在生态经济、可持续发展和循环经济等新经济学理念的指导下，重新审视和调整旅游经济的发展策略。

在"满的世界"经济学视角下，生态文明时代的经济增长不应超出地球或特定区域的生态承载能力。对于旅游经济，这意味着其发展策略应当受到新时代经济学的指导。这种经济学思维为旅游经济的持续增长提供了以下几点指导。

（1）生态因子不再是旅游经济增长的外部考量，而是其内部组成部分。这有助于确保脆弱的生态旅游资源得到保护，也促进了独具特色的传统文化的继续发展。

（2）它强调了经济增长与可持续性之间的内在联系。尽管旅游经济的增长与可持续性之间存在潜在的冲突，但只要在开发和管理旅游资源时，确保其使用强度不超过生态系统的再生能力，并确保污染排放在生态系统的自净能力之内，那么旅游经济的增长就可以实现与生态效益的和谐统一。

（3）旅游经济的可持续增长依赖于市场、技术和生态三大原则的融合。虽然市场机制和技术进步可以解决旅游经济增长中的某些资源和环境问题，但要真正解决地球资源和环境的有限性问题，必须将这些原则与生态原则相结合。这样，通过各方面的协同作用，才能实现环境的修复和生态的恢复，确保旅游经济的长期、健康发展。

二、从"生态缺失"到"生态重构"的经济增长模型演进

（一）传统经济理论视野下的生态缺失

回顾现代经济增长理论，不难发现，从哈罗德－多马经济增长模型到近期的增长理论，对于自然资源和环境因素的考虑都显得相对边缘化。这种趋势起源于新古典经济学的崛起。从经济学的历史发展来看，这既是对古典学派中的生态观念的忽视，也是对新古典经济学中某些观点的过度放大，特别是在忽视经济增长对生态的影响方面。

随着现代经济的快速增长，人们也见证了自然资源的逐渐减少和生态环境的持续恶化。从 18 世纪中叶开始，人类对自然的破坏已超过了整个史前时期的总和。尽管经济繁荣不断，但支撑这种繁荣的自然资本正在逐渐减少，而这种减少的速度与物质福利的增长是正相关的。在这些经济增长理论的指导下，各个经济体在不同的时间和程度上都遭遇了这种增长的挑战。

1.哈罗德－多马经济增长模型

哈罗德－多马经济增长模型是经济增长理论中的一个经典模型，它试图通过对资本积累的分析来解释一个经济体的增长动态。在这个模型中，经济增长被视为资本积累的直接结果，而资本积累的速度则取决于储蓄率和资本—产出比。具体来说，模型假设在一个封闭的经济体中，只有一种产品被生产，而资本与产出之间的比例是固定的。这意味着，为了实现经济增长，资本存量必须持续增加，而这种增加的速度则取决于储蓄的水平。

在这种框架下，经济增长率与储蓄率直接相关，而与资本—产出比成反比。这种关系揭示了资本积累对经济增长的核心作用。更高的储蓄率意味着更多的资源被用于投资，从而加速了资本的积累。而较低的资本—产出比则意味着为了生产额外的产出，所需的资本投入较少，这有助于提高经济的增长潜力。

哈罗德－多马经济增长模型也存在一些局限性。模型中的假设，如技术进步的缺失、固定的资本—产出比和恒定的储蓄率，可能不适用于所有经济体。实际上，技术进步、人口增长和其他外部因素在很大程度上影响了经济增长的实际路径。资本的边际生产率可能会随着资本积累的增加而递减，这意味着持续的资本积累可能不会永远导致经济增长。

尽管如此，哈罗德－多马经济增长模型为经济增长理论提供了一个有力的框架，强调了资本积累在推动经济增长中的中心作用。这一理论为后来的增长模型，如内生增长模型等，提供了基础。这些模型进一步探讨了技术进步、人口增长和其他因素对经济增长的影响。总的来说，哈罗德－多马经济增长模型为经济学家提供了一个理解和分析经济增长动态的有用工具，尽管它可能需要与其他理论和实证研究相结合，以获得更全面的经济增长视角。

2. 索洛－斯旺模型

索洛－斯旺模型为现代经济增长理论提供了一个重要的理论框架，它对经济增长中的技术进步因素给予了特别的重视。在此模型中，技术进步被视为长期经济增长的关键驱动力，而不仅仅是资本和劳动的积累。这种观点为经济学界提供了一个新的视角，即经济增长不仅是投资和劳动力的增加，而更重要的是技术的进步和创新。

索洛－斯旺模型的核心观点是，技术进步可以提高生产要素的生产率，从而促进经济增长。这意味着，即使在资本和劳动的增长速度放缓的情况下，只要技术继续进步，经济仍然可以实现增长。这一观点与传统的增长理论形成了鲜明的对比，后者主张资本积累是经济增长的主要驱动力。

尽管索洛－斯旺模型强调了技术进步的重要性，但它并没有详细解释技术是如何进步的，也没有考虑到技术进步可能带来成本的提高。在模型中，技术被视为一个外生变量，这意味着它不受经济体内部因素的影响，而是由外部因素决定。这一假设在一定程度上简化了模型，但也忽略了技术进步的内部动力，如研发投资、教育和培训成本等。

索洛－斯旺模型也没有考虑到技术进步可能对环境和社会带来的影响。随着技术的进步，生产和消费模式可能发生变化，这可能会对资源的使用和环境的保护带来挑战。为了实现可持续的经济增长，除了技术进步，研究者还需要考虑其对社会和环境的影响。

3. 内生经济增长理论模型

内生增长理论模型为经济学领域提供了一个新的视角，它强调知识的积累和技术进步作为经济增长的内生动力。与传统的增长模型不同，内生增长模型认为，经济增长不仅依赖于物质资本和劳动的积累，更重要的是知识资本和技术的进步。这种观点为经济学界提供了一个新的研究方向，即如何通过知识的创新和技术的进步来推动经济的持续增长。

罗默模型是内生增长理论的代表之一，它将技术进步因素纳入生产函数中，并强调技术进步与人力资本的关系。在这个模型中，技术的进步不仅取决于物质资本的积累，更重要的是知识资本和人力资本的积累。这意味着，为了实现经济的持续增长，不仅需要更多的投资和劳动力，还需要不断地创新和学习。

内生增长模型则从另一个角度看待经济增长，它认为资本积累是经济增长的关键因素，而不是技术进步。这种观点与罗默模型形成了鲜明的对比，但它同样强调了知识的重要性。内生增长模型认为，即使自然资源被完全消耗，经济仍然可以实现增长，因为人们可以创造新的资本来替代自然资源。这种观点为经济学界提供了一个新的思考方向，即如何在资源有限的情况下实现经济的持续增长。

这些经济增长模型都忽略了一个重要的问题，即生态系统的破坏和环境的污染。随着经济的发展，生态系统受到了严重的威胁，环境污染也日益严重。这些问题不仅威胁到人类的生存和发展，而且对经济增长产生了制约。因此，为了实现经济的持续增长，不仅需要考虑经济因素，还需要考虑生态和环境因素。

（二）可持续发展经济理论视野下的生态重构

1. 生态约束的经济增长模型

在可持续发展经济理论的视野下，生态重构已成为经济增长模型中不可或缺的一部分。传统的经济增长模型往往忽略了生态和环境因素，而现代的经济学家已经认识到，为了实现长期的、稳定的经济增长，必须考虑到生态和环境的约束。

王海建的研究提供了一个新的视角，他将耗竭性资源纳入生产函数，并考虑了环境外在性的影响①。这意味着，为了实现可持续的经济增长，不仅需要考虑资源的有限性，还需要考虑生产过程中对环境的影响。王

---

① 王海建.耗竭性资源管理与人力资本积累内生经济增长 [J].管理工程学报,2000（3）:11-13.

海建的模型强调了资源利用、人均消费和环境质量之间的相互关系，提供了一个理解经济增长动态的新工具。

彭水军和包群的研究则进一步深化了这一观点，他们通过将有限的、不可再生的自然资源引入生产函数，探讨了人口增长、资源耗竭和技术创新之间的关系[1]。他们指出，如果缺乏有效的技术创新和合理的资源保护，经济增长可能会出现负的稳态增长率。这意味着，为了实现可持续的经济增长的目标，不仅需要技术的进步，还需要合理地利用和保护资源。

2. 旅游经济可持续发展的生态约束

旅游经济的持续增长与生态环境的保护常常被视为两个矛盾的目标。但这两者之间存在着密切的联系，特别是当考虑到旅游经济对生态环境产生的压力和对其依赖性时。旅游业的持续发展对环境的依赖性表现在资源的使用和废弃物的产生，而环境对其的影响则表现在废弃物的吸收和资源的再生产能力。

在旅游经济的框架内，消费是推动资源使用和废弃物排放的主要动力。因此，旅游资源的开发、利用及其产生的废弃物可以看作是消费的函数。这种依赖关系随着消费的增加而加剧，意味着随着旅游业的增长，对资源的需求和对环境的压力也在增加。这种增加不仅是线性的，还表现出加速的特点，即随着消费的进一步增加，其增速也在加快。

与此同时，生态环境对于吸收废弃物和提供再生资源的能力并不是无限的。当环境退化到一定程度时，其吸收和再生的能力将受到限制。因此，可以将环境的这两种能力看作是与其健康状况或质量相关的函数。当环境的质量下降到某一临界点时，生态系统将失去其再生和吸收的能力，进而走向崩溃。

在这种情况下，旅游经济的生态约束条件可以用环境退化率来描述。只有当环境的吸收能力等于废弃物的产生量，且资源的再生产能力等于其使用量时，环境退化率才为零，这也是旅游经济可持续发展的最低条

---

① 彭水军，包群．资源约束条件下长期经济增长的动力机制：基于内生增长理论模型的研究[J]．财经研究，2006（6）:110-119.

件。但如果这个平衡被打破，生态系统将受到持续的压力，其质量也将持续下降，直至崩溃。

这种崩溃不仅是生态环境的灾难，对于旅游业来说也是致命的打击。因为旅游业的发展很大程度上依赖于高质量的生态环境和丰富的资源。一旦生态系统走向崩溃，旅游资源将耗竭，生态环境将受到污染和破坏，从而使得旅游业失去了其生存和发展的基础。

为了确保旅游经济的长期可持续发展，必须实现生态环境的健康和稳定。这需要旅游业与生态环境之间建立起一种和谐的关系，确保资源的合理利用和废弃物的有效处理。只有这样，旅游业才能在不损害生态环境的前提下，实现其长期的、健康的发展。

为了实现这一目标，旅游业需要在发展策略上做出调整，重视生态环境的保护和恢复，确保资源的可持续利用，并采取措施减少废弃物的排放。加强对生态环境的监测和管理，确保其在可接受的范围内，并采取措施应对可能出现的风险和挑战。

3.生态要素是旅游经济可持续发展的内生要素

在经济学的历史脉络中，对于支撑经济发展，特别是实现可持续发展的要素的理解一直在不断演进。初步的阶段，主要集中于对资本积累的重视，而后逐渐扩展到认识人力资本和技术进步的价值，把它们视作经济增长的核心驱动力。随着制度经济学的兴起，制度创新与经济制度被提升到了至关重要的地位，有观点认为，持续的经济增长率差异若脱离了制度背景则难以完整解释。资本、劳动、技术进步、人力资本及制度创新等因素，无疑在经济发展的进程中发挥着至关重要的作用。自然资源和生态环境，是所有其他要素得以存在和发挥功能的基础。缺乏健康的生态环境和充足的自然资源，那么即使有再先进的技术、再完备的制度，它们也难以充分展现其价值。

在《生态马克思主义经济学原理》中，刘思华明确提出了传统经济学对自然生态环境的忽视问题[①]。传统视角下，自然生态往往被视为市场

---

① 刘思华.生态马克思主义经济学原理[M].北京：人民出版社，2006：54

经济与经济学原理之外的外部环境，仅被认为是人类物质生产的背景条件，而不是社会经济进程中的内在要素①。这种看法使得自然生态被排除在劳动生产力的组成之外，仅作为社会经济进展的辅助条件。这种将生态与经济隔离的模型，不仅将自然界视作静态的背景，更是将经济系统理解为与外界环境无关的独立实体。这样的观点，无法真实反映自然生态系统与社会经济体系间物质、能量与信息的交流特性，更无法认识到自然生态环境如何融入劳动过程，成为生产的核心部分。这也忽略了劳动过程中，外部环境时常转变为内部要素的现实。因此，在当今"可持续发展"理念已被人们广为接受的背景下，忽视自然生态要素对旅游经济增长的深刻影响是不合时宜的。现代经济学应将生态纳入持续增长的理论体系，确保经济发展与生态平衡共同前行。

三、旅游经济发展方式转变的核心理论

（一）基于生态内因论的生态经济价值

在当代的经济学领域，关于环境资源的价值评估、生态与经济之间的交互性及可持续发展的原则，经历了丰富的探索与理论演化。约翰·克鲁梯拉率先将可持续发展的原则应用于环境资源价值的评估，强调了资源环境的使用价值、选择价值和存在价值。这为后续的环境经济学家研究提供了理论基石。

之后，环境资源的经济价值的概念逐渐演化。在该框架中，经济价值被细分为使用价值和非使用价值。其中，使用价值进一步细分为直接使用价值、间接使用价值和选择价值，而非使用价值则分为存在价值和遗赠价值。这种分类体现了对资源的多维度评估，包括资源的直接与间接使用、其对未来的选择重要性以及人们对资源存在本身的重视。

刘思华进一步提出了生态经济价值论，这一理论是对传统经济学价

---

① 刘思华. 生态马克思主义经济学原理 [M]. 北京：人民出版社，2006：12.

值理论的重要补充。在他的理论框架中，生态经济价值是商品价值与生态价值的辩证统一体。这个观点强调了经济与生态系统之间的紧密耦合关系，突出了社会必要劳动在生态经济系统中物质化的价值体现。更重要的是，这种价值体现不仅仅是经济上的，还体现在生态层面，包括生态系统为经济系统提供的各种功能。

旅游经济作为一个与自然生态关系密切的经济领域，其对自然生态价值的体现尤为突出。由于旅游资源和自然生态环境的稀缺性和再生困难性，人类在生产过程中不仅创造商品价值，还会产生生态价值。当人类劳动为生态系统注入劳动和物化劳动时，生态系统会为经济系统提供多种价值。但这也会给生态环境带来负价值，威胁到旅游经济的发展基础。

为了实现旅游经济的可持续发展，必须正确处理人与自然、生态与经济之间的关系。旅游业应当使生态要素实现价值增值，避免商品价值与生态价值之间的冲突，从而实现生态价值与商品价值的和谐统一。

（二）基于生态内因论的生态内生化

生态内生化理论本质上强调的是地球资源与环境的有限性，并提倡为旅游经济发展确立可持续性的界限。这一观念可以被视为现代经济思维的生态转型，它也是可持续发展经济学的核心理念。随着人类对地球存在限制的逐渐认识，以及这些限制如何塑造人类社会和文明的演进，人们逐渐认识到，经济与社会活动，在很大程度上，都受到"全球生态系统的动态约束"的制约。这促使人们意识到地球资源与环境的有限性这一客观事实。为确保经济的健康与和谐发展，人类的经济与社会活动必须立足于完整的生态系统，确保资源的持续供应以及环境容量的维持。只有在这样的前提下，经济发展才能真正实现可持续性。

刘思华在其著作《当代中国的绿色道路：市场经济条件下生态协调发展化》中深入探讨了"生态内因论"。该理论主张，稳固的生态状况和高品质的环境不仅仅是现代生产活动的背景条件，而且是现代生产发展的核心驱动力。它应当被视为现代生产力的基础组成部分，而非仅是外在环境。生态内因论清晰地阐述了现代生产力实质上为生态经济生产力，并全面体现了现代生产活动的整体运作过程[①]。

自然生态环境在人类社会经济中的角色已经从单纯的外部背景逐渐转变为一个深度内嵌的要素。这一转变背后的逻辑是明确的：所有的经济活动，其本质上都是人与自然之间的物质交换与变换过程。这种物质交换的过程意味着，自然生态环境不只是为经济活动提供背景或条件，而是这些活动的核心组成部分。实际上，自然生态环境的要素已经渗透并融入人类的物质生产实践中，成为影响社会经济进程的内在机制。

在当代社会，自然生态环境的品质与健康状况已对经济增长和可持续性产生了显著的影响。经验和实践表明，一个健康的生态环境不仅是人类生存的基础，而且对现代经济增长有着决定性的意义。随着经济发展的加快，尤其是在全球化背景下，生态环境已逐渐从一个"外部条件"演变为经济生产和增长的"内部要素"。这种转变实际上揭示了生态环境与经济进程之间的紧密融合和相互依存关系。

特别是在旅游经济领域，可以更加清晰地看到这种关系。良好的生态环境为旅游经济提供了必要的前提和基础，是旅游经济持续、健康发展的关键。旅游经济的持续性不仅依赖于生态环境提供的物质和能量，更在于如何保护和恢复那些对旅游业有吸引力的自然景观和生态系统。这意味着，旅游业的成功与否，与其对生态环境的尊重和保护程度息息相关。

四、生态内生化的旅游经济可持续发展模型

（一）旅游生产函数的建立

假定 1：旅游资源是旅游经济生产过程中的投入要素，并以存量和流量两种形式进入旅游生产过程。

---

① 刘思华. 当代中国的绿色道路：市场经济条件下生态经济协调发展论 [M]. 武汉：湖北人民出版社，1994：56.

假定 2：旅游经济的发展与旅游地的生态环境、生态系统、生物多样性、自然景观、文化遗存和民俗风情等旅游资源环境的存量水平密切相关，构成了旅游地对旅游者的吸引要素，旅游资源环境的级别和质量越高，对旅游者的吸引力越大，越能提高旅游业的生产能力。

假定 3：旅游资源环境的流量形式一方面指旅游开发经营者对生态资源环境要素的使用，表现为旅游环境资源要素的递减和损耗，另一方面指旅游者的活动和旅游开发经营者的行为对旅游资源环境的污染和破坏，表现为旅游资源环境要素的降级。

假定 4：虽然对旅游资源和生态环境的破坏，在有些情况下是不可逆的，一旦破坏，无法恢复，但是考虑到不同类型的旅游资源之间存在一定的替代作用，以及生态环境的投入和改善，认为旅游资源具有可再生的性质；

假定 5：忽略旅游生产过程中的劳动力投入和技术进步因素。

在以上假定的基础上，建立旅游生产函数：

$$Y = T(K, Z, E) \tag{5-1}$$

式中：K 为资本投入要素，Z 为旅游资源环境的流量水平，E 为旅游资源环境的存量水平。

由于旅游地的政府部门及当地的旅游开发经营者出于促进旅游业可持续发展的目的，也会对生态环境和资源进行投资，以维护生态环境资源的非减性。因此，旅游经济的收益除了用于消费 C 和积累 K 的部分外，也有部分用于对生态环境资源的再投资，实现生态再生产，为旅游再生产提供生态基础。如果将改善生态旅游资源环境的投资定义为 A，则旅游经济的资本积累随时间的变化率为：

$$K_t = T(K, Z, E) - C - A \tag{5-2}$$

式中：K_t，即资本积累随着时间的变化而变化。

（二）旅游资源环境的变化方程

旅游的开发经营对生态资源环境要素的使用会降低旅游资源环境的存量水平，但是，对生态环境和资源的投资又会保护生态系统，提高环境质量，维持资源的品质等级。

与旅游资源环境使用的流量水平相对应，旅游资源环境的净使用量与旅游业中的生态旅游资源环境投入要素 Z 和对于生态旅游资源环境的改善投资 A 相关，所以，旅游资源环境的使用函数可以定义为：

$$Q = Q(Z,A) \tag{5-4}$$

由于假设旅游环境资源具有可再生的性质，因此旅游资源环境的再生函数是旅游资源环境存量 E 与旅游资源环境的使用量 Q 的函数，表示为：

$$E_t = N(E,Q) = N[E,Q(Z,A)] \tag{5-4}$$

随着旅游资源环境净使用量的增加，旅游资源环境的再生能力逐渐下降，即 $N_Q < 0$；而对旅游资源环境投资的增加 A 可使旅游资源环境的净使用量 Q 减少，即 $Q_A < 0$；旅游资源环境的存量越高，旅游资源环境净使用量的副作用越小，即 Neo>0；旅游资源环境的投资对环境资源改善的效果是递减的，即 $Q_{ZA} < 0$。

N 与 E 的关系不是线性关系，也就是说，当旅游资源环境的质量下降到某一程度，污染积累超过了生态环境的承受能力，旅游资源环境的降级就会不可逆转。另一方面，旅游资源环境的再生会变得越来越难，其再生能力会不断下降。如果旅游活动对旅游资源环境的负面影响可以保持在一定的阈值之下，不超过生态系统和资源环境的承载力，旅游资源环境的再生能力可以保持在一个较为稳定的状态。

（三）旅游福利函数

将旅游资源环境作为旅游经济发展的内生变量来考虑，则旅游经济发展的社会福利会受到旅游资源和生态环境的影响，社会福利值的大小取决于消费水平和旅游资源环境的存量水平，表示为：

$$W = \int_0^\infty e^{-\rho t} u(c, E) dt \qquad （5-5）$$

式中：c——人均消费水平；

E——旅游资源环境的存量水平；

ρ——时间偏好率，指在保持总体社会福利不变的前提下，减少当前 1 单位的消费而需要在将来对经济主体进行多少单位的消费补偿。

（四）生态内生化的旅游经济可持续发展模型

将旅游经济的发展模型表示为：

$$W = \int_0^\infty e^{-\rho t} u(c, E) dt \qquad （5-6）$$

要实现生态内生化的旅游经济可持续发展，必须引入以下两个约束条件：

$$K_t = T(K, Z, E) - C - A \qquad （5-7）$$

$$E_t = N(E, Q) = N[E, Q(Z, A)] \qquad （5-8）$$

则旅游经济可持续发展的核心就是要在满足两个约束条件的前提下使旅游经济社会福利函数最大。为了求解旅游经济社会福利函数的最大值，可以建立旅游经济可持续发展的经济模型方程：

$$H = e^{-\rho t}[U(c, E) + \lambda(T(K, Z, E) - C - A + \mu N(E, Q(Z, A))] \qquad （5-9）$$

式中：λ 和 μ 分别是资本和旅游资源环境的影子价格。

使该函数获得最大值的条件为：

$$\partial H / \partial c = 0 \Rightarrow U_c = \partial U / \partial c = \lambda \qquad （5-10）$$

$$\lambda_t = -\partial H / \partial K \Rightarrow \lambda_t = \rho U_c - \lambda \partial T / \partial K = \rho \lambda - \lambda \partial T / \partial K \qquad （5-11）$$

$$\mu_t = -\partial H / \partial E \Rightarrow \mu_t = \rho \partial U / \partial E - U_E - \lambda \partial T / \partial E - \mu \partial N / \partial E \qquad （5-12）$$

$$= \rho\mu - U_E - \lambda\partial T / \partial E - \mu\partial N / \partial E \qquad (5\text{--}13)$$

该模型的经济含义：在人与生态平衡的前提下，出售边际单位旅游资源所获得收入 μ 的利益收入 $\rho\mu$，应该与该资源的各项成本之和相等，这些成本包括：①该资源在将来的价格 μ_t。②该资源在当期的损耗而减少的未来的增长的价格 $\mu\partial N / \partial E$。③由于资源在当期的损耗，使下一期持有成本上升所带来的损失 $U_E + \lambda\partial T / \partial E$。

该模型表示，旅游经济的可持续发展必须建立在对旅游资源合理利用的基础之上，在旅游生产函数中，必须将生态环境作为内生变量加以考虑，将破坏生态和导致资源退化的生态环境资源成本进行核算，以消除旅游开发经营行为的外部不经济。

第二节　旅游经济绿色发展转变的技术路径

一、旅游环境承载力构成

（一）旅游环境承载力的研究

在现代旅游经济的背景下，研究旅游环境的承载力显得尤为重要。旅游环境承载力描述的是一个旅游区域在保持其生态和社会系统健康、稳定和完整的前提下，可以承受的最大旅游活动量或旅游者的最大数量。适量的旅游压力可以促进经济增长，过度的旅游则可能导致生态和文化资源的退化，甚至产生不可逆的损害。

旅游环境承载力的概念除了包括生态环境的容量，还涵盖了社会、文化和经济的各个方面。旅游环境承载力既包括生态承载力又包括社会承载力。生态承载力关注的是自然环境和生态系统对于旅游活动压力的反应，而社会承载力则关注的是当地社区居民对旅游带来的影响的认知和感受。从经济的角度看，过度的旅游压力可能导致资源的过度消耗，从而影响当地经济的健康发展。

为了更准确地刻画旅游环境承载力，需要构建一个综合的模型，该模型应综合考虑自然、社会和经济的各个要素。这种模型的构建涉及多学科的知识，包括生态学、社会学、经济学和人类学等。在这个模型中，不仅要量化每一个要素，还要深入理解这些要素之间的相互作用和反馈机制。

实际的承载力研究过程往往需要通过田野调查、数据收集、模型建立和模拟分析等方法。在这个过程中，科研人员需要与当地社区、政府、旅游业者及其他相关方进行合作和沟通，确保研究结果的准确性和实用性。

（二）旅游环境承载力构成模型

深入地理解旅游环境承载力，不仅需要对其进行实证研究，更需要通过模型化的方式来描述和预测旅游活动对环境的影响。旅游环境承载力构成模型的提出，目的在于系统地集成多种因素，提供一个综合性的工具，以估算和管理目的地的承载量。

构成这一模型的核心思想是，任何旅游目的地都拥有一系列的资源，包括自然、社会和文化资源，这些资源都在某种程度上受到旅游活动的压力。随着旅游活动的增加，对这些资源的压力也在增加，直到达到某个临界点，超过这一点，资源将遭受不可逆的损害。

在构建模型时，应当将旅游环境承载力分为几个关键的维度。生态维度关注生态系统的健康和完整性，包括土壤、水、植被和动物等；社会文化维度关注旅游活动对当地文化和社会结构的影响；经济维度考虑旅游活动对当地经济的贡献和压力。

这一模型还应包括政策、技术和市场趋势等在内的外部因素，这些都可能影响旅游活动及其对环境的影响。模型中还应该包含一套反馈机制，以监测和评估旅游活动的真实影响，并根据需要进行调整。

在操作层面，该模型可为决策者提供一个科学的工具，以量化和评估旅游目的地的实际和潜在承载力。通过对这些数据的分析，决策者可以更加明智地制定和实施旅游政策和策略，以确保旅游活动与目的地的承载力之间的平衡。

通过运用这种模型，旅游业者和目的地管理者可以更好地理解旅游活动对目的地资源的真实影响，并据此进行适当的调整。这样可以减少过度旅游的负面影响，同时确保旅游业的长期可持续发展。

（三）旅游环境承载力测算

旅游环境承载力测算是评估旅游目的地可持续发展的关键手段。它涉及多学科的知识，结合定量和定性方法，以识别、评估并预测旅游活动对目的地资源和环境的影响。此测算的核心是理解旅游活动与环境之间的相互作用，从而为目的地提供合理、可行的旅游管理策略。

测算过程需要对目的地的资源和环境进行详细的调查和数据收集。这通常涉及生态、社会、经济和文化资源的评估。其中，生态资源包括土地、水、植被和野生动物，而社会和文化资源可能涉及居民的生活方式、文化遗产和社区结构。

通过引入适当的模型和算法，可以评估目的地的实际承载力。这些模型基于生态学、社会学和经济学的理论，综合考虑资源的可用性、需求和压力，以及它们对旅游活动的响应而构成。此外，这些模型还考虑了外部影响因素，如气候变化、政策变化和技术进步等。

对于旅游环境承载力的测算，关键是识别"临界点"或"阈值"，即旅游活动开始对资源或环境产生不利影响的点。这些临界点通常是基于长期观测和实证研究的，并可能随时间和条件的变化而变化。

利用现代统计和计算方法，如地理信息系统（GIS）和遥感技术，可以提高测算的准确性和效率。这些工具可以提供土地覆盖、土壤类型、植被密度和水资源等详细信息，从而帮助研究者做出更准确的评估和预测。

当旅游环境承载力被测算并确定后，决策者和管理者可以根据这些信息制定相应的旅游管理策略和行动计划，以确保目的地的长期可持续发展。例如，如果一个地区的旅游承载力接近或超过其临界值，可能需要限制某些旅游活动或采取其他管理措施，如减少参观人数、生态恢复和资源保护。

最后，旅游环境承载力的测算是一个持续的过程，需要定期更新和修订，以适应不断变化的环境和旅游市场的需求。通过这种方式，确保旅游活动与环境之间的平衡，从而为目的地的长期繁荣和可持续发展打下坚实的基础。

（四）旅游环境承载力指数测算

旅游环境承载力指数测算是对旅游目的地生态和社会容忍度的定量评估，为了量化地表达出一个地区对旅游活动的适应能力与限度。此测算目的在于提供一个清晰、直观且操作性强的工具，从而为决策者和旅游业界提供参考，以支持可持续的旅游策略和管理决策。

测算这一指数首要的任务是识别与旅游相关的关键环境和社会变量。这些变量包括生物多样性、土地利用变化、水资源可用性、空气质量、噪声水平、文化和社会资源及当地社区的感知和接受度。每一个变量都需要在它对于旅游发展和目的地可持续性的相对重要性上被赋予权重。

接下来，对每一个识别出的变量收集其数据并确定其对于旅游活动的影响。这些数据可以是实测的，也可以是历史记录或模型预测的，但都应该是最新和最相关的。将这些数据标准化，确保它们都在相同的尺度上，并能被有效地比较和整合。

随后，利用适当的数学和统计方法，结合权重和标准化后的数据，来计算每一个旅游目的地的综合承载力指数。该指数的值通常介于 0 和 1 之间，其中 0 表示完全无法承载旅游活动，而 1 表示完全可以承载。

旅游环境承载力指数提供了一个目的地对旅游压力的敏感性和恢复能力的综合视图。一个较高的指数值可能意味着该地区具有强大的承载能力，能够容忍更高强度的旅游活动，而不会产生负面效果。相反，较低的值可能提示管理者和决策者需要实施一系列的策略和措施，以降低旅游活动的负面影响。

（五）旅游环境承载负荷度

旅游环境承载负荷度反映了旅游目的地在其实际游客流量和其环境承载力之间的关系。换句话说，它量化了一个地区所经受的实际旅游压力相对于它理论上所能承受的压力的程度。这一量化数据为决策者和管理者提供了关于旅游目的地当前的可持续状况的洞察，并为制定相应的管理策略和措施提供了依据。

承载负荷度的计算涉及对旅游目的地的实际游客流量与其环境承载力进行比较。具体而言，它是实际游客数量与旅游环境的最大可持续游客数量之间的比率。如果此比率接近或超过1，这意味着目的地即将达到或超过其环境承载极限，这可能会导致资源的过度利用和环境退化。

为了更精确地计算承载负荷度，需要考虑多个因素。除了实际的游客流量和环境承载力，还应考虑游客的活动模式、停留时间、资源的恢复率和对资源的实际利用率。例如，一个经常接待大量短期游客的目的地可能会面临与那些主要接待长期游客的地方完全不同的压力。

当承载负荷度增加时，这可能意味着旅游目的地面临的环境压力也在增加。持续的高承载负荷度可能导致土地退化、生物多样性丧失、水资源短缺和文化资源的损失。此外，当地社区也可能经历与过度旅游相关的社会压力，如拥挤、价格上涨和改变原有的生活方式。

为了减轻这些压力并确保旅游的可持续性，决策者和管理者可能需要采取多种策略。这可能包括限制某些地区的访问、推广旅游的季节性分散、增加旅游税以资助环境保护项目或推动更可持续的旅游实践，如生态旅游和文化旅游。

二、旅游经济发展的生态影响评估

（一）旅游生态足迹的影响

在全球化的背景下，旅游已成为连接文化、经济和生态系统的重要桥梁。随着旅游业的迅速扩张，它对地球的生态系统产生了明显和深远的影响。为了深入理解这些影响，旅游生态足迹的概念应用于测量旅游活动对自然资源的消耗和环境压力。

旅游生态足迹涵盖了游客在旅行过程中所消耗的各种资源，包括食物、水、能源以及其他基础设施。它为人们提供了一个量化的指标，帮助人们理解旅游活动如何与地球的生物容量相互作用，这反映了地球在特定时间段内能够再生和支持的生态系统。

一地区的旅游生态足迹与其吸引的游客数量、游客的消费习惯以及该地区的资源利用效率等多个因素有关。地区的生态足迹过大可能意味着该地正在经历过度旅游，这可能导致资源过度消耗、生物多样性下降和生态系统退化。

除了对生态系统的直接压力，旅游生态足迹的增长也对全球气候变化产生了间接影响。例如，旅游交通（尤其是航空旅游）是碳排放的主要来源之一，这加剧了温室效应和全球变暖。此外，为满足游客的需求，大量的建筑和基础设施建设在敏感的生态区域，这可能造成栖息地破坏和土地利用变化。

当人们谈论旅游生态足迹的影响时，必须认识到这些影响并不总是负面的。适度的旅游可以刺激对生态和文化遗产保护的投资，鼓励当地社区和政府采取可持续做法。例如，生态旅游和社区旅游项目鼓励游客与当地文化和生态系统互动，同时减少资源消耗和环境破坏。

（二）旅游生态足迹的计算方法

旅游生态足迹为研究者提供了衡量旅游活动对生态系统的影响的有力工具，它揭示了游客消费行为对资源的实际消耗以及产生的环境压力。准确计算旅游生态足迹对于评估旅游业的可持续性和制定相应的管理策略至关重要。计算旅游生态足迹涉及的方法主要包括以下几个关键步骤。

（1）定义研究范围和目标。确定具体的研究地点、时段和旅游类型。这可以是一个特定的旅游目的地、一个国家或全球范围内的某个旅游类型。

（2）数据收集。收集与旅游活动相关的数据，如游客人数、停留时

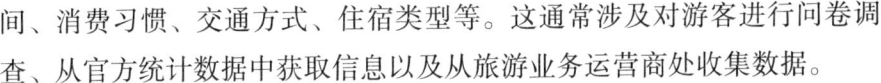

间、消费习惯、交通方式、住宿类型等。这通常涉及对游客进行问卷调查、从官方统计数据中获取信息以及从旅游业务运营商处收集数据。

（3）选择适当的转换因子。转换因子用于将物理数据转化为生态足迹单位。例如，使用能源、水和土地的转换因子来计算消费的资源量。

（4）计算单个活动的生态足迹。每个旅游活动，如交通、住宿或食品消费，都会对生态系统产生压力。通过将每个活动的物理数据与相应的转换因子相乘，可以得到该活动的生态足迹。

（5）整合计算结果。将所有单独活动的生态足迹相加，得到总的旅游生态足迹。这可以进一步细分为特定的足迹类型，如碳足迹、水足迹或土地足迹。

（6）进行比较和分析。将计算结果与其他旅游目的地或其他时段的结果进行比较，以确定趋势和差异。此外，还可以使用旅游生态足迹来评估旅游业的可持续性和对生态系统的影响。

（7）考虑不确定性。由于数据的局限性和假设的变化，旅游生态足迹计算中存在一定的不确定性。通过敏感性分析，可以评估不同参数和假设对最终结果的影响。

此计算方法为研究者提供了一个框架，用于评估旅游业对生态系统的具体影响。通过定期计算和更新旅游生态足迹，政策制定者、业界和游客都可以更好地了解他们的行为对环境的影响，从而采取相应的措施，确保旅游业的长期可持续性。

（三）旅游生态足迹的功能

旅游生态足迹为研究者提供了一个定量分析旅游发展现状和评估其影响的有效工具，从而为决策者制定更加科学和合理的旅游发展策略提供依据。这一方法不仅可以对旅游业进行综合评估，还可以具体评价旅游产品、目的地、企业，甚至对旅游者的行为产生教育作用。此外，它还可用于衡量大众旅游的影响，测算旅游目的地的资源消耗，以及估算旅游业对环境的整体影响。

1. 为旅游地生态规划与管理提供定量依据

旅游生态足迹的应用为旅游目的地的生态规划与管理提供了精确的定量分析工具。该方法能够量化旅游者在目的地的资源消耗、能源使用和废物排放，通过与目的地的生态需求进行比对，从而为管理者制定决策提供重要参考。以九寨沟自然保护区为例，研究者通过生态足迹方法定量评估了旅游业对当地生态环境的影响，并探讨了基于此方法为当地居民提供生态补偿的可能性。这为其他自然保护区提供了有价值的参考。还有研究者应用生态足迹模型，对中国各地的旅游生态足迹和环境承载能力进行了深入研究。这种方法不仅能评估不同旅游地区的生态需求，还可以通过对生态足迹与生态容量的比对，明确描述旅游活动对目的地生态环境的具体影响，进而为相关地区的生态管理和规划决策提供科学支撑。

2. 定量地为旅游经济的可持续发展提供依据

旅游生态足迹是一种新的定量评估方法，用于评估旅游业的可持续发展。这一方法可以应用于多个领域，包括旅游产业、旅游产品、旅游目的地、企业生态及大众旅游，以便测量其可持续性。根据一项研究，通过分析嵩山 2005 年"五一"期间的旅游生态足迹，鲁丰等学者得出了一些结论，指出采取有效的技术或措施来调控相关因素，并倡导生态旅游、民俗旅游以及农业观光等旅游方式，可以降低旅游生态足迹。此外，符国基、窦蕾、蒋依依、杜旭东等研究者通过实证研究运用旅游生态足迹理论与方法，揭示了旅游者对生态环境的影响及其主要因素，以及旅游产业结构的效益。这些研究有助于明确旅游产业结构的调整和优化方向，为实现旅游业的可持续发展提供了定量参考依据。

3. 测度旅游业整体发展水平及其经济效益

旅游生态足迹模型引入了生物生产性面积的指标，为分析旅游产业结构的效益、旅游活动对目的地资源和能源的消耗、旅游产业与其他产业的比较等提供了一种简便的框架支持。通过生态产业的盈余和赤字等定量指标，可以了解地区旅游产业的发展状况，盈余情况可以用来判断旅游业内部流程需要调整的部分及发展的潜力。例如，李金平等研究发现，在澳门，每公顷的生态足迹可以创造 4202 美元的产值，是世界平均水平的 3.8 倍。而每公顷生态足迹的产值为 15258 美元，是世界平均水平的 13.8 倍，这表明澳门是一个以旅游为主导的城市，旅游业在经济上非常高效。符国基的研究则显示，海南省外来旅游者的生态足迹单位产值是本地单位生态足迹差值的 1.56 倍，这说明海南的旅游业相对于当地各行业的平均水平，具有更高的经济效益。

第三节　旅游经济绿色发展转变的市场路径

一、旅游市场供给的生态化

（一）旅游企业管理理念的生态化

1.社会生态经济人的理性回归

在 21 世纪的社会经济背景下，绿色管理理论的提出和深化探讨已逐渐成为管理学界和实践领域的焦点。这一理论突破了传统的管理观念，不仅关注企业的经济效益，更强调企业与生态环境之间、企业与社会之间以及企业与个体之间的和谐关系。事实上，这种跨学科的研究方法为研究者提供了一个重新审视企业、社会和自然之间关系的全新视角。

在全球化、知识化的大背景下，尤其是在生态环境日趋恶化、资源日益匮乏的现实情境中，人类对于经济、社会和生态的关系进行了新的思考。绿色管理理论就是这种思考的产物，它的核心是如何实现经济、社会和生态的三重和谐，这需要人们重新审视和定义"人"的角色和地位。

传统的经济学理论把人视为理性的、自利的经济人，这一观念长期支配着社会的经济活动和管理实践。然而，随着时间的推移，这种单一的、片面的定义已经不能满足人们对于复杂社会现象的认知需求。在绿色管理理论中，人不再是孤立的、只追求自身利益的经济个体，而是成了生态社会经济体系中的一个有机组成部分，与自然、与他人、与社会形成了一个紧密的互动关系。

人与自然之间的关系是绿色管理理论的核心，这种关系不再是传统意义上的掠夺和对抗，而是和谐共生。这需要人们充分认识到人的生存和发展是建立在生态系统的基础上的，任何对自然的损害最终都会反过来威胁到人类自身的生存和发展。因此，企业和个人在经济活动中必须充分考虑到生态因素，确保其活动是可持续的，不损害生态环境。

同时，人与他人、人与社会之间的关系也在绿色管理理论中得到了重塑。在这一理论框架下，人不再是孤立的个体，而是社会网络中的一个节点，与他人形成了一个复杂的互动关系。这种互动关系不仅是基于经济利益的，更是基于共同的生态和社会价值观的。企业和个人在经济活动中不仅要追求自身的利益，还要考虑到他人和社会的利益，确保其活动是公正的、公平的。

2.管理理念的绿色革命

在全球化背景下，绿色旅游业作为一种对环境影响相对较小，但能带动地方经济发展的产业，其重要性日益凸显。对于旅游业而言，绿色的管理理念不仅是一种企业的战略选择，更是它们生存与发展的必然要求。这不仅因为它需要应对外部环境的变化和生态旅游市场的日益扩大，更因为在当前这个高度关注环境问题、注重可持续发展的时代背景下，企业的环境和社会责任被赋予了更重要的地位。

当讨论旅游企业的绿色管理时，自然不可避免地涉及与生态环境密切相关的多方面问题。这包括如何在经营活动中实现对资源的合理利用、减少污染，如何实施绿色设计和清洁生产，如何通过绿色营销策略来塑造企业形象，以及如何在实现经济效益的同时也能达到社会效益和生态效益的统一。

对于旅游企业来说，它们既是生态环境的受益者，也是其守护者。因为只有良好的生态环境和资源环境才能吸引更多的游客，从而带动企业的经济效益。这要求旅游企业不仅要注重自然生态的保护，还要在企业内部营造绿色的企业文化和氛围，鼓励员工参与到这一过程中，培养他们的绿色意识，从而实现其全面发展。

此外，旅游企业还要发挥旅游资源的观赏、体验和教育功能，满足游客的各种需求，这既可以为企业带来经济效益，也为实现生态和谐提供了物质基础。不过，这种和谐并不仅是人与自然之间的，还包括人与人、人与社会之间的。旅游企业在追求自身利益的同时，也要考虑到与其他利益相关主体的关系，这需要企业具有较强的综合协调能力，确保各方利益得到平衡。

（二）旅游企业管理方法的生态化

1.强化旅游生态经济关系

（1）处理与自然的关系。旅游企业与自然之间存在一种深度的、互相依赖的关系。一方面，优质的生态环境与丰富的自然资源是吸引游客的关键要素；另一方面，旅游企业作为连接游客与自然资源的桥梁，承担着对这些资源的管理和保护责任。这意味着旅游企业与旅游资源之间的关联不仅是简单的利用，而是涵盖了维护、投资与改进等多个层面。如果忽略了对自然资源的保护和持续性管理，旅游企业将面临长远的发展障碍和竞争力下滑。因此，当旅游资源被转化为市场上的旅游产品时，旅游企业必须遵循生态保护的原则，确保对自然和生态环境的影响降至最低。

（2）处理与物质的关系。旅游企业首先是经济实体，追求经济效益是其核心目标，也是确保其长期稳定发展的关键所在。这种经济收益为企业赋予了财务能力，进而投入于生态和环境的保护。为了实现这一目标，旅游企业应高效地利用生态旅游资源，降低运营成本并提高经济回报。更重要的是，旅游企业运营的经济模式必须以生态系统为基础。在计算企业的利润和成本时，生态和环境成本也应纳入考量。否则，如果仅从纯经济角度看待利润而忽视了对生态环境的潜在损害，企业的可持续发展之路将会受阻。因此，旅游企业在追求经济利益时应持有节制态度，不能无视生态系统的限制和环境的承载能力，过度追求单纯的经济增长。

（3）处理与社会的关系。旅游企业不仅是一个经济实体，而且是深植于社会结构的组织。其与社会的每一部分都紧密相连，并在其中肩负着特定的责任和期望。企业的繁荣与社会的进步是相辅相成的。通过建立稳健而和谐的社会联系，旅游企业能积累有形与无形的资本，进而提升其运营效率。企业的社会信誉不仅基于其历史和传统，还受其日常行为和决策的影响。社会关系不仅存在于企业与外界之间，而且在企业内部也同样重要。一个健康、互助的内部环境能有效地将外部资源转化为企业内部的价值。考虑到旅游行业的综合性，旅游企业与社会各层面都有广泛的互动。积极维护并深化这些社会联系，寻求持续的社会支持与合作，对生态旅游企业而言至关重要。

（4）处理与人的关系。员工不仅仅是企业的基本组成部分，更是企业中最珍贵的资产，是决定企业成败的关键因素。在绿色旅游业中，对员工的管理策略应超越传统的效能驱动，转向对其整体福祉和成长的关注。这涵盖了他们的生理、情感和职业发展。当员工感受到被尊重和培养时，他们所带来的价值将远超过他们的职位描述。通过深化对员工的了解、尊重和发展，企业不仅能够提高人力资本的贡献度，还能确保员工与企业的共同成长和繁荣。

游客为旅游企业带来经济效益，他们是企业存在的核心驱动力。为游客提供服务不仅是满足其直接的物质和心理需求，更要深入挖掘他们对生态和环境的期待。一个充分意识到这一点的旅游企业会将其绿色价值观融入与游客的每一次交互中。这种绿色价值观旨在鼓励游客采取环保行为，同时强化了企业的品牌形象。通过深化与游客的关系，旅游企业不仅可以确保当前的经济收益，还能为未来的稳健发展打下坚实的基础。

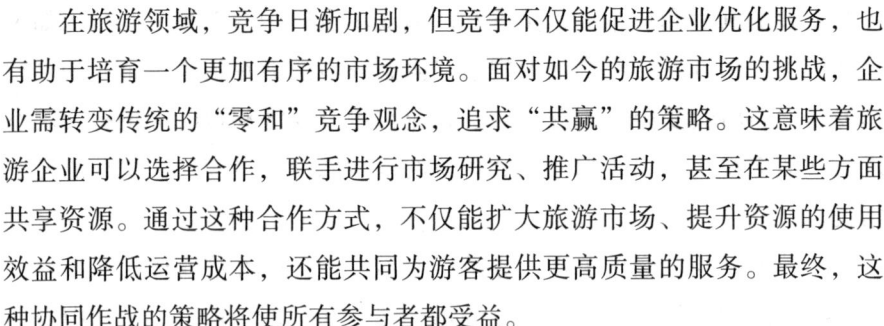

在旅游领域，竞争日渐加剧，但竞争不仅能促进企业优化服务，也有助于培育一个更加有序的市场环境。面对如今的旅游市场的挑战，企业需转变传统的"零和"竞争观念，追求"共赢"的策略。这意味着旅游企业可以选择合作，联手进行市场研究、推广活动，甚至在某些方面共享资源。通过这种合作方式，不仅能扩大旅游市场、提升资源的使用效益和降低运营成本，还能共同为游客提供更高质量的服务。最终，这种协同作战的策略将使所有参与者都受益。

2.制定绿色管理制度

（1）绿色资源管理。旅游企业对自然与生态系统的尊重和保护应通过实施生态友好的资源管理策略来实践。企业内部应鼓励环境意识并强调生态责任，使员工深入了解生态和自然资源的宝贵性和不可再生性，明确公司在环境和生态保护方面的使命。每个环节和流程都应注重资源节约和效率提高，以确保有限的旅游资源得到妥善使用。企业应探索并采纳对环境友好的生产方法、工艺和设计，以减少在旅游产品制造和提供过程中对生态系统的压力和影响，从而确保旅游业的持续健康发展不以牺牲环境为代价。

（2）绿色财务管理。想更准确地评估企业在经济、生态和社会方面的综合表现，就需要对传统的财务评估方法进行改革，引入生态相关的变量和标准，进而实施生态财务策略。核心措施包括实践生态会计和生态审计，将自然资源及生态环境的成本纳入企业财务报表，确保企业财务数据真实地反映其盈利状态及其对环境的影响。生态会计主要利用货币评估，遵循相关的环境保护法规，专注于测量和记录旅游企业在环境保护、污染控制和资源利用上的成本和支出，目的是评估企业在环境绩效上的表现及环境活动对企业经济效益的影响。而生态审计则是由审计机构按照法规对旅游企业的环境策略及其相关的经济活动进行的审查，其目的是评估企业在环境管理方面的履责情况，鼓励企业强化其环境策略，并确保其发展策略的可持续性。

（3）绿色人力管理。企业管理不仅是技术上的流程控制，而是围绕

"人"的核心进行。员工不应被视为单纯追求利益的"经济人",而是具有情感在内的多重需求的有机存在。转向生态管理不仅意味着要和自然与社会形成和谐,更要在企业内部建立人与人之间的和谐关系。

旅游企业应深入了解和尊重每位员工作为独特个体的价值,努力培育积极的团队文化和工作环境,以便充分激发员工的潜能和热情。同时,企业应重视员工的身心健康,通过加强企业与自然和社会的连接,帮助员工塑造均衡的人生观和价值观。当员工将自己的角色视为企业的使命,而非简单的工作任务,他们就会与企业的愿景和目标更加紧密地结合,用积极的态度和卓越的服务影响游客和社会,推动整体的和谐共生。

(三)旅游企业生产方式的低碳化

全球已经达成发展低碳经济的共识,低碳经济是当前世界经济的明确发展方向。林辉将其描述为"第五次全球产业浪潮"。低碳经济不仅触及各个产业领域,与旅游产业也紧密结合。通过采纳低碳经济策略和推广低碳生活习惯,经济可以走向真正的可持续发展。对于旅游企业来说,它们应该成为推进低碳旅游的先行者,主要通过调整企业运营策略,来响应低碳经济下的旅游业变革,以期达到"推广低碳旅游,倡导低碳生活"的愿景。具体而言,低碳旅游企业的策略包括下几种以。

1.旅游景区及交通的低碳旅游企业行为

旅游景区在确保自然之美得到保留的同时,应避免过度开发。景区规划应采用环保新材料,并在活动策划中融入生态友好理念。在旅游出行方面,推荐使用公交、混合动力汽车、电动车和自行车等对环境友善的交通工具。对于近距离的旅途或某些特定段落,推荐徒步或骑自行车,这两者都是最具环保特质的旅游方式。事实上,为了维护旅游景点的生态环境,有些景区已经采取了一些措施如九寨沟已多年前禁止传统汽车入内,并采用电瓶车来降低碳排放。

2.旅游酒店的低碳旅游企业行为

在旅游业的各个环节中,旅游酒店是主要的碳排放源。对于酒店业,应从强调过度奢华转向提供方便与舒适的体验。酒店提供的服务，除了确保房间安全与食品健康之外，还要着重于节能和环保的运营方式。我国已设定目标，期望在"五年内使星级饭店和 A 级景区的用水用电减少20%"，并要求每年实现 4% 的节能降耗。《国务院关于加快发展旅游业的意见》也提出了相同的降耗要求。酒店业应鼓励建设绿色、低碳的设施，以减少碳排放。

3. 旅行社的低碳旅游企业行为

旅行服务提供商应推广环保和低碳的旅游产品及路线。在选择合作的旅行社时，除了关注其声誉，还要重视其在低碳旅游的承诺和实践上的表现，以及遵循的环保标准。旅行社不应只追求短期的经济利益，而应注重旅游目的地的长期可持续性。他们应该支持和推进低碳旅游的理念，教育游客尊重和保护目的地的自然及文化遗产，并针对节能和环保的旅游地推出具有特色的低碳旅游产品。

总的来说，绿色资源管理加强了企业与大自然之间的和谐关系，并使企业在生态平衡中受益；绿色财务管理帮助企业更好地理解价值生态资源，鼓励对资源的节约和环境的维护；而绿色人本管理则激发人们对和自然和谐共存的追求，鼓励他们自我调整，为创建一个和谐的社会环境共同努力，这不仅增强了企业的社会责任感，也为企业积累了更多的声望。

二、旅游市场消费的绿色化

随着中国经济和社会的持续成长及居民生活品质的逐渐提升，旅游消费逐渐成为居民支出的重要组成部分，对国家经济和社会生活产生了显著的影响。与传统消费相比，旅游消费具有其特有的优点，它可以被看作是一种持续性的消费。这种以心灵愉悦为核心目的的消费，体现了对环境的尊重和资源的珍惜，它支持了循环消费、再次消费以及绿色消费的理念，从而成为一种不会对资源和环境造成过大压力的消费方式，拥有长期发展的潜力。中国旅游业的持续增长依赖于开发者和经营者对旅游资源的合理利用以及消费者在旅游中的生活习惯的转变。

（一）旅游消费需求的生态化

在生态经济综合体中，生态需求扮演着一种负向反馈的角色。简而言之，由于生态需求的产生和增加，人类开始在生态经济体系中主动地寻找平衡。随着人类社会的不断进步，人们对各种需求的满足度也在提高。生态需求已成为现代人的基本需求，它与社会文明的发展紧密相连。这种需求本质上是社会性的，体现了人们对物质、精神文明及美好生态环境的向往。社会的文明进步与生态需求是紧密相连的。

可以将人类的旅游消费需求分为四个层次。首先是基本的生活需求，如衣食住行。其次是对更好生活品质的追求。再次是对文化、历史和社会地位的需求。最后是对优质旅游环境和健康旅游生态结构的追求。近年来，随着对生态保护意识的加强，人们的旅游消费也逐渐转向生态化，这就是所谓的旅游生态消费。这种消费模式的核心是在可持续发展的理念下，旅游者在与自然、历史和文化的互动中得到满足。与传统的旅游消费相比，可持续旅游消费考虑了环境、社会和经济的多重因素，更注重长期和整体的效益。传统的旅游消费与现代的可持续旅游消费的比较如表 5-1 所示。

表5-1　传统的旅游消费与现代的可持续旅游消费的比较

	传统的旅游消费	可持续的旅游消费
消费观念	静态的、局部的旅游观念：旅游者个体效用最大化	动态的、全局的可持续旅游观念：旅游者及社会环境综合效用最大化
消费行为	追求享受：景观与资源的展示	追求以生态为基础的享受：景观与资源的展示与保护
消费结构	在旅游区范围内进行具有当代先进水平的食、宿、行、游、娱、购等多种消费	食、宿、娱、购等多在旅游区域外消费，对区域内进行的行、游等消费与生态要求相一致
消费模式	高水平、高质量、高文化消费：旅游厂商与旅游者为受益人；当地社区与居民的收益以环境和社会文化的受损为代价	适度消费：旅游厂商、旅游者与目的地共享利益；经济、社会和生态效益有机统一与可持续发展

续　表

	传统的旅游消费	可持续的旅游消费
厂商行为	消费者主权至上，有求必应通过多种媒体进行煽动性广告；无计划的空间拓展与产品开发	限制性消费者主权，有选择地满足旅游者需求温和和适中的营销方式
政府及公众行为	旅游资源开发以经济效益为导向，以带动旅游发展促进旅游经济增长并满足国民的旅游需求为目的	旅游资源开发以生态为导向，旅游发展战略以社会经济的全面可持续发展为目的

（二）旅游消费行为的生态化

1.可持续旅游消费模式的建立

可持续旅游消费是目前最为先进、最为科学、最为全面的旅游消费观，在理论渊源上，它主要源于可持续消费理论，在宗旨与功能上，它直接面向并服务于可持续旅游发展的实现。

（1）科学把握可持续旅游消费的内涵和实质。可持续旅游消费作为当代旅游领域的核心理念，融合了环境保护与经济利益，旨在构建一个对旅游资源友好、对环境负责且经济上可行的消费模式。其深刻的含义和实质是在充分满足当代人的旅游需求的同时，保障未来各代人类同样的权益，确保他们也能享受到相同的或更好的旅游资源和环境。可持续旅游消费的理念源于对传统旅游消费模式的反思，传统模式常常强调资源的即时利用，忽视了对生态环境造成的长远影响。而新的可持续消费观则强调在资源的利用上，既要满足当前需求，又要为未来预留空间，确保各代人都能享受到相对均衡的资源福利。对于旅游产业而言，可持续消费不仅仅是对资源的合理利用，更是对整个旅游生态系统的全面考虑，这包括对旅游资源、旅游环境、旅游设施、旅游服务和公共产品的综合管理，以及对旅游消费观念、消费模式和政策的持续创新。这种全面的思考和管理方式要求人们充分认识到生态、社会和经济三者之间的相互关系，确保在提供高质量旅游体验的同时，保护和增强旅游目的地的生态和文化价值。此外，理性的处理和协调旅游资源与环境、旅游消费者的需求与旅游产业的长期效益，以及社会公平与合理性之间的关系，是实现可持续旅游消费的关键。这需要一个全新的、创新的机制来确保各方面的利益得到均衡的考虑和满足。旅游可持续消费在实践中也具有广泛的意义。它旨在满足人们的需求，而不仅仅是物质需求，还包括精神和情感需求。这种消费模式鼓励人们选择对环境友好、对未来有益的旅游产品和服务，确保地球的生态系统能够得到长期的保护和恢复。可持续旅游消费不仅仅是为了解决当前的问题，而是为了确保长远的未来能够实现更好、更公平、更可持续的旅游体验。

（2）科学制定和实施可持续旅游消费发展战略。在当今的旅游产业中，可持续旅游消费已经从简单的概念转化为一种行为方式，代表着对旅游行为深度的反思和创新。理解这一新型消费方式的科学内涵，从而为其在旅游产业中的实践与推广提供必要的理论支持。可持续旅游消费旨在维持一个旅游经济的稳健增长，同时确保环境的持久健康，满足当前和未来消费者的需求。现代的可持续旅游消费追求的是一个平衡，它并非仅仅由经济状况来决定，而是一种体现了全球可持续发展目标的消费行为。这种消费模式围绕着维护和提高旅游环境的质量，尝试构建一个更为和谐的关系，将社会生产对旅游消费方式的转变与旅游消费者生活方式的变革相结合，从而达到旅游业的可持续发展。为了满足这种新型的消费需求，旅游产业必须以市场需求为导向，以消费者为中心，整合各种资源和服务，以创新和高效的方式推出旅游产品和服务。这样，不仅可以满足消费者的旅游需求，还可以在环境、文化和社会层面上实现真正的可持续发展。随着技术的进步和市场的创新，旅游产业会进入一个旅游者的约束条件逐渐增多、旅游资源的存量与增量逐渐增加、约束条件减少、消费总量上升的良性循环。这种转变标志着旅游产业从单纯的消费导向向更加注重可持续性的发展转型。将可持续旅游消费的历史任务与其实际的发展目标相结合，也是确保旅游产业真正走向可持续发展的关键。只有确立了明确的历史任务，并与实际的发展目标相结合，才能真正推动旅游产业的全面、健康、持久的发展。

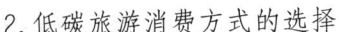
2.低碳旅游消费方式的选择

低碳旅游经济依托于低能源消耗、低环境污染和低碳排放的发展模式。为了适应可持续旅游消费的持续增长，同时响应节能、减少排放、推进循环经济和构筑和谐社会的目标，这种经济模式提供了一种具体的实践路径。这不仅是对科学发展观和建设节约型社会理念的具体应用，而且与党的二十大报告中的发展方针相契合。这标志着一个不可回避的时代变革，也预示着一场关于旅游生产、生活方式以及核心价值观的深层次变革。

（1）强化低碳旅游发展优势。中国的旅游业已经在低碳发展的道路上开展了一系列的尝试和探索。经过一个十年的发展历程，绿色旅游资源的开发、绿色旅游产品的建设、绿色旅游经营的实施、绿色旅游管理的推行及绿色旅游消费的培育，已逐渐成为旅游业界和市场的共同追求。这样的发展不仅充分体现了旅游业的综合优势，而且预示着这将是中国旅游业未来发展的重大机遇。作为服务业的一部分，旅游业对资源的占用相对较少，而其中的许多资源都具有永续性的特点。这使得旅游业在碳排放上具有天然的优势。多年的实证研究和经验表明，旅游发展与生态环境之间存在着深厚的联系。旅游活动的进行不仅可以与环境保护相得益彰，还能对环境改善做出积极贡献，从而帮助社会更好地实现碳中和的目标并减少碳排放总量。从经济的角度来看，如果旅游业能在一年内实现1亿吨的碳排放减少，相当于创造了30亿美元的经济价值。低碳经济已经被视为人类社会发展的必然趋势，而在其中，低碳旅游将是未来旅游业的发展方向。因此，为了确保旅游业能够持续健康发展，必须着手调整当前的旅游发展策略，摒弃那种只重视硬性开发而忽略软性开发的旧有模式，避免将旅游业与工业发展等同对待的思维定式。应该鼓励公众选择公共交通、混合动力汽车、电动车和自行车等低碳或零碳出行方式，并积极投资于低碳旅游项目的开发。对于一些在旅游业中存在的不良习惯，如奢华消费、能源浪费等，也应该进行适当的调整。尤其是在交通和住宿服务中，应该加强对能源使用的管理，努力降低碳排放。在旅游产品和服务的提供上，除了要提供舒适、便捷的旅游设施，还应加强对旅游文化品牌的打造，努力改变那些不良的旅游消费习惯，如浪费食物、乱扔垃圾等。随着科技的快速进步，旅游业的智能化正逐渐成为一种发展趋势。利用现代技术手段提高业务运营效率，引进节能减排的技术，降低碳消耗，并通过合理的管理手段减少运营成本，都是推动旅游业走向循环经济模式的关键措施。

（2）低碳旅游消费者的培养。低碳旅游作为一种发展趋势，其核心在于培育低碳消费者，因为消费者的行为和选择决定了碳排放量。随着全球环境保护意识的日益增强，每位旅游者在旅行中的每一个选择都与全球碳排放直接相关。因此，通过制定具体策略引导旅游者朝向低碳行为选择，具有重要的实际意义。

在航空旅行中，飞机的碳排放被视为主要污染源之一。消费者可以通过减少乘飞机出行或减少行李重量来减少与之相关的碳排放。此外，自驾游虽然提供了旅游者更大的自由度，但它的碳足迹也相对较大。与此相反，与他人合乘一车或使用小排量汽车可以明显降低每位旅游者的碳排放。鼓励步行和骑自行车作为主要的旅行方式，不仅有助于减少碳排放，还可以增强旅游体验的亲近性和真实感。住宿方面，选择不提供一次性用品的酒店及自带日常用品，如牙刷、牙膏和拖鞋，减少塑料垃圾的产生，从而有助于减少对环境的负面影响。同样，通过选择淋浴而不是浴缸、自然晾干衣物而不使用干衣机、减少空调使用及避免使用一次性餐具，消费者可以在旅途中减少能源消耗和碳排放。

此外，旅游者在旅行中的行为也会影响碳排放。例如，旅行中对环境的尊重和保护，如自觉捡拾垃圾、维护景区卫生，以及选择不购买过度包装的纪念品，都是对低碳生活方式的支持。而"碳补偿"作为一种新兴的方式，它鼓励旅游者为自己旅游活动所造成的碳排放量负责。这通常涉及计算个人的旅行碳排放，再用其他方法抵消这些排放，如通过植树或支持可再生能源项目。不仅如此，旅游者也可以选择参与其他环境保护项目，通过实际行动为减少大气中的二氧化碳做出贡献。

第六章 我国绿色旅游业发展模式的构建

第一节 我国绿色旅游业发展模式分析

一、绿色旅游业发展模式的内涵

（一）产业经济学对模式的解释

在产业经济学的探索中，对于"模式"这一概念的理解和解释呈现出多样性。钱纳里在其著作《经济结构转换：经济发展的实证研究程序》中，将模式视为结构的体现，并进一步将库兹涅茨的结构转换理论称为"库兹涅茨增长模式"。他强调，在供需达到平衡的状态下，产业才能实现均衡发展。这种解释强调了经济结构的重要性和对经济增长模式的认识。随着经济全球化的深入，经济学家开始将模式视为实现某一目标的途径。例如，工业化模式被视为实现工业化的具体路径。这种解释强调了模式在经济发展中的作用和意义，即模式不仅仅是结构的体现，更是实现经济目标的具体方法。此外，还有学者认为模式是对经济发展过程中，经济结构变化特点、变化方式、外部条件以及环境影响的系统化描述。这种解释从更为宏观的角度，对模式进行了全面的阐述，强调了模

式在描述和解释经济现象中的重要作用。

综合上述观点，可以认为，模式在产业经济学中，不仅仅是结构、途径或描述的简单体现，它更是对事物发展规律的深入总结，是对未来事物发展趋势的预测和指导。模式为经济学家提供了一个理论框架，帮助他们更好地理解和解释经济现象，为经济发展提供了方向和策略。在这个框架下，经济学家可以更加深入地研究经济结构的变化、经济发展的路径选择以及外部环境对经济发展的影响，从而为经济政策制定提供科学依据。

（二）绿色旅游业发展模式的内涵

绿色旅游业的发展模式涉及在特定的外部环境和市场背景下，旅游行业如何通过其内外部结构来实现资源的最优利用和业务的持续增长。这种模式不仅是对旅游业结构的描述，更是对资源配置和利用策略的体现。绿色旅游业的发展并不是无拘无束的，它受到多种因素的制约，如资金流动、技术进步、劳动力市场、市场容量及国家的政策和安全考量。在这些约束条件下，不能简单地说某一发展模式好与坏，关键在于是否能够与国家的产业策略和实际情况相匹配。一个真正有效的发展模式应当能够最大化地利用国家的内在优势。为了深入探讨这一问题，本文将深入研究绿色旅游业发展模式的基本要素和存在的挑战，并探索如何在我国的实际背景下构建一个高效、可持续的绿色旅游业发展策略。

二、绿色旅游业发展模式的特征

全球各国在旅游业的发展历程中，受到社会制度、政治架构、经济成熟度、文化背景、国家规模、地理位置及旅游资源等多种因素的影响，从而孕育出各具特色的旅游发展模式。这些不同的模式实际上是各国旅游业发展的基础条件的集中体现，揭示了旅游业发展策略的多样性。基于这些独特的模式中，可以归纳出旅游业发展的普遍特征。绿色旅游业发展模式的特征如表 6-1 所示。

表6-1　绿色旅游业发展模式的特征

特征	具体内容
指导性	绿色旅游业的发展模式作为旅游业发展的趋势和主体方式，是旅游业发展战略的总体思想和内在要求，对旅游业整体发展具有导向作用
阶段性	任何成功的模式有其存在的条件，不同时期选择的模式会有区别
相对稳定性	绿色旅游业的发展模式体现出旅游业发展的内在规律性，在外部环境和内部条件不变的情况下，具有稳定性
特指性	绿色旅游业的发展模式适应于特定的国家和地区

三、绿色旅游业发展模式框架

（一）管理机构的设立

绿色旅游业，作为社会经济发展到一定阶段的产物，其发展模式的构建与分析涉及多个层面的综合考量。在外部产业条件与环境中，绿色旅游业与相关产业的关联程度成为其发展的重要指标。这种关联不仅体现在绿色旅游业本身与其他产业之间的相互作用，更在于它如何优化区域产业结构，并与区域产业产生联动效应。这种联动效应进一步决定了旅游经济价值链的延展性。与此同时，旅游业的空间发展格局也是其发展模式选择的关键因素。这包括旅游景观的分布、旅游区的空间布局及旅游活动与景观在空间上的融合方式。这种空间布局不仅影响旅游业的可持续性，还与旅游业的整体效益和长远发展息息相关。

任何产业的持续发展都离不开其内部的运作机制。对于旅游业而言，这种运作机制涵盖了市场、管理、组织和营销等多个方面。更为关键的是，旅游业的运作机制还需要与相应的产业配套服务体系相结合，以确保其高效、稳定和可持续的运行。

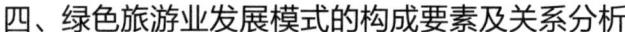

四、绿色旅游业发展模式的构成要素及关系分析

我国的绿色旅游业发展模式由多个核心要素组成，包括旅游目的地、景区、旅行机构、旅游住宿设施、旅游交通工具、相关企业、游客、地方政府、传媒、当地居住者、生态与环境、社会文化背景、自然条件、经济背景、行业竞争者及其他相关利益方。这些要素在一个统一的目标下进行策略性的合作与协同，共同推动绿色旅游业的持续发展。然而，这些要素在整体模式中的地位和作用各有差异。绿色旅游业发展模式构成要素如图 6-1 所示。

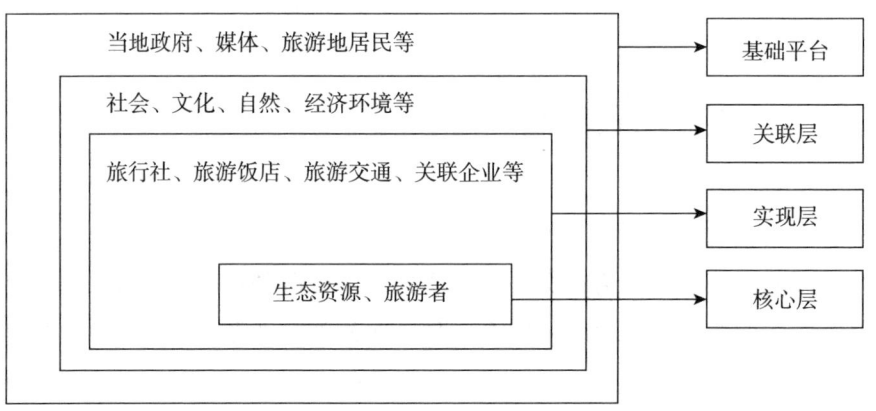

图 6-1　绿色旅游业发展模式构成要素

由图 6-1 可知，我国绿色旅游业发展模式的构成要素包括四个层次。

（1）核心层。主要包括旅行者及生态旅游资源，它们是构成旅游业务的根本因素。

（2）实现层。此层关注旅游业务的实际操作。旅游活动通常包括吃、住、行、游、购、娱等六大方面。为了满足这些需求，需要依赖于旅游业相关的企业。

（3）关联层。这个层面主要由当地的政府机构、媒体和居民构成。他们对待旅游者的态度直接影响旅游目的地的吸引力和接待能力。

（4）基础平台。指的是旅游目的地的社会、文化、自然和经济背景。这不仅为旅行者提供了旅游体验的场景，而且为旅游地的日常运作提供了支持。

上述四个层次协调发展，共同组成了绿色旅游业发展模式要素，以旅游者的活动为前提，各个层次和谐发展，共同增强区域旅游业的整体竞争力。

（二）绿色旅游业发展模式构成要素的关系分析

1.绿色旅游业发展的核心要素生态旅游者和绿色旅游产品

绿色旅游业是当今旅游业发展的重要趋势，其成功与否取决于两个核心要素，即生态旅游者和绿色旅游产品。

旅游者，作为旅游活动的主体，对于任何旅游业的发展至关重要。按定义来说，旅游者是离开其常住地，前往异地，但其目标并不是为了从访问地获得经济报酬的人。这种参与旅游活动的动机往往是复杂的，并且受到多种因素的影响。为了更好地理解绿色旅游者，需要认识到其产生的三大必要条件。旅游者的出现首先与其内在的旅游动机有关，这反映了人们对旅游活动的兴趣和渴望。不难看出，人们的旅游动机与其受教育程度和文化素养息息相关。当人们的知识水平、审美能力和对世界的好奇心上升时，他们更有可能成为旅游者。但除了这种主观条件，客观条件也对旅游者的形成起到了决定性的作用。人们需要有一定的自由支配的收入水平来承担旅游的费用，这意味着除了满足日常生活的基本需求，他们还有足够的经济能力支持其他消费活动，如旅游。拥有连续性的闲暇时间也是一个关键的客观条件，因为只有在这样的时间段里，人们才能真正地进行长时间的旅行。

然而，只有旅游者还不足以确保旅游业的成功。这就需要第二个核心要素，即旅游活动的客体：旅游产品。简单地说，旅游产品是旅游经营者为满足旅游者的需求而提供的一系列物品和服务。这些产品可以是有形的，也可以是无形的，取决于如何定义它。狭义上来看，旅游产品通常指

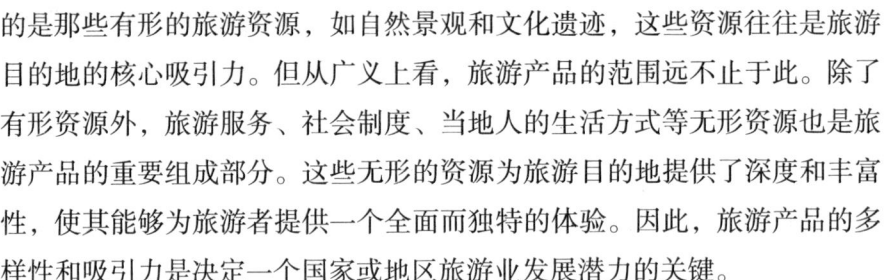

的是那些有形的旅游资源，如自然景观和文化遗迹，这些资源往往是旅游目的地的核心吸引力。但从广义上看，旅游产品的范围远不止于此。除了有形资源外，旅游服务、社会制度、当地人的生活方式等无形资源也是旅游产品的重要组成部分。这些无形的资源为旅游目的地提供了深度和丰富性，使其能够为旅游者提供一个全面而独特的体验。因此，旅游产品的多样性和吸引力是决定一个国家或地区旅游业发展潜力的关键。

2.绿色旅游业发展的必要条件旅游服务及其设施

绿色旅游业的持续增长与旅游服务及其设施息息相关。这些服务与设施构成了旅游者体验中至关重要的部分，因为它们构成了旅游活动中的核心消费体验，包括吃、住、行、游、购和娱乐。与过去的旅行方式相比，现代旅游追求的是一种身心的满足和高品质的享受，这意味着旅游服务必须达到一定的标准，且设施要完备并具有现代感。在当前的环境下，我国的旅游服务和设施仍然高度依赖旅行社来推动。为了确保绿色旅游业的持续健康发展，加强对旅行社的行业管理和提升其服务水平变得尤为关键。这不仅有助于提供更优质的服务，还能确保旅游设施的持续升级和完善。

3.绿色旅游业发展的关联条件

绿色旅游业的发展并非孤立的现象，而是与其背后的多个条件和因素相互关联的。为了更深入地理解绿色旅游业如何与这些条件结合，下面将集中探讨三大核心条件：经济环境、自然条件和人文条件。

经济环境对旅游业的需求起着基础性的作用。根据经济发展阶段理论，第一和第二产业的发展是受制于经济内部规律的，其是以消费和需求矛盾的运动来推动生产力发展的。进一步的经济发展定律指出，随着一个国家的科学技术和经济发展水平的提高，第三产业的比重也会相应增加。这是基于科学技术革命所带来的国家经济发展的重要现象和历史趋势。当然，第三产业份额的上升也是相对的，其是物质资料生产部门发展和效率提高的直接结果。旅游业，作为第三产业的一部分，与社会的经济发展水平有着密不可分的关系。旅游目的地国家的经济状况影响其投资于旅游产业的能力，而旅游来源国的经济发展状况决定了其居民的旅游消费能力。此外，旅游业本身也是国民经济发展的反映，旅游消费被视为超出基本生活需求的消费，这是社会经济实力和人们的收入水平达到一定阶段的产物。

与经济环境紧密相关的是自然条件。我国自然景观的丰富性和多样性为旅游业提供了得天独厚的资源。从温泉到沙滩，从名山大川到珍稀动植物，我国有着无数的旅游资源。但是，旅游业的发展必须根据各地的实际情况和资源优势来进行，不能一刀切。对于资源丰富的地区，旅游业可以成为主导产业，而对于没有旅游资源优势的地区，应该避免盲目开发。

此外，人文条件也为旅游业的发展提供了丰富的内容和背景。我国的文化遗产、古迹和历史提供了大量的旅游资源。为了最大化这些资源的价值，旅游业需要与文化交流、爱国主义教育和国际交往相结合。同时，保护和合理开发这些人文资源是至关重要的，以确保其永续利用。

4.绿色旅游业发展的基础政府的政策和措施

绿色旅游业的持续增长与政府政策和措施之间有着紧密的关系。现代旅游业不仅助长了旅游目的地的经济和社会进步，而且也成了一个有力的外交手段。鉴于这些利益，众多国家和地区的政府已经将旅游业的发展纳入其整体经济社会发展计划。这包括对旅游设施的投资，旅游产品的开发，以及加强旅游业的管理，从而确保行业的健康增长。

在相对成熟的旅游市场中，政府的作用更多地体现在宏观管理和规划上，而不是具体的项目运营。但在我国，鉴于旅游业还处于发展期，有必要依靠政府的积极参与来整合和动员各种资源，从而最大化整体效益。政府在提供基础设施，塑造城市形象，组织各方资源，以及培育和管理市场等方面的参与程度，往往是推动旅游业快速发展的关键因素。

特别是在争取承办一些国际知名的旅游活动，如奥运会等大型事件时，政府的角色尤为突出。政府的支持和干预能够提高承办这些活动的成功率，并使其对旅游业产生更为显著的影响。

随着旅游业的持续成熟，政府的支持方式也将逐步转变。而政府的

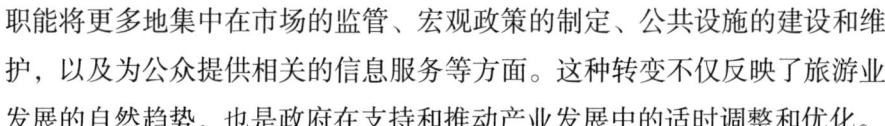
职能将更多地集中在市场的监管、宏观政策的制定、公共设施的建设和维护，以及为公众提供相关的信息服务等方面。这种转变不仅反映了旅游业发展的自然趋势，也是政府在支持和推动产业发展中的适时调整和优化。

第二节　我国绿色旅游业发展模式的条件分析

一、绿色旅游业发展模式的基础条件

（一）外部条件

1.在旅游业发展中融入生态经济思想

在传统的观点中，旅游业被视为一种"无烟产业"，除了为人们提供愉悦的体验，放松身心，并为目的地经济带来增长和相关行业带来盈利，其对环境的影响被认为是微不足道的。然而，实际情况并非如此。不恰当的旅游开发方式已经对许多景区的生态环境造成了严重破坏，有些自然资源甚至受到了不可挽回的损失。因此，旅游业发展时必须摒弃单纯追求经济增长的模式，转而重视综合效益与质量提升，同时平衡人与自然的关系，确保旅游目的地的社会文化进步与传统价值观的和谐共生。将生态经济思想纳入旅游业中意味着将人、资源和科技视为一个共同发展的整体，坚守"除了脚印什么也没有留下"的旅游原则，并努力促进整个生态系统的和谐进展。

2.以生态教育推动绿色旅游业发展

在旅游业中实施生态经济思维需要加强对其科学研究的推广和宣传教育。倡导旅游者进行合理和分层次的消费，同时关注废弃物的回收再利用，培养资源循环使用的意识。因此，对于旅游管理者、业内工作者、当地社区和旅游者，加强生态和环境保护教育显得至关重要，以提

高大众的环境保护意识。为了实现旅游业的可持续发展，必须高度重视生态保护，通过宣传和教育来转变公众的观念。坚守可持续发展的道路意味着我国的旅游业发展策略和目标应以确保现在和未来几代人的旅游需求为基石，并以此为导向，努力加强环境保护。

（二）市场定位

我国的绿色旅游业仍处于起步期。在参考发达国家的绿色旅游业经验时，必须结合中国的实际情况，按照不同的阶段和区域，有计划地推进旅游业向可持续方向发展。

1. 以绿色旅游业微观效益为基础

随着我国经济的持续开放和发展，各级政府已对旅游业进行了大量的资金注入，主要集中在基础设施和景区建设上。这些项目的回报周期较长，短时间内产出可能相对有限。为确保旅游业的持续健康发展，需更多地关注从旅游业中获取的产出，并鼓励其发展的良性循环。未来的焦点应转向优化经济回报，具体来说，就是提高每家旅游企业的经济效益。这种注重微观经济效益的策略将推动旅游业从以投入为核心向以产出为核心的模式转变。

2. 旅游管理重点向增加旅游综合收入转变

在绿色旅游业的初级阶段，主要关注的是扩大旅游业的规模。现如今，旅游业已经具有了一定的规模，为进一步提升旅游收益奠定了基础。面对日益激烈的市场竞争，需要在持续增加游客数量的基础上，着重提高综合旅游收益。优化旅游产品和更新营销策略，旨在最大化整体收益。综合旅游收益是衡量旅游业经营效果的关键指标，提高综合旅游收益可以有效推动整体服务水平的提升。提高旅游收入涉及满足游客的多种需求，这意味着经营者需要拓宽旅游服务范围，提供令游客满意的产品，并持续提高服务水平，确保每位游客对旅游目的地都有良好的感受，增加他们的游玩频次，延长他们的停留时间，以及鼓励他们消费更多相关产品。这种策略与强化生态旅游的经济效益是相辅相成的。

3. 以实现绿色旅游业宏观效益为目的

微观层面的益处是在宏观决策和大环境下形成的。为了增强微观效益，需要强化宏观层面的管理，确保在局部与整体、各地区间以及不同部门之间达到和谐和协调。这样，不仅可以促进旅游业在经济层面上的宏观收益，还能够获得更广泛的社会效益。绿色旅游业发展的宏观经济效益如表6-2所示。

表6-2　绿色旅游业发展的宏观经济效益

宏观经济效益	具体体现
可持续发展要求	确保旅游基础设施的规划和建设既具有前瞻性，又能够反映我国的国情和文化特点。这意味着，旅游基础设施的建设既要考虑长期的未来需求，也要与当前的实际情况相结合。考虑到我国的经济状况和人们收入水平，旅游基础设施应该能够适应各种旅游者的需求，无论其经济实力如何。这样的综合考虑，不仅可以推动旅游业的持续增长，还能确保广大旅游者得到更好的服务和体验
生态经济发展要求	旅游景观的开发和建设，要在资金、客源、生态、文化品位、社会效果等多方面进行权衡，防止盲目开发、过度开发造成的不良后果
全面发展要求	旅游业的扩展需注重整体与地区之间的和谐配合。应追求系统性地、在更大的范围内进行发展与拓展，确保实现效益最大化，速度和质量双赢。这种策略可以避免因区域性的隔离和独立操作导致的效率低下和资源浪费，从而确保旅游业的持续和高效发展
产业联动发展要求	加强旅游、交通、供电、供水、城建、文化、工商等部门之间的协调、配合做到相互促进，避免发生互相攀比的现象

二、绿色旅游业发展模式的约束条件

在与发达国家展开竞争的格局下，我国绿色旅游业的发展面临个别的约束条件。

（一）市场规模约束

1.国际市场规模

近年来，旅游业已确立为全球最具活力和增长潜力的产业之一。根据世界经济论坛发布的《2019 年旅游业竞争力报告》，中国在全球旅游业竞争力榜单中排名第 13 位，比上一次报告发布时提升了 2 名。在众多大国中，国内旅游已经成为旅游业可持续发展的核心和基石。世界旅游组织预测，随着全球经济的重心逐渐向东移，旅游业在国内生产总值的占比、全球经济产值和就业人数等关键指标上的优势也将逐步从发达国家转向发展中国家。

2.国内市场规模

随着经济和社会的发展，我国旅游业呈现出持续增长的态势。2020 年 3 月 10 日，中华人民共和国文化和旅游部官方发布了 2019 年旅游市场基本情况。2019 全年，国内旅游人数 60.06 亿人次，比上年同期增长 8.4%；入出境旅游总人数 3.0 亿人次，同比增长 3.1%；全年实现旅游总收入 6.63 万亿元，同比增长 11%。旅游业对 GDP 的综合贡献为 10.94 万亿元，占 GDP 总量的 11.05%。旅游直接就业 2825 万人，旅游直接和间接就业 7987 万人，占全国就业总人口的 10.31%。

尽管我国旅游业在规模和集中度上面临一些挑战，但其发展潜力依然巨大。预计在未来，随着居民收入的增加、交通设施的完善和旅游产品的创新，我国旅游市场将继续保持稳健的增长，为国家经济做出更大的贡献。

（三）资金条件的约束

在旅游业的推进过程中，资金的积累和集中是关键环节。从欧美国家的历史经验来看，早期的资金原始积累为资本的后续快速集中打下了坚实基础。相比之下，经济发展较缓慢的国家由于缺乏这种初期的资本积累，更加依赖政府的引导和支持来助推旅游业的发展。因此，众多国家在发展旅游业的进程中都采取了各种策略来提供资金支持，以促进这一产业的持续繁荣。有关国家对旅游业发展的资金支持方式如表 6-3。

表6-3　有关国家对旅游业发展的资金支持方式

国家	支持方式
西班牙	2000年至2006年,对旅游和与旅游相关行业投入总额266.6亿美元,年均38亿美元
意大利	旅游预算的79.7%由中央政府提供,14.1%由地方各有关机构提供,1.9%由私营部门捐赠,4.4%由其他渠道筹集。旅游促销预算95%由政府出资,5%由非政府机构出资
新加坡	为促进旅游业的发展,建议实施特定的税收策略。具体地,对每家旅游酒店,针对每天被预订的每个房间或套房,可以按照每天最少1元的标准,再征收3%的税费。对于旅游餐饮机构,建议按其销售和服务总额的3%进行税收征收。同样地,每家旅游商店应根据其应纳税的销售和费用总额征收3%的税款
埃及	鼓励投资,外国投资共110亿美元,占旅游投资的25%;对新建旅游设施所需土地优价出售(每平方米1美元),分10年付清;对新建旅游设施自开始营业时起10年内免税;对兴建旅游设施所需进口物品实行统一关税;外资饭店经营三年后可自由转让,可在保险公司入保险等

　　根据表6-3的数据,政府在旅游业的资金方面的干预主要体现在几个方面:制定扩张性的资本发展计划、支持和促进国有生态旅游企业的建设与发展、扩大财政对绿色旅游业的支出,特别是对旅游基础设施,如道路的直接投资,以及对旅游预算的调整,重点强化旅游的推广和资源开发。我国地理空间巨大,旅游资源分布广泛且种类丰富,但在旅游经济发展上呈现的地域差异显著。例如,中西部地区虽然旅游资源丰富,但其旅游经济发展水平相对落后。这种现象揭示了市场在某些领域的自动调节力量是有限的,尤其是在那些旅游资源丰富但经济发展滞后的地区。因此,政府需要发挥主导作用,通过策略性的投入和政策支持,促进这些地区的旅游业发展。

　　与全球发达国家相比,我国在旅游基础设施和整体条件上仍存在一定的差距。为了应对这些挑战并持续推动旅游业的健康发展,政府不仅需要加大对旅游基础设施和其他公共产品的投资,还需对旅游资源的开发与利用进行更为严格的管理和调控。在旅游资源开发过程中，一些不规范的行为，如"免费乘车"现象，可能导致资源的过度开发和浪费。因此，必须制定和实施对于不良行为的惩罚机制，如对污染者实施收费制度，并加强对旅游基础设施使用者的管理。这种综合性的管理与支持策略有助于确保旅游资源的可持续利用，并为我国旅游业的长期健康发展打下坚实基础。

（四）技术条件的约束

在推进旅游业的可持续发展中，科技的重要性不容忽视。整合技术进步与绿色旅游的发展是提高旅游业品质和效益的关键路径。绿色旅游，作为一个高度依赖技术与创新的新兴产业，对技术的要求尤为严格。尽管我国的旅游业取得了迅速的增长，但整体上仍呈现出速度快、质量低和粗放式的特点。其中，一个显著的制约因子是旅游各环节的技术含量较低及技术应用不充分，导致其科技基础相对薄弱。

技术和创新被公认为驱动生产力的核心因素，因此，我国必须视技术为支撑旅游业发展的基石。要依赖技术创新来提升旅游业的技术水平，进一步深化旅游业的科技内容，从而加强其可持续发展的内在科学属性。为此，广泛推广技术教育，深化公众对技术创新在促进旅游业可持续发展中所起的作用的认识，是至关重要的。需要将"以科技驱动旅游"这一战略方针融入旅游业可持续发展的全过程，以确保旅游业在生态经济层面上的长远稳健增长。

（五）旅游基础设施条件的约束

我国旅游业发展受到了基础设施条件的明显制约。尽管近年来国债资金已被用于基础设施的建设，从而推动了民航、铁路、高速公路、水利的进步，并缓和了电力的供需矛盾，对推进西部和贫困地区的发展产生了显著的社会效益，对旅游业的增长也起到了积极的作用。但旅游业相关的基础设施仍存在一定的短板。

首先，主要干线公路与旅游景区之间的联系不流畅，导致一些有潜力的旅游景点无法释放其全部效益。其次，旅游景区内部的交通设备仍然较为落后，给游客带来了不便。再者，旅游区的环保、卫生及电力设施并未达到理想标准。为此，需要在旅游基础和相关配套设施上下功夫。以"交通、游览、住宿、餐饮、购物、娱乐"这些关键消费领域为核心，从游客的需求角度出发，努力营造一个便捷、舒适、安全和卫生的旅游环境，以吸引更多的游客。同时，也应重视旅游区域的城市化建设及内外部的生态环境优化。此外，与旅游行业紧密关联的部门和行业，也应调整策略，加速改革，并确立一个适应旅游业快速发展和国际化竞争的现代化运营模式。

（六）人力资源条件的约束

绿色旅游业的兴盛对从业者的专业水平提出了更高的标准。为保持行业的持续健康发展，必须重视对从业者的专业培训和素质提升。可以建设一个旅游服务信息团队，实时捕捉国内外旅游市场动态，为决策和市场推广提供有力支持；多元化地培育拥有深厚学术背景的旅游管理精英；不断加强从业者的在职培训，确保服务质量和服务意识的持续提高。同时要培养他们的敬业精神和职业自尊，使之在服务过程中既有热情又有礼貌，进一步解决现有的服务质量问题。

第三节　我国绿色旅游业发展模式的构建

一、绿色旅游业发展模式的内容

由于发展模式的实践性和应用性，随着区域经济的发展和旅游水平的提高，绿色旅游业发展模式也会发生转化。加之区域资源的条件不同，很多地区同时拥有丰富和有特色的旅游资源，旅游市场相对完善，需要多种发展模式相互融合。因此在现实阶段，想要发展旅游业的地区，要准确把握旅游业的发展现状，依据不同选择标准，选择最适合本地区的旅游业发展模式。

（一）不同调节机制下的绿色旅游业发展模式

绿色旅游业的发展路径受其所在的市场调节机制影响，大致可划分为政府导向型和市场导向型。政府导向型与市场导向型的发展特点与区别如图 6-2 所示。

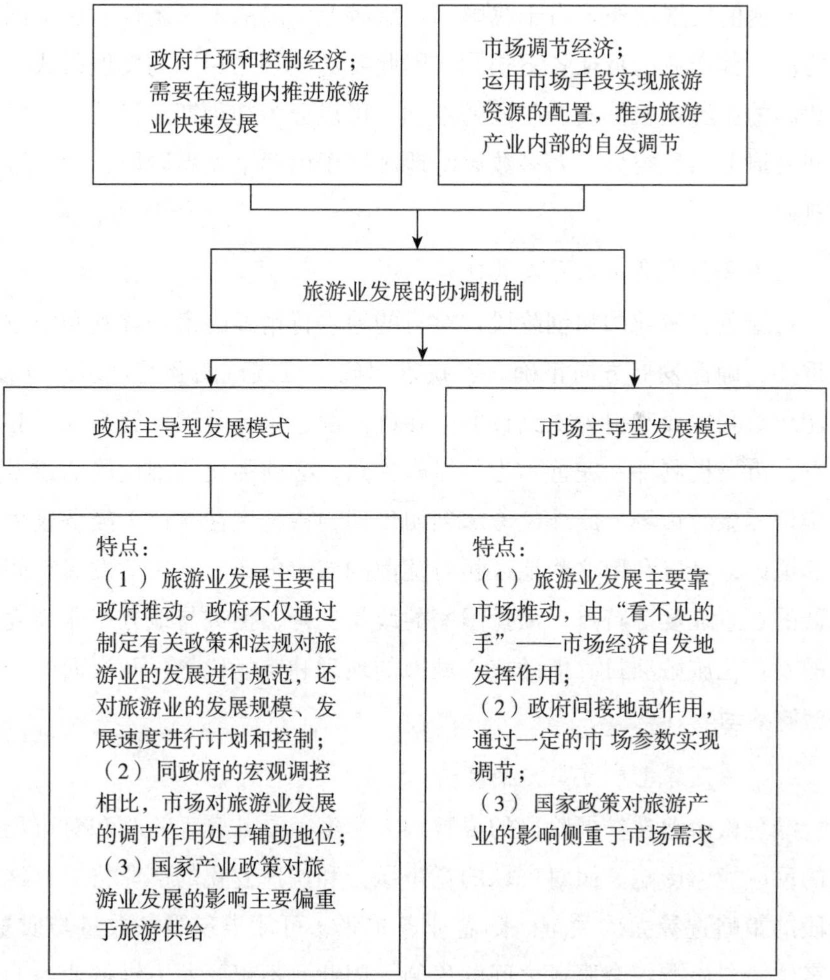

```
┌─────────────────────┐   ┌─────────────────────┐
│ 政府干预和控制经济；  │   │ 市场调节经济；       │
│ 需要在短期内推进旅游  │   │ 运用市场手段实现旅游 │
│ 业快速发展           │   │ 资源的配置，推动旅游 │
│                     │   │ 产业内部的自发调节   │
└─────────────────────┘   └─────────────────────┘
              │                      │
              └──────────┬───────────┘
              ┌──────────────────────┐
              │  旅游业发展的协调机制   │
              └──────────────────────┘
              │                      │
    ┌──────────────────┐   ┌──────────────────┐
    │ 政府主导型发展模式 │   │ 市场主导型发展模式 │
    └──────────────────┘   └──────────────────┘
              │                      │
```

特点：	特点：
（1）旅游业发展主要由政府推动。政府不仅通过制定有关政策和法规对旅游业的发展进行规范，还对旅游业的发展规模、发展速度进行计划和控制； （2）同政府的宏观调控相比，市场对旅游业发展的调节作用处于辅助地位； （3）国家产业政策对旅游业发展的影响主要偏重于旅游供给	（1）旅游业发展主要靠市场推动，由"看不见的手"——市场经济自发地发挥作用； （2）政府间接地起作用，通过一定的市场参数实现调节； （3）国家政策对旅游产业的影响侧重于市场需求

图6-2　政府导向型与市场导向型的发展特点与区别

笔者主要从旅游业增长的协同机制角度探讨绿色旅游业的发展模式，重点关注在发展过程中政府与市场之间的相互作用。通过经济学的视角深入分析两者的优点和局限性，并借鉴国外发达国家的绿色旅游业发展经验，来探索我国绿色旅游业的最佳发展策略和优化路径。

（二）不同发展阶段的绿色旅游业发展模式

根据产业的生命周期理论，任何一种产业都会经历创建、成长、成熟、衰退的发展阶段。由于我国绿色旅游业发展的不平衡性，在不同发展阶段，其产业的特征各不相同，因此要选择与之相应的发展模式。目前我国的旅游业根据发展阶段的不同，可以分为初创期、扩展期、成熟期和衰退期四种类型。大多数旅游地区属于前两个发展阶段，少数进入成熟期。

1. 初创期绿色旅游业发展模式

在绿色旅游业的初创阶段，对目的地进行精准的市场调查和定位至关重要，确保发展方向正确。若缺乏明确定位或试图涵盖过多的功能，可能导致其主要吸引力受到稀释。在此阶段，旅游基础设施尚处于起步状态，市场机制并不完善。为了崭露头角，必须强化基础设施的建设并逐步培养旅游市场。此外，考虑到初创期的旅游区往往位于经济较为落后的地区，可以利用这些地区相对疏散的旅游资源、宽广的发展空间和较低的竞争强度等特点。依托国家的政策支持，推进与地方产业高度相关的专业化旅游项目。借助核心城市的地理和市场优势，开展面向全国的旅游活动。

2. 扩展期绿色旅游业发展模式

绿色旅游业在扩展阶段的成败很大程度上受其管理策略和对市场变化的反应能力影响。面对市场的竞争压力和快速变化的产业格局，这一阶段的策略选择尤为关键。随着业务扩张，可能出现服务数量与质量、游客体验与旅游综合服务之间的失衡。因此，不仅要着力维持业务的增长动态，更要在提高服务质量、增强游客体验以及建立市场竞争壁垒上下足功夫。在快速成长的过程中，某些潜在问题可能暂时被业务增长所掩盖。与此同时，应紧密关注市场的持续演化，并对旅游功能进行适时调整，以满足不断变化的市场和客户需求，确保在扩展阶段能实现持续稳定的进步。

3.成熟期绿色旅游业发展模式

当绿色旅游业步入稳定阶段后，此时面临的是更为细分和竞争白热化的市场环境。此时，虽然产业增长相对稳定，但在行业中的角色已得到认可，具备一定的市场优势。面对高度竞争，旅游业务需在服务品质、定价策略和品牌塑造等领域进行深化。进入此阶段的企业通常已建立了较高的品牌知名度，核心目标转向维护其良好的商誉和市场形象。

在此背景下，无论是客户还是员工，都显得尤为关键。首先，考虑到市场已相对饱和，新客源有限，保留和维护现有客户显得尤为重要。企业应更加重视客户关系管理，通过提供高质量的服务来维系和增进与客户的联系，同时努力回收已流失的客户，确保其市场份额。其次，员工作为旅游业务的核心，通过前两个阶段的经验累积，不仅具备了宝贵的行业经验和技能，还建立了稳定的客户网络。在这一阶段，企业应与员工建立更为深厚的合作关系，加强与员工的伙伴意识，确保员工的长期忠诚和稳定性，从而确保业务的持续质量和高效率。

二、绿色旅游业发展模式比较分析

通过上述分析，在生态经济理论指导下，现阶段我国旅游业发展可以采取政府主导模式或市场主导模式。政府与市场主导模式要素分析如表6-4所示。

表6-4　政府与市场主导模式要素分析

	政府主导模式	市场主导模式
基本假设	旅游产品需求公共性、资源垄断性外部效应 市场失灵	政府职能有限 政府失灵
主要依据	中国旅游业发展历程和经验 总结国外发达国家成功经验 旅游业的综合性及利益协调要求复杂在国际竞争中保护民族产业发展 进行国家整体旅游对外促销与形象宣传 建立信用管理体系，治理企业失信现象制定法律、法规，规范企业个体行为 协调、监督功能 提高服务质量与水平	市场主体的理性行为 中国景区治理模式改革道路 政府干预忽视经济规律 国外市场化运作成功经验 世界贸易服务中的市场化程度要求 有效解决政府管理中的信息不足或信息丢失 减少决策成本，节约社会成本 减少"人治"的不良影响 充分发挥市场主体自主创造性 实现旅游资源的合理开发和价值实现
优势	促进社会、经济环境可持续发展 促进落后地区发展 环境治理、资源与文化保护 优化环境，提升产品竞争力和城市经营水平，规避私营垄断，合理保护民族产业 解决就业和社会稳定问题，实现社会公平	市场主体自由竞争； 促进技术创新； 最大限度满足消费者需求
劣势	忽视经济规模，对市场主体管理不灵活 信息丢失与决策缓慢 "人治"代替"法治" 阻碍竞争 权责不清，管理滞后	造成资源破坏等外部负效应 难以实现充分就业 易导致垄断产生 忽视社会福利和公共产品提供 无法兼顾效率与公平

　　从上述对照可以看出：无论是政府主导还是市场主导，都不可避免地与自己的利益与局限性紧密联系。而在具体的应用领域，如绿色旅游业，如何根据地区的发展状况来选择合适的发展模式，更显得尤为重要。

政府主导与市场主导模式自然存在差异，但这并不意味着它们之间存在截然的对立。政府主导型在追求社会整体福利、宏观经济稳定和推动大型基础设施项目方面具有显著的优势。由于其庞大的资源和决策能力，当市场出现失灵或不足时，政府可以迅速介入，确保整体经济和社会的稳定。与此相对，市场主导型更多地强调微观经济主体之间的自由竞争，在确保资源有效分配、促进技术创新和满足消费者需求方面具有天然的优势。

这并不意味着两种模式之间存在绝对的分界线。在实践中，市场和政府经常会在某些领域中交织和互动。例如，即使在市场主导的体系中，政府仍然需要制定相关的法规和政策，确保市场的公正与公平。同样，即使在政府主导的模式中，市场机制仍然可以发挥其在资源配置和竞争中的作用。

选择何种发展模式并不是一个简单的问题。事实上，这需要根据地区的具体发展状况、经济水平、市场化程度、旅游业的发展速度，以及一系列其他相关因素来综合考量。在某些经济发达地区，由于市场机制已经相对成熟，选择市场主导型、政府为辅助的模式可能更为合适。这可以确保绿色旅游业的快速发展和资源的高效配置。相反，在一些经济欠发达的地区，由于市场机制不够完善，选择政府主导、市场为辅的模式则显得更为合理。政府可以通过政策指导和资金支持，推动绿色旅游业的发展，同时确保其可持续性和当地的利益。在全球化的背景下，与世界贸易组织等国际组织的互动也对这两种模式提出了新的挑战和机会。在服务贸易的过程中，需要找到一种平衡，确保政府和市场之间建立一个和谐的共生关系。

三、针对经济发达地区的市场主导型发展模式

市场主导型绿色旅游业的发展模式是受经济发达国家的影响而形成的。选择这种模式的国家一般都具有以下特征：较高的经济发展水平，服务业在其经济结构中占据了重要的地位，旅游业在其总经济中占有一

席之地，并且这些国家的国际旅游收入与支出之间存在某种差距。在中国，有些地区已经展现出接近或符合这种市场条件的特点。对于这些经济发达的地区，正确理解和应用市场规律对于实现旅游业的可持续发展至关重要。

（一）旅游业市场结构分析

市场结构描述了企业为达成其商业目标所面临的市场环境与构成。企业基于这一结构做出的决策和动作称为市场行为。尽管市场结构对企业的市场行为起到了主导和约束作用，但企业的市场行为也会反向影响市场结构。绿色旅游业的市场结构如图 6-3 所示。

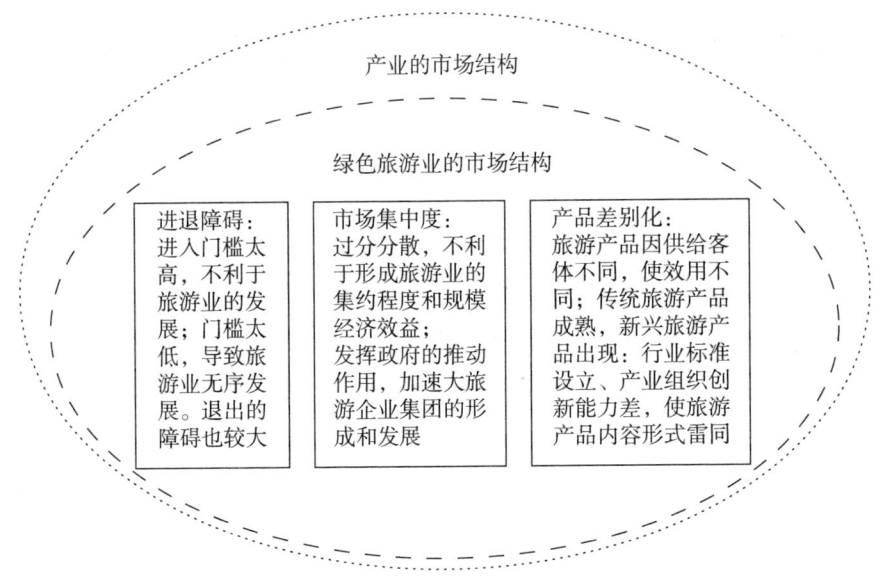

图 6-3　绿色旅游业的市场结构

（二）市场主导型发展模式的优势及劣势

市场是旅游资源分配的核心工具，主要通过供求关系和相应的价格策略来运作。旅游业的供求平衡影响旅游价格的形成和变化。在我国的旅游业发展历程中，市场的供求关系和价格策略为旅游业的进步提供了积极的推动力。旅游业的各个参与者为了追求最大的利益和收益，通常会根据价格信息来决定生产何种旅游产品，以及如何生产和为哪些客户生产，这样不仅提高了旅游业的经济效益，同时也促进了其效率。当然，市场的某些因素也可能对旅游业的发展构成制约。市场主导型发展模式的优势与劣势分析见表6-5所示。

表6-5 市场主导型发展模式的优势与劣势分析

优势	劣势
调节经济利益：价格联系着旅游各产业的经济利益关系。任何价格的变动，都会引起不同旅游地区、产业、企业和旅游消费者个人之间经济利益的变化，引起旅游总收入在各旅游业、各企业之间发生结构性变化，从而引起社会经济利益在不同旅游地区、产业和企业之间的波动。利益机制逼迫旅游产业单位加强管理、改善经营、提高效益	公共产品现象限制旅游产业的发展：发展旅游业的过程中所遇到的公共产品问题一是旅游目的地的整体形象推广；二是旅游基础设施的建设。公共产品的存在给市场机制带来了严重问题：每个企业都希望别人出资进行形象推广和基础设施建设，从中获益而不必支付任何费用极大地限制着旅游产业的发展
传递经济信息：旅游业运行协调顺畅，要有灵敏的传递市场信息的机制。价格连接旅游业各方的经济活动，它的水平和变动反映出旅游市场供求和资源稀缺的状况，执行传递旅游经济信息的职能。价格变化可以反映出各旅游业提供的产品是否适合旅游消费者，供需是否适应，市场有何变化等信息，旅游业供给方面的赢利、劳动耗费、生产成本与企业经营管理等情况的变化，旅游客源需求方面的消费水平、消费结构的变化	信息不对称使旅游市场秩序混乱，旅游者权益受损：旅游业的外向性决定了旅游市场的信息不对称极其严重。不同的旅游企业之间、旅游企业与旅游者之间都存在信息不对称，使旅游企业不正当竞争，损害整个旅游产业的竞争力。这种现象在一定程度上可以通过市场自身的力量得到解决
—	旅游产业结构失衡，过度竞争导致整体经济效益下滑：在较长时期，旅游市场体系和市场机制不完善，导致旅游产业规模急剧扩张，主管部门没有发挥应有的宏观调控作用，加剧整个旅游业的过度竞争

优势	劣势
—	"配景"造成的自然垄断：旅游商品的附加价值，来源于对旅游资源的"配景"，是旅游资源价值的衍生物，旅游商品的经营者每建成一个购物点，实质上就成了特定旅游资源的垄断者。使旅游商品经营者谋求垄断利益。对旅游商品市场机制的效率造成损害，导致市场失灵
—	产品差异化产生的不完全竞争：旅游者对"特色"的特殊要求，使差异化成为旅游商品的核心特征。差异就是附加价值，这就使旅游商品具有差异化垄断的性质。不完全竞争使旅游商品的供求失去均衡性，最终导致市场失灵

四、针对经济欠发达地区的政府主导型发展模式

（一）政府主导型旅游业发展模式的必要性

虽然政府主导型旅游业发展模式存在一些缺陷，但是在经济欠发达地区，坚持政府对旅游业在一定程度上的主导仍然是必要的。政府主导型旅游业发展模式的必要性如表6-6所示。

表6-6政府主导型旅游业发展模式的必要性

必要性	具体体现
旅游业自身发展的要求	旅游资源具有公共物品属性，需要政府主导提供旅游基础设施旅游资源具有跨地域性，需要政府加强协调 旅游产品具有综合性，需要政府对旅游产品生产的各个环节进行有效协调 旅游促销具有层次性，需要政府参与旅游形象宣传

续　表

必要性	具体体现
对旅游业外部性干预的需要	旅游业的社会成本以环境破坏为主，因而其外部不经济在很大程度上属于旅游业的环境破坏。它集中体现为两方面：一是环境污染，如游客在景点随意丢弃垃圾、不注意公共卫生，以及将当地社区的传统文化转化为商品化等；二是拥挤问题，当游客数量达到某个临界点时，再多的游客就可能导致整体的旅游体验下降。在这个临界点之前，每增加一个游客都不会导致资源竞争加剧，但超过这个点后，就可能出现如旺季游客过多等拥挤情况

（二）政府主导型发展模式的优势及劣势

政府主导型模式，就是按照旅游业自身的特点，在以市场为主配置资源的基础上，充分发挥政府的主导作用，争取旅游业更大的发展。政府主导型发展模式的优势及劣势分析如表 6-7 所示。

表6-7　政府主导型发展模式的优势及劣势分析

优势	劣势
适应了旅游资源公共物品的属性：旅游业的外部不经济性需要政府发挥作用，积极参与旅游基础设施的建设，以免因公共旅游资源紧张而对旅游业形成"瓶颈"，影响全局和整体的发展	法规缺位引起的外部经济：旅游商品知识产权保护法规的缺位，使我国旅游商品市场中仿冒盛行。旅游商品趋于同质化。旅游资源产权法规的缺位，使每个旅游区都进行经营者与社会关系网络的权益博弈，结果使旅游商品的经营权被当作一种变相的权益补偿或社会保障赋予社会关系网络的成员。这种特殊的市场壁垒，形成针对一般旅游商品经营者的外部成本，严重损害市场机制。收入再分配法规缺位，使旅游业的诚信体系失去了法规的规范与保障，各业务部门间的收入再分配只能在一种不透明的、失去监管的灰色状态下进行，造成旅游者的逆向选择
适应了旅游资源跨地域性的特点：旅游资源以内在特质为纽带联系在一起，不以行政区域为单位进行分布，需要政府出面主导，统一协调，打破行政界限，实现区域联合，有效解决在开发过程中出现的体制、管理问题，形成资源合力，做大做强旅游产业	

优势	劣势
适合旅游产品综合性的特征：旅游产品综合性突出，各个环节相互依赖、相互补充。由政府组织开发优势：一是政府对宏观信息把握充足，能有序开发；对市场需求把握全面，能有针对性开发；二是政府有足够的财力组织大型综合性产品的开发；三是政府拥有强大的各种保障措施为综合性产品开发提供有力保障	政府服务缺位导致的非竞争性；产业政策服务缺位，造成我国旅游商品产业的融资困难和设计、生产、流通、消费等市场环节的断裂。利润链断裂的市场是非竞争性的，必然造成渠道狭窄、效率低下的市场状况。公共产品服务缺位，使由政府成功确立的旅游商品品牌极少。信息服务缺位，使信息服务基本处于粗放状态。文化遗产保护服务缺位，使产业创新能力降至谷底
适应了旅游营销层次性的特性：旅游产品营销具有鲜明的层次性，底层是旅游形象营销，第二层是跨区域旅游线路或旅游大区营销，第三层是企业的旅游产品营销。底层和二层的营销工作，必须在政府的主导下进行	"官本位"思想的负效应：内部性决策造成的失效与不公平。决策既缺乏有效的成本约束，又缺乏利润动机；非市场化激励形成行政垄断。内部人控制具有以非市场手段获利的路径依赖。在旅游商品市场中形成了一种不公平、无效率。政绩工程带来的旅游资源的破坏。在发展欲望的冲动下，一些地方盲目做大城市规模，人为抬高资源需求，片面追求经济增长速度、忽视经济增长结构、效益、质量的关系

（三）政府主导型模式的实施

在旅游业的发展过程中，政府主导型模式逐渐显现出其重要性。此模式的实施依赖于政府在宏观调控、发展规划、宣传促销和其他关键领域的积极介入。政府主导型模式在旅游业的应用可归结为两大特征：政府积极促进旅游业的发展，通过给予优惠政策等方式将土地、资金等生产要素吸引至旅游产业，从而助推整个产业的健康、稳定且迅速的增长；同时，政府利用行政手段优先为旅游业分配资源。

实施这种模式首要关注的是发展规划的编制。政府着眼于指导旅游业的增长，需对各地的绿色旅游发展和各旅游景区进行细致规划，确保景区的有序建设，并预防盲目投资和重复建设带来的资源浪费。紧随其后的是旅游业的宣传和推广。虽然旅游业发展的基础仍是其丰富的资源，但宣传和促销起到的作用不容忽视。在这方面，政府扮演着不可替代的角色，借助各种宣传媒介，如广告、电影、纪录片及旅游纪念品等，还可以邀请国内外媒体及知名人士进行宣传，进一步提高旅游地的知名度。

法律法规的制定和实施也是此模式的关键环节，政府需确保旅游业在法治的轨道上健康发展，为其提供一个稳定的外部环境。与此同时，对自然和文化遗产的保护不容忽视。政府必须认识到，只有良好的生态环境和文化保护，才能确保旅游业的持续增长。因此，各级政府应统筹规划，力求在经济、生态和社会效益之间找到平衡，推动旅游业的可持续性发展。

此外，市场运行机制也不应被忽视。政府应坚守市场的主导地位，积极引导国际竞争力强的旅游企业发展，并大力支持中小企业专业化的方向，实现市场的合理分工。为了适应市场经济，政府还应推进现代企业制度的建设，使企业独立自主发展，做到责、权、利清晰。在宏观调控和规划的同时，政府还需鼓励企业增强市场意识，创新精神，提高旅游产品和服务的知名度，从而确保旅游市场的繁荣与稳健发展。

第七章 绿色旅游经济的和谐 与可持续管理

第一节 以政府为主体的绿色旅游经济关系管理

绿色旅游经济的宏观管理应该在社会、经济、文化、自然与人类自身的全面发展的大背景下，兼顾公共服务、综合福利和生态保护的价值取向，从人与自然协调发展的角度来处理、协调和解决在绿色旅游经济发展过程中的种种矛盾和问题。

一、统筹绿色旅游经济的宏观发展

（一）制定绿色旅游经济可持续发展规划

为了确保绿色旅游经济的持续发展，需要制定一个清晰的策略，遵循可持续发展的理念，充分挖掘环境和经济的双重价值，同时确保对环境或文化的潜在损害最小化。在制定绿色旅游经济的策略时，应基于对绿色旅游市场需求的深入分析，全面考虑绿色旅游经济的生态价值和生态约束，引导绿色旅游经济在适宜的地区布局，并确定相应的政策和行动方案。

在利用绿色旅游资源时，首先应进行深入的研究和评估，确保在资源保护的前提下进行合理开发。对于绿色旅游的环境影响，鉴于不同旅游区的环境条件和绿色旅游活动可能对自然资源和生物多样性的影响，应在决策前进行全面的环境评估。在评估绿色旅游产品的发展前景时，应从资源（如土地、水、交通）和环境因素（如生态健康和生物多样性）及文化因素进行评估，并制定一个结合长期和短期目标的旅游策略，确保旅游业的规模适中，推动绿色旅游经济的持续、平稳和健康增长。

绿色旅游经济的策略应与当地的经济、文化和社会发展紧密结合，促进当地社区与绿色旅游经济的协同进步。所有的绿色旅游项目和具体措施都应满足当地社会经济的需求，与社会伦理和当地文化传统相契合，旨在提高当地居民的生活品质，保护地方文化，促进社区与外部的经济和文化交流，助力社区居民全面提升能力，实现综合、和谐、持续的发展。

（二）加强生态伦理道德教育

为了构建健康的社会经济环境，加强生态伦理道德教导显得尤为关键。在当前的市场经济结构中，强化以可持续性为核心的生态伦理道德教育，能够在社会各层面培育公开、公正、平等、和谐的市场经济价值观。这样不仅能避免绿色旅游中出现的不正当经济行为和不当个人行为，还能确保绿色旅游经济的长远繁荣。

生态伦理道德教导是一项涵盖广泛、深远且长期的任务。首先要对旅游目的地的政府官员、项目开发者、旅游业管理者以及从业者进行系统培训，让他们在绿色旅游的策划和运营中，能够本着生态保护的理念，推出真正符合生态标准的旅游产品，满足市场的真实需求。其次，需要提升游客的生态保护意识、环境保护意识和持续发展观念，引导他们在旅游中遵循生态学的指导原则，成为真正意义上的绿色旅游者。再次，对于社区居民，则应加强对于他们的生态和环境保护教育，鼓励他们摒弃对生态环境有害的生产和生活方式，全心支持绿色旅游的进步，并积极参与其中。最后，应向广大社会公众普及绿色旅游的知识和理念，通过展览、图片、影视作品和宣传材料等多种媒介，让绿色旅游真正成为连接人与自然的纽带，从而提升大众的生态保护意识和环境关怀观念，推动绿色旅游经济的持续繁荣。

（三）完善绿色旅游经济可持续发展的法律保障

绿色旅游经济在当今社会已成为一个重要的经济领域，其健康、稳定和可持续的发展对于整个社会经济的繁荣至关重要。为了确保这一领域的长远发展，必须有完备的法律法规进行规范和指导。尽管现有的《中华人民共和国自然保护区条例》《中华人民共和国环境保护法》和《中华人民共和国森林法》为绿色旅游经济提供了一定的法律支撑，但随着绿色旅游经济的快速发展和复杂化，这些法律很难满足当前的发展需求。在这种背景下，制定综合、分层的各级各类法规成了当务之急。其中，旅游基本法作为一个基础性的法律，应明确旅游经济的功能、地位、属性和发展目标。它不仅要规范旅游资源的保护和合理开发，还要确保旅游经济的永续发展。这意味着，旅游基本法不仅要关注旅游经济的短期利益，还要考虑其长期的生态和社会效益。

绿色旅游资源相关的法律则更为具体。考虑到绿色旅游经济的特殊性和其在旅游经济中的重要地位，这类法律应对那些重点保护、不可再生、宝贵和脆弱的绿色旅游资源实施严格的保护制度。这不仅要确保绿色旅游资源的经济价值得到充分发挥，还要确保其生态和社会价值得到足够的重视。这需要平衡地方政府、绿色旅游开发经营者和社会公众在绿色旅游经济发展中的各种利益和导向。与绿色旅游区直接相关的法律则更为细致。例如，对保护绿色旅游区的环境进行立法，加强环境监测评估和环境影响评价，制定绿色旅游环境标准，为绿色旅游环境的管理和评估提供法律依据。这样，可以确保绿色旅游区的环境得到有效保护，也为绿色旅游经济的健康发展提供了有力保障。除此之外，还需要考虑绿色旅游经济与其他领域的关系，如文化、社会等其他领域。这需要制定一系列法律，确保绿色旅游经济与这些领域之间的和谐发展。例如，可以制定文化保护法，确保绿色旅游经济的发展不会破坏当地的文化遗产；制定社区参与法，鼓励当地社区居民参与绿色旅游经济的发展，分享其经济利益。

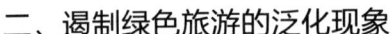

二、遏制绿色旅游的泛化现象

绿色旅游的泛化已经成为扭曲的生态经济关系在绿色旅游实践中的直接反映。经济社会系统膨胀的生态需求使得"生态"二字成为"救命稻草"，社会经济关系超越自然生态关系成为绿色旅游经济发展的主导，被压制的自然生态关系在重负之下面临着破裂的危险。一旦自然生态关系无法恢复，社会经济关系也就不复存在。在"市场失灵"的时候，政府管理部门应该适当地介入和干预，整顿绿色旅游市场秩序，遏制绿色旅游的继续泛化。

（一）扶持绿色旅游经济的发展

绿色旅游经济在当代社会中日益受到重视，其核心理念在于实现旅游业的经济效益与环境的可持续性之间的和谐统一。这种和谐并不是自然而然产生的，而是需要通过一系列的政策和措施来实现。绿色旅游产品的生产通常伴随着较高的成本，这是因为其在生产过程中更加注重对环境的保护和资源的可持续利用。这种高成本在市场经济中可能会导致绿色旅游产品的价格较高，从而影响其市场竞争力。为了解决这一问题，除了依赖供应者自身的技术研发和创新来降低成本，政府也应当采取一系列的政策措施，为绿色旅游提供者提供必要的支持。这些支持可以包括提供税收优惠、财政补贴、技术支持等。与此同时，那些生产一般旅游产品的供应者，由于其生产行为可能导致的环境污染和资源退化，产生了一系列的外部性成本。这些成本在传统的市场经济中往往不被计入生产成本，从而导致环境和资源的过度开发和利用。为了解决这一问题，政府应当加强对这些外部性成本的内部化，即通过制定相应的法律和政策，使这些成本由制造者承担。这一目标通过加强环境监管、提高污染排放标准、制定环境税等措施来实现。此外，为了促进绿色旅游经济的发展，政府还应当加强对绿色旅游的宣传和推广。这不仅可以帮助旅游者了解绿色旅游的价值和意义，还可以鼓励他们选择绿色旅游产品，从而为绿色旅游提供者创造更大的市场需求。同时，加强生态伦理教育也是促进绿色旅游经济发展的重要手段，帮助旅游者树立正确的绿色观念，鼓励他们在旅游过程中自觉遵循绿色原则，成为真正的绿色旅游者。

（二）保障绿色旅游者的权益

绿色旅游作为一种新兴的旅游形式，其核心价值在于提供一种与自然和谐共存的旅游体验。随着绿色旅游市场的迅速扩张，一些不负责任的供应者试图通过提供"伪绿色旅游产品"来迅速获利，这不仅损害了消费者的权益，也对整个绿色旅游行业的健康发展造成了威胁。

在这种背景下，如何保障绿色旅游者的权益，确保他们能够购买到真正的绿色旅游产品，成了一个急需解决的问题。为此，行政管理部门应当采取一系列措施，旨在增加"虚假绿色旅游产品"的提供成本，从而使这些产品在市场上失去竞争力。这可以通过加强对绿色旅游产品的监管、提高对虚假绿色旅游产品的罚款标准、加强对绿色旅游产品的认证和标准化等措施来实现。

为了确保消费者的权益得到有效保障，政府部门还应当完善消费者的维权机制。这不仅包括提供便捷、高效的投诉渠道，还应当加强对消费者的法律教育，使他们更加了解自己的权益和维权途径。此外，政府还应当加强对绿色旅游行业的宣传和推广，使消费者更加了解绿色旅游的真正内涵，从而更加明智地选择绿色旅游产品。

除了政府部门的努力，绿色旅游行业内部也应当加强自律，建立行业协会，制定行业标准，对会员进行监管，确保其提供的绿色旅游产品真实、可靠。行业内部还应当加强对消费者的教育，使他们更加了解生绿色旅游的价值和意义，从而更加珍惜和保护生态环境。

（三）提高虚假绿色旅游产品的"伪装"成本

生态旅游市场的繁荣与健康发展对于维护生态环境和推动可持续旅游业的重要性不言而喻。但是，随着绿色旅游日益受到欢迎，一些供应者试图通过提供"伪绿色旅游产品"来迅速获利，这种行为不仅损害了消费者的权益，还对整个绿色旅游行业的健康发展造成了威胁。

在这种背景下，如何确保绿色旅游市场的健康发展，防止"伪绿色旅游产品"泛滥成灾，成了一个急需解决的问题。为此，政府管理部门应当采取一系列措施，提高"伪绿色旅游产品"的"伪装"成本，从而使这些产品在市场上失去竞争力。

首先要加强对绿色旅游产品的监管。这可以通过建立一个全国性的绿色旅游产品认证体系来实现，所有希望进入市场的绿色旅游产品都必须经过这一体系的认证，只有获得认证的产品才能进入市场。这样，可以确保市场上的绿色旅游产品都是合格的正品，从而防止"伪绿色旅游产品"进入市场。其次，政府还应当加强对"伪绿色旅游产品"的惩罚。这可以通过提高对这些产品的罚款标准、加强对这些产品的查处力度、建立一个对这些产品的黑名单制度等措施来实现。这样，可以使"伪绿色旅游产品"的供应者承担更大的风险成本，从而使他们放弃提供这些产品。同时，政府还应当加强对消费者的教育和宣传，使他们更加了解绿色旅游的真正内涵，从而更加明智地选择绿色旅游产品。这不仅可以帮助消费者避免购买到"伪绿色旅游产品"，还可以为真正的绿色旅游产品创造更大的市场需求。

除了上述措施，政府还应当鼓励绿色旅游行业的自律，建立行业协会，制定行业标准，对会员进行监管，确保其提供的绿色旅游产品真实、可靠。政府还应当加强与绿色旅游行业的合作，建立一个公私合作的机制，共同推动绿色旅游市场的健康发展。

（四）严格绿色旅游的准入制度

绿色旅游，作为一种特殊的旅游形式，其核心在于实现与自然环境的和谐共存，为旅游者提供一种纯净、自然的旅游体验。由于绿色旅游资源的有限性和不可再生性，这种旅游形式的开发和经营具有明显的垄断性。这意味着，一旦某个绿色旅游资源被某个企业开发，其他企业很难再对其进行开发。如何确保绿色旅游资源的合理、可持续的开发和经营，成了一个重要的问题。为了解决这一问题，政府应当对绿色旅游提供者实施严格的准入制度。这不仅可以确保绿色旅游资源的可持续开发和经营，还可以防止那些不具备绿色旅游开发经营条件的企业进入市场，从而保护有限的绿色旅游资源，保证绿色旅游产品的质量。具体来说，政府可以通过设立一系列的标准和条件，对绿色旅游提供者进行评估，只有那些满足这些标准和条件的企业才能获得绿色旅游从业资格。这些标准和条件可以包括企业的技术能力、经营管理能力、环境保护意识、社会责任感等。政府还应当加强对绿色旅游提供者的监管，确保其在开发和经营过程中遵循绿色原则，不损害生态环境。

除了准入制度，政府还可以对绿色旅游提供者实施淘汰机制。这意味着，那些已经获得绿色旅游从业资格的企业，如果在后续的开发和经营过程中违反了生态原则，损害了生态环境，就应当被剥夺其从业资格，从市场上淘汰出去。这样，可以确保绿色旅游市场的健康、有序的发展，防止那些名不副实的"绿色旅游提供者"混入市场。为了实现上述目标，许多国家已经采取了一系列的措施，如"绿色旅游经营资质年检复查"和"等级升降"等。这些措施旨在对绿色旅游提供者进行动态的监督和管理，确保其始终遵循生态原则，不损害生态环境。

（五）推行绿色旅游认证

绿色旅游，作为一种注重环境保护和可持续发展的旅游形式，其认证活动在确保其真实性和质量上起到了至关重要的作用。绿色旅游认证不仅是对绿色旅游产品和服务的一种质量保证，更是对生态旅游提供者的一种激励和约束机制，有助于规范绿色旅游市场的秩序，提高绿色旅游的整体水平。

为了确保绿色旅游认证的权威性和说服力，行政管理部门应与国际知名的绿色旅游认证机构进行合作与交流，引入国际先进的认证标准和方法，确保绿色旅游认证的科学性和客观性。行政管理部门还可以对认证机构进行资格认定和授权，确保其具备进行绿色旅游认证的能力和水平，并对其进行定期的评审和监督，确保认证活动的公正性和透明性。

对于绿色旅游提供者，参与绿色旅游认证不仅是对其产品和服务的一种自我约束和提升，更是一种市场竞争的策略。通过获得生态旅游认

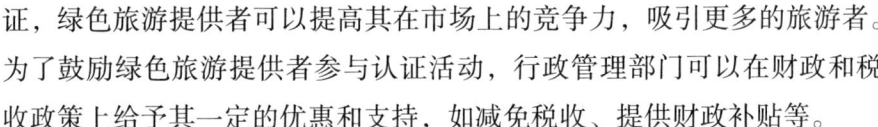

证，绿色旅游提供者可以提高其在市场上的竞争力，吸引更多的旅游者。为了鼓励绿色旅游提供者参与认证活动，行政管理部门可以在财政和税收政策上给予其一定的优惠和支持，如减免税收、提供财政补贴等。

对于旅游者来说，绿色旅游认证是其选择绿色旅游产品和服务的重要参考依据。通过了解绿色旅游认证的内涵和标准，旅游者可以更加明确自己的旅游需求，避免购买不符合需求的绿色旅游产品和服务。因此，行政管理部门应加强对绿色旅游认证的宣传和普及，帮助旅游者提高对绿色旅游认证的认知度和接受度。

三、制定促进绿色旅游经济可持续发展的配套政策

（一）经济政策

经济策略在绿色旅游的可持续发展中扮演着关键角色。为确保生态环境和旅游资源的长期保护，国家应在财政预算中为其分配专项资金。政府可以增加对这些资源保护的财政支持，确保其在预算中的优先地位。为鼓励环境友好型和资源节约型的绿色旅游项目，生态旅游开发者应向环境管理部门缴纳保证金。这不仅是其承诺保护生态资源的经济保障，而且确保了其在开发过程中如果造成对生态资源的破坏行为会受到经济制裁。绿色旅游资源的保护和经济发展是相辅相成的。开发生态旅游资源所获得的收益应在资源管理、培育和开发等方面得到公正、科学和合理的分配，以确保绿色旅游的长期可持续性。税收和价格策略是调节旅游者和旅游生产者行为的有效手段。通过这些策略，旅游者和生产者可以共同承担维护景观资源的成本，使当地社区居民也从绿色旅游中受益，进一步推动经济、社会和生态的整体可持续发展。绿色消费的推广也是确保绿色旅游经济可持续性的关键。将绿色旅游的经济增长、生态资源和环境状况纳入同一核算体系，可以有效减少资源的浪费和对环境的破坏。为促进绿色旅游经济的进一步增长，政府应鼓励传统旅游消费向绿色旅游消费的转变。完善的绿色消费政策和消费法规是提高旅游者绿色

旅游消费质量的关键，这将进一步推动绿色旅游经济的健康发展。

（二）生态环境政策

在当前的绿色旅游发展趋势下，个别地区出现了由于绿色旅游活动导致的环境污染和生态损害，这种情况对绿色旅游资源的持续开发和利用构成了威胁。为了确保绿色旅游资源的长期可持续性，必须制定和实施有效的生态环境政策。

绿色旅游资源的开发与利用不仅涉及旅游业本身，还与区域的整体发展计划、相关产业的配套设施以及生态环境的维护息息相关。因此，政府在制定绿色旅游政策时，必须采取全面、长远和科学的视角，确保绿色旅游的发展与区域的整体发展战略相一致，避免因为短视和盲目地开发行为导致的不必要损失。

环境保护是绿色旅游可持续发展的基石。环境保护部门应对所有绿色旅游项目进行严格的环境影响评估，确保每一个项目都符合环境保护的标准。对于那些不符合标准的项目，应当坚决予以制止，确保生态环境不受到进一步的破坏。

特别是在生态环境较为脆弱的地区，如自然保护区，应当根据其生态特点和功能进行分区管理。核心区域应当严格禁止任何人进入，以确保其生态环境不受到任何干扰；缓冲区可以允许进行一些科学研究和观测活动；而外围保护区则可以开放给公众，进行一些科学实验、教学和旅游活动。对于那些技术手段暂时无法确保其生态环境的可持续性的景区，应当明确禁止开发，确保其生态环境得到充分的保护。

（三）社会文化政策

绿色旅游经济的发展不仅涉及经济层面的收益，更关乎社会文化层面的影响与变迁。绿色旅游所涉及的受益者群体广泛，不仅包括当前的旅游者和当地居民，还涵盖了未来的旅游者和后代居民。这种跨代的受益模式要求人们在发展绿色旅游经济时，必须考虑到可持续发展的原则，确保每一代人都能从绿色旅游中获得公平的收益。

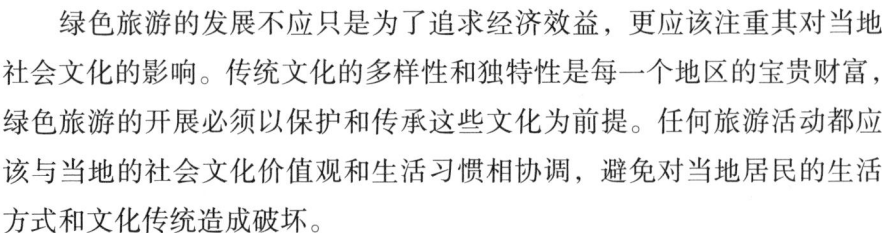

绿色旅游的发展不应只是为了追求经济效益，更应该注重其对当地社会文化的影响。传统文化的多样性和独特性是每一个地区的宝贵财富，绿色旅游的开展必须以保护和传承这些文化为前提。任何旅游活动都应该与当地的社会文化价值观和生活习惯相协调，避免对当地居民的生活方式和文化传统造成破坏。

绿色旅游的规划和开展还要充分考虑当地居民的意见和需求。外部的旅游开发者不能单方面决定旅游项目的发展方向，而应该与当地居民进行充分的沟通和协商，确保旅游项目既能带来经济效益，又能保护当地的社会文化特色。只有这样，才能避免因为旅游开发而导致的当地居民与旅游者之间的冲突。

第二节　以企业为主体的绿色旅游经济关系管理

一、生态旅游景区的绿色管理

生态旅游景区，如自然保护区、国家公园、森林公园和生态实验站，展现了大自然的原始之美和多样的生态景观，如山脉、森林、草原、湖泊和沼泽。这些地方不仅拥有宁静的自然风光，还蕴藏着丰富的文化遗产和深厚的民俗传统。随着人们对自然和可持续旅游的关注日益提高，这些生态旅游景区逐渐成了人们追求自然体验的首选之地。但是，这些景区属于生态和文化环境的敏感区，过度的旅游开发很容易对其造成不可逆的损害。为了确保这些景区的长期可持续性，管理者必须采取一种综合的管理策略，确保旅游活动既能带来经济效益，又不会对生态环境造成伤害。这意味着管理者需要在生态旅游景区中实施一种平衡的发展和管理模式，实现资源的可持续利用、生态环境的保护和经济增长的和谐统一。

（一）生态旅游景区的自然生态管理

1.自然生态旅游资源的管理

在生态旅游领域，自然生态旅游资源的管理和保护显得尤为关键。这些资源不仅构成了生态旅游开发和活动的核心支撑，而且为绿色旅游经济提供了一个持续的生态基础。特别是在生态系统较为脆弱的景区，如何在确保资源的完整性和原始性的同时，进行有序的开发和活动，成了生态管理的主要挑战。这要求开发者在绿色旅游项目的规划和实施中，采取措施最大限度减少对这些珍贵资源的损耗和破坏。考虑到绿色旅游景区的资源特性，可再生资源和不可再生资源的管理策略应有所不同。对于可再生的旅游资源，如森林、水源等，管理的核心应聚焦于维护和增强其再生能力。这意味着要确保资源在持续的循环中能够自我恢复和增长，形成一个持续上升的发展态势，从而为长期的绿色旅游活动提供稳定的支持。而对于不可再生的旅游资源，如某些特定的地质景观和文化遗迹，管理的重点则转向了对其结构和功能的全面保护。这需要遵循一个基本原则，即保护优于开发。这样，即使在长期的时间尺度上，这些资源的完整性和特色都能得到最大限度的维护和保留。

2.生态旅游环境的管理

在我国，绿色旅游已逐渐成为旅游业的重要组成部分，但伴随其发展的是对生态环境的影响与挑战。尽管绿色旅游的初衷是推动人与自然的和谐共生，但在实际操作中，由于管理不善，往往导致生态破坏的现象。因此，加强生态旅游环境的管理显得尤为迫切。生态旅游环境的变化是多方面的，既有自然演变的过程，也受到人为因素的影响。近年来，随着旅游活动的增加，人为干扰对生态环境的影响日益凸显。这些变化不仅包括景观的改变，还涉及环境质量的下降。例如，生物多样性的减少、植被覆盖率的降低、土壤侵蚀的加剧等，都可能对旅游景观的价值、生态的保护作用及生态服务功能产生不良影响。此外，环境评价因子，如水、土壤、大气和噪声的污染指标，也是衡量生态旅游环境变化的重要参数。为了确保绿色旅游的可持续性，必须建立一套完善的环境管理

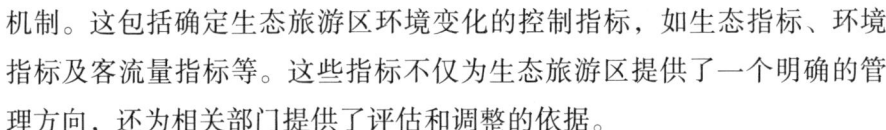

机制。这包括确定生态旅游区环境变化的控制指标，如生态指标、环境指标及客流量指标等。这些指标不仅为生态旅游区提供了一个明确的管理方向，还为相关部门提供了评估和调整的依据。

（二）生态旅游景区的文化生态管理

1.历史文化景观的管理

在景区的发展中，尽管引入现代化设施是必要的，但同样重要的是深入挖掘、保护并弘扬旅游地的传统与历史韵味。景区环境管理不仅要追求创新，为游客带来新的体验，更要注重对具有历史和文化价值的建筑、文物及其他景观的维护和管理，确保它们得以传承，为后人留下宝贵的文化遗产。

2.特色民俗风情的保护和管理

随着生态旅游经济的兴起，其对当地文化的影响力得以加大，这一变化在经济较为落后的地区尤为明显。过度依赖旅游经济可能会导致原有文化的稀释或失真。为了维护和传承当地独特的文化遗产，景区开发者应对具有强烈地域特色和文化代表性的传统进行深入研究和保护。在尊重和理解当地文化的前提下，开发者可以挖掘并弘扬当地的民俗特色，并在景区内修复或重建一些代表性的民俗场所，同时避免过度的现代化和城市化建设。

游客在参与旅游活动时，也应意识到自己的行为可能会对当地的原生文化产生影响。游客应该学会尊重当地的生活习惯、价值观、历史传统、语言、文艺作品、宗教信仰等，确保旅游活动能够助力当地文化的复兴和传承，而非成为其消逝的催化剂。

3.文化氛围的保持和营造

在景区的设计与管理中，文化氛围的维护和塑造至关重要。景区的各个方面，如建筑风格、店面设计、园区绿化、环境整洁度、广告展示以及交通方式，都应体现出鲜明的文化特色。在对文化资源进行修复和利用时，应确保其设计、原材料、制作工艺及其所处环境的真实性和完整性。为防止旅游业的扩张对当地文化产生不良影响，如造成文化的商业化、都市化，必须采取措施确保地方文化资源的珍贵价值得到妥善保护。这样，当地的文化遗产和其深厚的文化内涵可以在旅游业的推动下得到恰当的维护，并与旅游业实现和谐、同步的发展。

（三）生态旅游景区的经济收益管理

1.控制和降低景区生产成本

在生态旅游景区的经营管理中，控制和降低生产成本是确保其可持续性和经济效益的关键。生态旅游景区面临的成本不仅仅是经济上的开销，还涉及生态和社会方面的投入。

对于生态成本，尽管初期由于采纳新的环保设施和技术可能会导致成本上升，但长远来看，这些措施可以有效地降低运营成本。例如，通过引入新的环保技术，可以减少对环境的破坏，从而降低了未来可能出现的修复和赔偿成本。生态旅游区的经营者通常会根据自身的经济承受能力来选择合适的环保措施，这样既可以确保生态的可持续性，又不会对经营带来过大的经济压力。

在经济成本方面，通过采取一系列的节约和再利用措施，可以有效地降低生产成本。例如，减少一次性用品的使用、节约水电等资源，这些举措都可以降低景区的运营成本。生态旅游景区由于其绿色和生态的形象，往往能吸引更多的游客，从而带来更高的收入，这也为其提供了更大的经济效益。

社会成本的控制和降低则涉及更为广泛的领域。生态旅游景区的绿色管理不仅可以改善环境，还可以为当地社区提供就业机会，推动环保技术的研发和应用，还可以教育游客，提高他们的环保意识。通过倡导绿色消费和健康旅游的观念，生态旅游景区还可以带动整个社会的消费观念的转变，形成一种绿色和健康的消费潮流。

2.促进景区收益的协调

（1）经济收益与生态收益的协调。在绿色旅游经济的发展中，经济收益与生态收益的协调是一个核心议题。绿色旅游不仅是追求经济效益，更是对生态环境的尊重和保护。这两者之间的关系是相辅相成的，而非对立的。为了实现这一目标，必须在绿色旅游的发展中坚持可持续发展的原则，确保生态环境的健康和经济效益的可持续。

绿色旅游的经济收益是显而易见的，包括旅游收入、就业机会和相关产业的发展。但这些收益的实现往往伴随着对生态环境压力的加大，如过度开发、资源的过度消耗等。因此，绿色旅游的经营者必须具有前瞻性的视野，对旅游规模进行合理的控制，确保生态环境的容量得到维持，从而为市场提供高品质的绿色旅游产品。

绿色旅游的生态收益也是不可忽视的。绿色旅游的开展可以带动当地生态环境的保护和修复，为游客提供一个健康、宜人的旅游环境。这不仅可以满足游客的生态体验需求，还可以为后代人留下宝贵的生态遗产。绿色旅游的经营者应该在经济收益的追求中，不忘生态保护的重要性，确保生态旅游资源的长期健康发展。

为了实现经济收益与生态收益的协调，绿色旅游的经营者应该采取一系列的策略。例如，通过科学的规划，确保旅游开发的合理性和可持续性；通过技术创新，提高资源的利用效率，减少对生态环境的压力；通过教育和宣传，提高游客的生态保护意识，促使他们参与到生态保护中来。

（2）经济收益与社会收益的协调。生态旅游景区的经济收益与社会收益的协调是确保其可持续性和整体效益的关键。生态旅游景区通过提供高质量的绿色旅游产品和服务，不仅可以实现经济收益，还可以促进景区内外的文化、科技和经济交流，为社区居民带来实际的经济效益和社会进步。

生态旅游景区的经济收益主要来源于向市场提供的绿色旅游产品和服务。通过对景区内的绿色旅游资源和其他要素的合理配置，景区可以充分发挥其生态优势，为游客提供独特的旅游体验。这不仅可以满足游客的需求，还可以为景区带来稳定的经济收入。随着绿色旅游市场的不断增长，景区的经济收益也将持续增加。

与此同时，生态旅游景区的社会收益也是不可忽视的。景区的发展可以促进当地社区的经济和文化交流，为社区居民提供就业机会和增加收入。这不仅可以提高社区居民的生活水平，还可以为景区的长远发展提供人文基础。从这个角度来看，景区的经济收益和社会收益是相辅相成的。

为了实现经济收益与社会收益的协调，景区必须采取一系列的策略。例如，通过合理的规划和管理，确保景区的资源得到合理的利用和保护；通过与社区的合作，确保社区居民能够分享到景区的经济效益；通过教育和培训，提高社区居民的参与度和能力，确保他们能够在景区的发展中获得实际的收益。

二、旅行社的绿色管理

（一）提高旅行社绿色旅游产品的绿色质量

1. 旅行社绿色旅游产品的绿色采购

在绿色旅游行业中，旅行社作为绿色旅游经济各项产品的组织销售者、媒介和协调者，以及绿色旅游者完成绿色旅游计划的执行者，扮演着至关重要的角色。为了确保绿色旅游产品的绿色质量，旅行社需要在推出绿色旅游产品时，严格按照循环经济和绿色标准要求进行操作。

旅行社在推出绿色旅游产品时，必须确保产品的绿色质量。这意味着在选择各类旅游要素供应商时，旅行社需要按照循环经济和绿色标准要求，优先选择那些具有绿色环保意识和实践的供应商，从而建立一个对生态负责的绿色旅游供给网络。例如，当安排游览行程时，应优先选择那些注重节约、环保和生态的景区景点；在安排游客住宿时，应优先选择已获得"绿色饭店"称号的旅游酒店；在安排旅游交通时，应优先选择那些符合绿色环保要求的旅游车辆。

绿色旅游不仅关于自然环境的保护，还涉及对社会文化生态的尊重和保护。因此，旅行社在组织绿色旅游活动时，必须确保对自然生态和

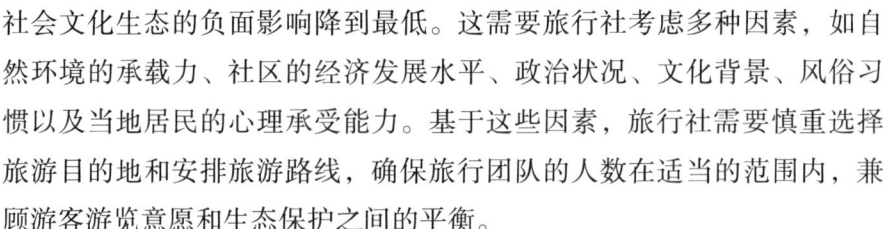

社会文化生态的负面影响降到最低。这需要旅行社考虑多种因素，如自然环境的承载力、社区的经济发展水平、政治状况、文化背景、风俗习惯以及当地居民的心理承受能力。基于这些因素，旅行社需要慎重选择旅游目的地和安排旅游路线，确保旅行团队的人数在适当的范围内，兼顾游客游览意愿和生态保护之间的平衡。

2.旅行社绿色旅游产品的绿色功能

绿色旅游，作为当代旅游业的一个重要分支，不仅为游客提供了与自然亲近的机会，更在某种程度上承担了对游客进行生态教育的责任。尽管绿色旅游已逐渐受到人们的关注，但其教育功能仍未被广大旅游者充分认识。因此，旅行社在推广绿色旅游产品时，不仅要强调其娱乐性，更要突出其教育性，使游客在享受旅游乐趣的同时深刻理解和珍视生态环境的价值。

为了实现这一目标，旅行社在组织绿色旅游活动时，应将有形的旅游景观与无形的精神文化紧密结合，确保旅游项目与当地的社会文化相适应，并有助于地方精神文明的进一步发展。通过组织各种形式的生态教育活动，旅行社可以逐步普及生态环境科学领域的知识，提高旅游从业人员的环保意识和应对突发事件的能力。旅行社还应加强对游客的宣传教育，使他们明白保护生态环境不仅是绿色旅游的基本原则，更是每位游客应尽的责任。

教育内容的设计应全面而深入，涵盖生态保护的重要性、旅游目的地的自然和人文背景、绿色旅游的行为规范、相关的环保政策和法规等。旅行社还可以通过宣传手册、促销材料等方式，向潜在的绿色旅游者传达绿色旅游的知识和特殊要求，使他们认识到参与绿色旅游不仅是一种娱乐方式，更是一种对环境、文化和生态负责的行为。

（二）突出绿色旅游导游的作用

1.明确绿色旅游导游的主要职责

在绿色旅游中，导游的角色不仅仅是传统的服务提供者，更多的是生态教育者和环境守护者。与游客的直接互动使他们成为传递生态知识和环保意识的关键桥梁。除了为游客提供基本的旅游信息和服务，绿色旅游导游还需要引导游客成为对环境负责的参与者，培育他们的环保观念，分享相关的生态知识，并推广绿色消费的理念。

但是，个别绿色旅游导游并没有充分地掌握生态知识，缺乏环保意识。这主要是因为他们没有接受过专业的绿色旅游培训，仍然按照传统旅游的模式进行工作。这种情况下，他们在旅游中的角色往往仅限于提供基本的旅游服务，而忽略了生态教育的重要性。

与传统导游相比，绿色旅游导游的职责有着显著的差异。在绿色旅游活动开始之前，旅行社应该对游客进行预先的教育，确保他们在心理和物质上都为绿色旅游做好了准备。这包括向游客传达旅行社制定的绿色旅游行为规范、旅游目的地的环保政策和法规，以及如何携带行李、处理垃圾等实际操作建议。

表7-1 导游在传统旅游和绿色旅游中的角色比较

		传统旅游中的导游	绿色旅游中的导游
游客	讲解内容及要求	主要从人文学科角度讲解，突出景点传说，对自然地理、生态环境方面的知识不作要求，强调趣味性、娱乐性	从人文、自然学科两方面讲解，涉及景点传说、地质地貌、动植物和生态环保知识强调趣味性、知识性，以及对游客的环境教育
	对游客爱好的满足程度	以满足游客爱好为中心	满足游客正当爱好
	对游客行为的约束程度	除安全、法律问题外，对游客行为没有特别要求	除安全、法律问题外，要求游客行为不影响动植物栖息地和污染生态环境
旅游地		对旅游地负有若干经济方面的联系或责任	对旅游地不仅有若干经济方面的联系或责任，对其生态环境、旅游地形象、社会影响均负有道义上的责任

	传统旅游中的导游	绿色旅游中的导游
社区	一般对游客与当地居民是否交往、交往的方式均不作考虑	对游客与当地居民交往持鼓励和支持的态度，并提供必要的帮助。倡导双方相互尊重对方的文化，平等交流，相互受益
目标	以顺利完成游览活动，取得预期经济收入或最大经济收入为目标	除顺利完成游览活动，取得相应经济收入外，还关注生态、经济、社会三者整体效益的最佳发挥

在绿色旅游中，导游的角色不仅是为游客提供信息和服务，更重要的是作为生态教育和环境守护的先锋。他们需要密切关注游客的行为，及时纠正不恰当的行为，并向游客解释这些行为可能对生态环境带来的负面影响，从而提高游客的环保意识。

为了预防不文明行为，导游可以采取一系列措施。例如，他们可以在旅行开始前向游客传达正确的旅游行为准则，或者组织游客参与环保活动，如提供废品收集袋，并在旅行结束时进行回收。这些措施旨在确保游客不仅能欣赏到美丽的自然环境，还能在旅行中提高自己的环保意识。

导游还应鼓励游客进行绿色消费，如避免使用一次性用品，不购买可能对环境造成伤害的纪念品等。他们还可以帮助游客与当地居民建立联系，鼓励游客以适当的方式参与当地的生活和活动，帮助游客更深入地了解和欣赏当地的自然和文化。

2.强化绿色旅游导游培训

绿色旅游导游在连接旅游者与绿色旅游产品之间起到了至关重要的桥梁作用。为了确保导游能够有效地传达绿色旅游的教育功能和意义，他们首先需要具备深厚的生态学和环保知识基础。这不仅可以帮助他们生动地展示生态环境，还可以在旅游过程中通过讲解，使游客对自然生态或人文生态景观的生态价值和美学价值有更深入的理解和体验。这样的互动不仅能够增强游客的生态意识和环保观念，还可以帮助他们重新审视人与自然之间的关系。

考虑到我国当前的现实情况，个别导游的文化素质尚待提高，尤其是在生态意识和环保观念方面。因此，旅行社在推进绿色旅游经济发展的过程中，应该高度重视对导游的培训工作。这样的培训不仅应该涵盖传统的导游知识，还应该深入探讨可持续发展观念、生态伦理道德、生态学和自然地理学等领域的知识。

为了确保培训的有效性和针对性，旅行社可以与政府相关主管部门合作，共同开展绿色旅游导游资格的认证工作。这种认证不仅可以对导游的综合素质进行全面的评估，还可以对他们在绿色旅游领域的专业知识和技能进行深入的考察。此外，为了更好地了解绿色旅游导游的实际工作状态，旅行社还可以向游客发放满意度问卷调查表，收集关于绿色旅游产品和导游服务的反馈信息，从而改进服务水平。

第三节　以社区为主体的绿色旅游经济关系管理

一、社区参与的决策咨询机制

绿色旅游发展的决策过程涉及多方利益的平衡与调和，其中社区居民作为生态旅游地的直接受益者和受害者，其在决策中的地位不容忽视。绿色旅游不仅仅是一个经济活动，更是一个涉及生态、社会、文化和经济多方面的综合体。绿色旅游的决策必须确保社区居民的参与，确保他们的利益得到充分的保障。

在绿色旅游的发展与管理中，社区居民的决策权是至关重要的。他们对于绿色旅游地的自然环境、文化传统和社会习惯有着深入的了解，他们的意见和建议对于绿色旅游的健康发展具有不可替代的价值。因此，绿色旅游的决策必须充分考虑社区居民的意见，确保绿色旅游的发展与社区利益相协调。

为了确保社区居民在绿色旅游决策中的权益，绿色旅游开发经营者应该与社区建立长期、稳定、互信的合作关系。他们应该定期向社区咨询绿色旅游的发展战略、规划、环境影响、产品设计和资源开发等重要事宜。这种咨询机制不仅可以帮助绿色旅游开发经营者更好地了解社区的需求和期望，还可以确保绿色旅游的发展与社区的利益相协调，从而实现绿色旅游与社区的和谐发展。

为了确保咨询决策机制的有效实施，必须在社区和绿色旅游开发经营者之间建立高效的沟通渠道。可以考虑成立一个由当地各阶层代表参加的旅游区行业组织，该组织可以负责组织和协调社区与绿色旅游开发经营者之间的沟通与合作。还可以建立一套完善的旅游发展与规划的通报和协商制度，确保任何旅游决策都能够经过各方的充分论证和研究。对于一些可能对社区产生重大影响的决策，还可以实行否决制度，确保社区居民的利益得到充分的保障。

二、社区参与的利益分配机制

（一）经济利益分配

在绿色旅游的发展中，确保社区居民获得公平的经济利益分配是至关重要的。虽然社区居民可以通过直接参与旅游服务活动，如经营家庭旅馆，来获得经济收益，但这种方式的利益分配范围和深度往往受到限制。为此，更多的机制应被引入从而确保更广泛和深入的利益分配。

例如，为社区居民提供更多的就业机会，可以使他们从旅游业中获得稳定的劳务收入。此外，通过实施生态补偿策略，可以资助当地的公共项目和基础设施建设，从而间接地为社区居民带来经济利益。这不仅有助于提高社区的生活水平，还可以增强社区居民对绿色旅游发展的支持和参与。

基于社区居民的自愿原则，允许他们将其土地、旅游资源、设备、资金、技能和文化遗产转化为股份，参与旅游项目的开发。这种方式可以确保社区居民不仅从劳务中获得收益，还能从旅游项目的整体利润中获得分红。这种按股分红与按劳分红相结合的模式，旨在实现更公平和持续的经济利益分配，从而促进绿色旅游与社区的和谐共生。

（二）生态利益分配

绿色旅游在社区中的实施不仅是为了经济收益，更重要的是对生态利益的分配和重视。社区参与绿色旅游的过程中，其示范效应逐渐显现，这种参与方式有助于转变社区长期以来对自然生态资源的过度依赖和消耗的习惯。这种转变不仅有助于减轻对生态环境和旅游资源的压力，更为重要的是，它为生态保护和社区的可持续发展铺设了良性循环的路径。

随着绿色旅游经济的持续发展，社区更加深入地认识到生态保护的长远价值。这种认识不仅仅停留在表面，更体现在社区主动参与和承担环境治理的行动中。社区开始投入更多的资源，致力于生物多样性的保护和绿色旅游资源的可持续利用，从而加强了对生态环境的尊重和保护意识。

当社区的生态环境得到改善和提升时，它对于绿色旅游者的吸引力也会增强。一个健康、和谐、生态友好的社区环境，无疑会成为绿色旅游者的首选目的地。这种吸引力不仅有助于提高社区的知名度和声誉，更能够为社区带来更为丰厚的经济回报。

三、社区参与的教育培训机制

（一）基础知识和技能培训

为了确保绿色旅游的可持续性和高质量发展，政府行政管理部门和绿色旅游提供者必须对社区居民进行全面而深入的基础知识和技能培训。

首先，礼貌热情是任何服务行业的基础，尤其是在旅游业中。对于社区居民来说，他们可能并不熟悉外来游客的文化和习惯，因此，培训他们如何与不同背景的游客互动，如何展现友好和尊重，是至关重要的。这不仅能够提高游客的满意度，还能够为社区居民带来更多的经济收益。

其次，对于本地旅游资源的介绍是另一个关键领域。社区居民作为当地的居住者，他们对于本地的自然和文化资源有着深厚的了解。通过培训，他们可以学习如何有效地将这些资源介绍给游客，如何讲述有趣的故事和传说，使游客更加深入地了解和欣赏当地的魅力。

环境保护常识的培训也是不可或缺的。绿色旅游的核心是对自然环境的尊重和保护。社区居民需要了解如何在日常生活和工作中实践环保理念，如何教育和引导游客做到这一点，以及如何处理可能对环境造成伤害的行为。

接待服务技巧和经营管理方法的培训则更加具体和实践性。社区居民可能需要学习如何为游客提供高质量的住宿和餐饮服务，如何处理突发情况，如何进行有效的市场营销和推广，以及如何管理和维护旅游设施和资源。

（二）可持续发展观念培训

在绿色旅游经济的发展中，社区居民的角色不容忽视。他们不仅是旅游资源的直接受益者，更是生态保护的第一线守护者。因此，培养社区居民的生态伦理和可持续发展意识，成为推动绿色旅游健康、可持续发展的关键。

绿色旅游的核心是对自然和文化资源的尊重和保护。而这一核心理念的实现，离不开社区居民的积极参与和支持。传统的旅游模式往往忽视了社区居民的利益和权益，导致了资源的过度开发和环境的破坏。而绿色旅游则强调与社区居民共享利益，共同参与资源的保护和管理。

为了实现这一目标，政府部门和行业协会有必要对社区居民进行系统的、针对性的可持续发展观念培训。这种培训不仅要传授生态保护的基本知识和技能，更要引导居民形成正确的生态伦理观念和环保意识。通过培训，使社区居民认识到生态保护不仅是为了绿色旅游经济的发展，更是为了他们自己的生活质量和未来的福祉。

接受培训后的社区居民不仅会主动地、自觉地参与生态保护，还会在生态旅游活动中起到积极的引导和规范作用。他们可以帮助旅游者了解当地的生态和文化资源，引导他们进行绿色消费，避免对环境造成伤害。他们还可以通过自己的行为，为旅游者树立一个良好的榜样，帮助他们养成良好的旅游习惯，减少不文明的旅游行为。

政府部门和行业协会也可以通过各种方式，如举办公益活动、开展环保宣传等，进一步加强社区居民的生态保护意识。这样不仅可以提高社区居民的生态保护意识，还可以为绿色旅游经济的发展创造一个良好的社会环境。

四、非政府组织（NGO）与社区参与的合作机制

（一）提供环境教育培训

非政府组织（NGO）在绿色旅游领域中的作用日益凸显，特别是在推动社区参与和促进生态环境保护等方面。这些组织，如世界自然基金会（WWF）通过与各类保护区合作，不仅为当地社区带来了一系列环境教育活动，更为社区培养了一批环境教育者，从而使社区居民的生态意识得到了进一步的提高。

例如，2019年6月，中华环境保护基金会、中华环保联合会和美团外卖青山计划共同发起了"环保设施向公众开放NGO基金"项目，旨在促进公众参与生态环保并推广生态文明思想。该项目通过资金支持、流量支援和方法指导，鼓励了各地16个环保组织参与创新环保活动。这些组织成功地组织了306次设施开放活动，吸引了26330名参观者，包括老年人、儿童、武警、消防队员、学校、企事业单位员工、环卫工人和社区居民。这些活动不仅增强了公众对环保的认识，还促进了地方137家设施单位的开放，推动了"美丽中国，我是行动者"主题实践活动的深入开展。此外，项目还建立了生态环境部门、开放单位、环保组织和

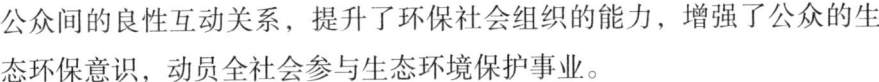

公众间的良性互动关系，提升了环保社会组织的能力，增强了公众的生态环保意识，动员全社会参与生态环境保护事业。

（二）提供社区产品市场营销培训

在绿色旅游的发展过程中，社区居民如何从中获得可持续的经济利益，如何利用市场的力量为生态保护做出贡献，以及如何确保弱势群体也能分享到市场的利益，成了社区可持续发展中亟待解决的问题。这些问题的解决需要一个综合的策略，其中市场营销培训在其中起到了关键作用。

例如，世界自然基金会（WWF）与一家大型超市合作，目的是将岷山地区保护区周边社区的林副产品带入成都的消费市场。这次合作不仅为社区提供了销售其产品的平台，还为居民提供了学习现代市场营销技巧的机会。合作双方共同组织了一系列培训，内容包括产品上架流程、合同签订、产品质量标准、支付程序以及采购和接收商品的程序，确保社区产品在质量和包装上能满足超市的要求。这种培训提高了社区产品的市场竞争力，并为社区居民开辟了新的销售渠道。作为一个对产品质量和包装有严格要求的大型零售商，这次合作帮助社区居民了解如何提升产品质量、进行包装设计以及与大型零售商合作。这不仅为社区带来直接的经济利益，还为其长远发展奠定了坚实基础。此外，超市还为社区生产的无污染产品提供了展示和销售平台。这种合作模式不仅为超市带来了绿色、健康的产品，也为社区居民提供了展示自己产品的机会，同时为消费者提供了更多的选择。

第四节　以游客为主体的绿色旅游经济关系管理

一、绿色旅游者分析

在绿色旅游的发展中，对于绿色旅游者的人口特征、消费观念、消费意愿及消费行为进行深入分析是至关重要的。这些分析为绿色旅游的发展提供了有力的数据支持，有助于绿色旅游提供者更好地满足消费者的需求。

从人口结构来看，参与调查的绿色旅游者主要是女性，年龄集中在15 岁至 34 岁，具有较高的文化水平，大部分受过大专及以上的教育。他们的职业主要集中在政府机关、事业单位和企业，月收入普遍在 2500元至 5000 元。这些绿色旅游者大多来自经济发达的东部地区和大中城市。尽管学生在这次调查中没有正式的职业和月收入，但他们在绿色旅游方面的消费潜力是巨大的。

这些数据显示，收入、职业和教育程度对于消费者的旅游选择有着重要的影响。绿色旅游产品的目标市场应该重点关注在校学生、中高收入者及文化层次较高的人群。在校学生对于生态环境很重视，可持续发展观念的教育对他们的影响更大。中高收入者则有稳定的收入来源，对于旅游有着强烈的愿望。他们不满足于传统的旅游方式，更希望通过绿色旅游来放松身心。文化层次较高的人群对于生态环境问题有着深刻的理解，他们的生态意识和环境责任得到了良好的培养。

绿色旅游者的消费观念体现了他们对于旅游与生态、人与自然及人与人之间关系的认识。他们对于绿色旅游经济在实现生态保护、促进社会文明进步及实现人与人之间的和谐关系等方面有着深刻的理解。这说明生态旅游者的消费观念与绿色旅游的要求是一致的。

绿色旅游者的消费意愿包括对于旅游偏好、旅游动机、旅游支出、景区评价等方面的看法。调查结果显示，绿色旅游者更加关注旅游产品的度假疗养功能，他们对于原始、未受干扰的绿色旅游目的地有着强烈的向往。这种旅游目的地对于绿色旅游者有着强大的吸引力，但同时也对他们提出了更高的要求。绿色旅游者的旅游动机主要是回归自然、放松身心和体验风情。他们对于绿色旅游产品的价格较为敏感。随着经济水平的提高，这种敏感度会逐渐降低。

绿色旅游者的消费行为包括旅游方式、感知途径、生态意识和行为及支出结构等方面。调查结果显示，绿色旅游者更倾向于与家人和好友一起出游。他们主要通过网络了解绿色旅游信息，这说明绿色旅游提供者应该加强线上宣传和促销工作。绿色旅游者在旅游过程中能够履行生态责任和义务，但他们的实际旅游行为与观念上的生态意识还存在一定的差距。在支出结构方面，绿色旅游者的主要花费是交通，这说明绿色旅游目的地的交通状况和基础设施需要进一步改善。

二、政府行政管理部门对绿色旅游者的规范和引导

在当前的社会背景下，绿色旅游者的定义变得越来越模糊，与大众旅游者之间的界限也不再明确。这种泛化的现实和模糊的界限，使得对绿色旅游者的管理变得尤为重要和迫切。政府行政管理部门对绿色旅游者的管理，一是通过制定规范，二是通过教育培训。

（一）制定规范

为了更有效地管理绿色旅游者，政府行政管理部门积极寻求各种策略和方法。首先，他们充分听取了专家学者的意见，这些专家学者在绿色旅游领域有着丰富的经验和深入的研究。此外，为了更好地制定管理策略，政府还广泛借鉴了国际上的成功案例和经验。基于这些研究和借鉴，政府对绿色旅游者的行为进行了严格的规范和标准化。

这种规范化不仅仅是一种简单的行为要求，更是一种对绿色旅游者行为的深入引导。虽然这种规范在法律上可能没有强制性，但它在制度上具有很强的约束力。这意味着，所有前往生态旅游景区的游客都必须

严格遵守这些规定。如果有游客违反了这些规定，他们将会受到相应的处罚。这种处罚不仅仅是对违规行为的惩罚，更是一种对游客不负责任行为的警示。通过提高违规行为的代价和成本，政府希望能够促使游客在旅游过程中更加文明，更加尊重生态环境。

除了制定规范，政府还可以通过教育培训来提高游客的生态意识。生态教育培训不仅是传授知识，更是一种对游客价值观的引导。通过教育培训，政府希望能够帮助游客树立正确的生态观念，认识到绿色旅游的重要性，从而在旅游过程中自觉地保护生态环境。

（二）教育培训

教育培训在塑造绿色旅游者的生态意识和行为中起到了至关重要的作用。要真正地培养出对生态环境有深入了解、并能够在实践中自觉保护生态环境的绿色旅游者，单纯依赖规章制度是远远不够的。规章制度虽然可以为绿色旅游者提供一个行为的框架，但真正能够使其内化为自己的行为习惯和价值观的，还是教育培训。

教育培训不仅仅是传授知识，更重要的是引导旅游者形成正确的生态观念和价值观。这是一个长期、系统的过程，需要涉及生态意识、环境保护的基础知识、可持续发展战略、科学发展观、和谐社会理论、循环经济、绿色消费等多个方面。这些内容不仅仅是理论知识，更是与旅游者日常生活紧密相连的实践知识。例如，生态意识的培养不仅要让旅游者知道生态环境的重要性，更要让其感受到生态环境对于人类生存的重要性。环境保护的基础知识则可以帮助旅游者了解到自己在日常生活中可以采取哪些措施来保护环境，如何在旅游中做到绿色出行，如何选择环保的旅游产品等。

除社会外，教育培训还可以在学校进行。学校是培养学生形成正确的世界观、人生观、价值观的地方，也是培养学生生态意识的重要场所。通过在学校开设相关课程，组织绿色旅游实践活动，可以让学生从小就树立起正确的生态观念。

除了学校，旅游局也可以专门对绿色旅游者进行培训。例如，武汉

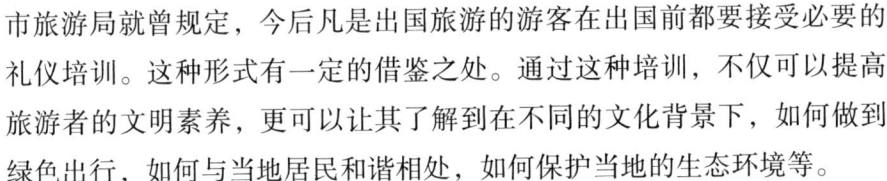

市旅游局就曾规定，今后凡是出国旅游的游客在出国前都要接受必要的礼仪培训。这种形式有一定的借鉴之处。通过这种培训，不仅可以提高旅游者的文明素养，更可以让其了解到在不同的文化背景下，如何做到绿色出行，如何与当地居民和谐相处，如何保护当地的生态环境等。

三、绿色旅游提供者对绿色旅游者的规范和引导

（一）为绿色旅游者提供绿色体验

生态旅游景区和企业致力于为游客提供一种绿色的旅行体验，主要通过塑造绿色品牌形象、提供环保服务和营造生态氛围来实现。这种绿色品牌形象是与环保以及生态理念相一致的，它通过不同的方式展现出来，如品牌名称、标志、宣传标语、员工的专业行为及当地社区居民的友好态度。这种形象不仅代表了景区在生态保护方面的承诺和责任，而且为游客提供了一个选择绿色旅游产品的信号。这种绿色品牌形象意味着，无论是企业还是景区，都在努力为游客提供与生态和环保标准相符的服务和产品。在可行的技术和经济条件下，他们都致力于最大限度地减少资源使用，降低废物产生，实现资源的高效和循环使用。这样不仅可以为游客创造一个宜人的绿色环境，还能让他们真正体验和学习生态知识。

经营绿色旅游的企业和其服务团队必须具备强烈的生态保护意识，深入了解生态和环境科学，并具备处理环境问题的技能。在提供绿色旅游服务时，服务人员的行为和展示方式都应该加深游客对生态保护的认识，普及绿色旅游的正确行为。例如，旅行社作为连接游客和旅游产品的桥梁，其为游客提供的导游服务必须是知识丰富且实践经验丰富的。同时，旅游机构也应具备丰富的绿色旅游经验和相关设施。员工的生态友好服务行为不仅体现了企业的绿色理念，还能教育游客，使其更加珍惜环境，加强对可持续发展的认识。社区居民的热情和友好态度也是游客体验绿色旅游氛围的关键。景区与社区和谐共生的信息，使游客意识

到绿色旅游不仅能带来经济效益，还能提高整体的福利水平。生态、社会和经济的平衡发展为游客提供了宝贵的实践经验，帮助他们更深入地理解构建和谐社会的意义。

在绿色旅游中受教育的游客会将其所学应用到生活的各个方面，在日常生活中积极实践绿色消费。他们的行为会影响到周围的人，推动与自然、社会和内心的和谐共生。绿色旅游组织也可以与非政府组织合作，以增强其影响力。例如，太白山自然保护区与世界自然基金会（WWF）在秦岭项目中合作，开展了游客可以参与的巡护示范活动。这不仅有助于引导游客的行为，还加强了保护区的管理。现在，为游客量身定制的巡护指南已经编写完成，这将作为他们进入保护区前的培训资料，让他们能够亲身体验野外巡护员的日常工作，同时也为保护区的保护工作提供了额外的人力资源。

（二）提高绿色旅游者参与程度

绿色旅游，作为一种特殊的旅游形式，不仅为游客提供了与大自然亲密接触的机会，还承担了对游客进行生态教育的重要任务。在绿色旅游产品的设计中，必须充分考虑到生态环境的脆弱性和可持续性，确保在旅游活动中生态环境得到最大限度地保护。这要求绿色旅游产品设计者在制定旅游线路和活动时，既要满足游客的好奇心和求知欲，又要确保生态环境不受破坏。

绿色旅游产品的设计原则不仅是为了保护生态环境，更是为了满足游客的多种需求。游客在选择绿色旅游产品时，不仅追求与大自然的亲密接触，更希望能够从中获得知识和健康的体验。因此，绿色旅游产品设计者应该充分考虑到游客的这些需求，设计出既有教育性又有娱乐性的旅游产品。可以设计一些集知识性、娱乐性、趣味性和参与性于一体的活动项目，如有奖问答或生态知识竞赛、生态线路设计比拼等，激发游客的思考与学习的兴趣，强化绿色旅游者的参与动机。

生态旅游景区的生命周期是有限的，长时间的旅游活动会对生态环境造成一定的压力。为了确保生态环境的长期健康发展，生态旅游景区需要采取一系列的管理措施，如定期调整旅游线路，使绿色旅游资源得以"休养生息"；定期推出不同特色的主题旅游活动，以不同特色的主题活动来调节旅游对环境的影响，展示环境的自我修复能力。

绿色旅游经营者和服务人员也应该具备高度的生态责任感和专业知识，确保在为游客提供服务的过程中，不仅能够满足游客的需求，还能够对游客进行有效的生态教育。例如，可以结合生态旅游景区的绿色旅游项目，或者是饭店提供的生态餐饮和住宿，以及旅行社制定的绿色旅游线路，来设计一些不同的参赛主题和比赛形式，激发游客的思考与学习的兴趣，强化绿色旅游者的参与动机，给旅游者留下深刻的印象，并从中有所获益。

第八章 我国旅游业绿色发展的保障措施

第一节 完善绿色旅游业的制度保障

要保证绿色旅游业的健康、顺利开展，保持其发展的可持续性，必须建立和完善一系列保障措施。

一、建立和完善有关绿色旅游资源的管理制度

（一）明确旅游资源的国家所有权

在旅游业的发展中，资源产权制度的建立和完善是对资源利用最优化的必要条件。我国的旅游资源在很长的时间段内都存在一种资源权属不明、产权关系模糊和对资源的无偿占用的状况。为了解决这一问题，强化资源和资产管理是关键，这也意味着需要明确政府在资源管理中的职能和角色。

国际上普遍采用的资源管理模式是坚持旅游资源归国家所有，但将其开发经营权与资源所有权相剥离，从而引入企业参与资源的开发与经营。相比之下，我国在很多旅游景区，尤其是著名的风景区，其资源的开发和经营模式仍然是传统的国家所有且政府经营的方式。

我国的旅游资源按照其特性与性质被不同的政府部门管理。例如，风景名胜区由建设部门管理，森林公园受林业部门管辖，自然保护区归环保部门，文物保护区由文化部门管理，而地质公园则由国土资源部门负责。这种分散的管理模式原本是出于对政府职能的考量，更好地规划、保护与监督。但随着旅游业的快速增长，这些资源的经济价值也在上升。因此，负责这些资源的各部门逐渐转型为景区的开发、建设和经营主体，从而回到了改革开放前的国有、国营模式。

这种模式的弊端在旅游业的持续发展和国家改革政策的深化中逐渐显现出来。部门间的资源管理分割和部门的垄断体制严重制约了旅游资源的开发建设速度，也阻碍了旅游产业和地方经济的发展。更为重要的是，这种模式还对资源的保护和生态环境建设的资金投入产生了不利影响。因此，为了确保旅游资源的合理开发和有效保护，明确旅游资源的国家所有权并建立与之相适应的资源产权制度至关重要。在这个过程中，政府的职能应被进一步明确和加强，确保其在资源管理中起到应有的作用，从而实现旅游资源的最优利用和长远发展。

（二）实施"两权分离"，完善代理制度

1.两权分离的含义

两权分离原则涉及将所有权与经营权进行分开管理。在此模式下，尽管旅游资源归国家所有，并且强调其严格的保护和持续的使用，但在特定的旅游景区，经过政府的统一规划或审批后，开发和经营权被独立出来。政府与投资方签署协议，授权其在法定时限内（通常为30到50年）享有开发、建设、经营和收益的权利。该原则的核心理念是"资源归国家所有、由政府进行监管、而企业负责实际的经营"。与此同时，引入了对企业收取资源使用费、资源消耗补偿费和资源税的制度。采用这种管理模式有助于旅游资源的高效配置和使用，并为旅游品牌的建设引入充裕的资金和现代的管理方法。

2.完善代理制度

绿色旅游资源在我国是归国家所有。为了维护和实施这些资源的所有权，国家需指定一个代理来维护其权益。当代理的利益与国家的利益一致时，这些权益得以最佳保障。现阶段，国务院委托各级部门和地方政府对旅游资源实施层次化管理。但是，这一模式经常导致管理层级复杂，各方在责任上容易存在模糊地带。为此，需要对代理机制进行完善，精简管理层级，并让责任更加明确。这意味着产权的实际拥有者应对其产权的行为及其结果承担所有的责任。对于国家级的森林旅游资源，国务院应作为其法定代表，而主管部门则成为这些资源的产权代理。这些代理应直接授权景区管理机构来进行管理，而不涉及地方政府，从而避免了多重管理的问题。对于地方的旅游资源，地方政府应作为其法定代表，由地方政府的行政部门作为资源产权代理，并授权或委托给景区管理机构或其他经营者进行管理。

3.正确处理利益分配

旅游资源产权的归属常常分散于国家、地方和各政府部门之间。这种多元的权益结构容易导致旅游资源开发者在追求经济利润的过程中忽略资源的公共属性和持续性利用，而更多地偏向于追求短期、掠夺性的利润。这种对资源的无度开发和保护不力会引发社会和个体利益的严重偏离，使旅游资源遭受不可逆的损害，且其产生的环境代价需要全社会来承担。

因此，在绿色旅游开发中，旅游资源利益分配的处理显得尤为重要。为确保资源的长期价值和公共属性，资源产权应被明确界定，其中财产所有权为国家或集体所拥有，而与资源开发及经营相关的其他权利则交由具体的开发经营主体来管理和支配。在这种框架下，资源的所有者可以从旅游活动的经济收益中获取适当的回报，确保国有资产不被转移或流失。旅游开发经营主体根据与风险成正比的收益法则进行运作，使其在追求经济利益的同时，承担起对资源长期价值的维护成本。这种机制也能确保当地社区居民从绿色旅游中直接受益。

旅游资源利益要做到正确分配，不仅仅是经济上的回报，更是资源的持续利用、生态保护和社会公众利益的实现。当每一方都在旅游活动中获得适当的回报，个人的利益与国家、社会和公众利益之间就可以达到和谐的统一。这种和谐不仅仅是当前的，还考虑到了未来的后代之间的共同利益，这也是绿色旅游的核心初衷和目标。这种方法确保了旅游资源为当前经济发展带来贡献的同时，为后代留下了宝贵的、完好的自然遗产。

（三）完善特许经营制度

在我国旅游资源的管理与开发中，特许经营制度已逐渐成为规范化、科学化经营的关键途径。该制度不仅体现了资源的有偿使用原则，而且为资源开发与保护创造了良性循环。无论是小型项目的企业经营还是景区旅游资源的整体经营权转让，大都伴随着资源风险，尤其是当经营权全权转让或与合作伙伴共同经营时，这些风险可能会被放大。为应对此类问题，特许经营制度的完善显得至关重要。

政府作为特许经营的主要授权方，需要明确其授权的界限和期望，确保资源的长期和可持续利用。通过向企业授予责任、义务和权利，并设定清晰的社会、环境和经济指标，企业将被要求满足各种标准以获得特许经营权。政府的定期评估将成为判断其绩效的关键，只有那些达标的经营者才能继续享有特许经营权，而不达标者则面临失去经营权的风险。

为确保特许经营权的公正和透明性，其应通过公开市场手段获得。在此过程中，从保护措施、服务价格、历史业绩、融资能力到特许费等各个方面，都需进行细致的审核和比较。通过选择最佳提案并公示，这种机制可以确保公共资源得到合理利用，并为企业创造经济效益，从而实现双方共赢。

在特许经营制度下，政府仍需强化其在旅游规划与资源监督管理中的权威。尽管某些地区的旅游资源经过转让后可能陷入缺乏资金和权力的困境，但管理机构仍需承担规划和监督职能。在确保旅游资源的持续收益后，政府必须进一步明确其在市场中的角色，即仅是经营权，而非资源主体。这意味着资源的所有者不仅需要掌握资源的所有权、使用权和管理权，更为关键的是享有收益权。特许经营所产生的费用，无论是通过转让费还是入股形式，都必须确保资源得到妥善保护，以支持旅游景区的管理和规划。为了维护所有者的权益并确保资源和环境的长期健康，还需建立对景区资源和环境破坏责任追究的制度，对不符合规划的开发行为施以法律制裁。

二、建立为绿色旅游业提供服务的中介机制

在绿色旅游业中，建立中介机制对其发展具有至关重要的作用。中介组织，作为独特的社会实体，位于政府与企业、政府与社会以及政府与市场的交叉点。这种特殊的地位使其在多个方面具有不可或缺的作用。

第一，中介组织与政府及其职能部门保持紧密联系，使其熟知与理解相关的政策、法规和大量信息。同时与企业、社会和市场等多个利益主体保持紧密的交往，确保其在沟通与协调中扮演关键角色。这种沟通与协调功能为不同的利益主体创造了一个桥梁，促进了它们之间的交流和合作。

第二，中介组织提供了广泛的社会服务。中介组织为政府的宏观决策提供信息咨询，协助决策者更加明智地制定政策。而对于经济主体、法人和公民，中介组织提供了关于政策、经济、法律和信息的多方面咨询，助力他们在市场中更好地定位自己，促进社会资源在市场机制下的优化配置，确保在获得最佳效益的同时，各方都能受益。市场经济要求不仅有明确的法律和规则，还需要确保这些法律和规则得到恰当的执行。中介组织在市场活动中的参与，与政府共同监督和管理市场，保障社会经济秩序的正常运行。此外，中介组织在行业自律和规范经营方面也产生了深远的社会影响，有助于提高整个行业的水平和声誉。公证和鉴定作为中介组织的另一项核心职能，确保了利益主体的权益得到公正、客观和权威的确认和保障。当争议或疑问出现时，中介组织出具的公证鉴定证明为所有相关方提供了决策的基础，确保了和谐的社会环境得到维护。

三、健全绿色旅游业的评价机制

（一）健全环境影响评价制度

环境影响评价体系是确保旅游开发活动与环境可持续性相协调的关键机制。该制度强调，当预计某个旅游项目可能对环境产生影响时，应在项目规划和执行之前进行细致的环境影响研究和评估。不仅要研究潜在的环境效应，还需要提出针对预防和治理环境问题的策略，并据此制定相关的执行计划。计划完全后需要提交给环保管理机构，由其决定是否批准相关的开发和建设。评估过程中应特别关注旅游活动对环境承载力的潜在影响，并确保对环境的影响不超过规定的上限。更重要的是，鼓励公众参与这一评价过程，为他们提供表达关切和意见的渠道，如公开的听证会或直接投票机制，进而提高决策的透明度和公众的信任度[①]。目前，尽管环境影响评价体系在多个方面已经发挥了作用，但仍存在某些不足之处，有待于进一步强化和完善。

（二）以征收税费等形式建立旅游资源有偿使用制度

在旅游资源的管理与利用中，考虑到环境的价值和可持续性发展的需求，建立有偿使用制度是至关重要的。其中，环境税作为一种经济策略，致力于将环境污染和生态破坏的社会成本纳入生产和市场定价中，从而通过市场机制达到资源优化配置的效果。环境税这一概念自20世纪末开始受到税收学界的关注。虽然尚无广泛接受的定义，但其主要意图为内化环境的社会成本并通过税务机制分配环境资源[②]。例如，部分发达国家已经实施了对二氧化硫、水污染、噪声和固体废物等污染行为的税收。

除环境税外，收取环境费也是另一个关键手段。在某些国家的税收制度不够完善的情境下，通过征收环境费能够对开发和利用环境资源

---

① 张昕 . 黑龙江省生态旅游资源合理配置 [D]. 哈尔滨：东北农业大学，2005：31.
② 张昕 . 黑龙江省生态旅游资源合理配置 [D]. 哈尔滨：东北农业大学，2005：28.

的实体实施货币补偿，此补偿与其对环境资源的利用规模及对环境的供需关系有关。具体来说，这种补偿主要分为两种形式，即对自然资源开发和利用的资源补偿费，以及因排放污染物而支付的排污费。其中涉及"污染者付费原则"和"污染者与使用者支付原则"，强调污染者需要为其造成的环境影响承担经济责任。为了使这一制度更加完善，除了需要扩大补偿费的征收范围和调整收费标准，还需要加强对其征收工作的管理，确保有效收取相关资金。

市场经济背景下，经济利益和竞争成为推动社会发展的主要动力。在这样的环境中，有必要提高环境资源的利用效率，确保符合社会公众对环境保护的期望。这就要求人们摒弃"环境资源无价值"的传统观念，坚守环境资源具有价值且需要有偿使用的原则。运用价格、税收和费用等经济手段，可以有效地促进对自然资源的节约和综合利用，同时也能激励对旅游资源有益的行为并遏制有害活动。这样的策略不仅有助于资源的有效利用，还有助于保障环境和旅游资源的可持续性。

（三）建立旅游环境审计标志制度

旅游环境审计制度重视从旅游景区的选址、开发、建设，到经营流程、旅游产品制造与推广，以及旅游产生的废弃物处理与回收等全周期内的环境管理与监测。这个制度采取了量化的评估手段，确保绿色旅游项目从其初步开发、规划、设计到实施阶段在内的整个生命周期都得到周密考量，从而预防对旅游环境的污染和资源的不当利用。经过严格的审计评估并达到标准的项目或景区将获得相应的环境认证标识。这不仅为我国旅游资源的可持续性开发提供了保障，而且推动了绿色旅游行业在我国的健康和规范发展。

（四）科学评估环境承载力，实现绿色旅游

生态旅游环境承载力了一个生态旅游区域内生态系统能够容纳的最大旅游活动量。这一量化的指标不仅体现了自然环境的容忍度，还涵盖了社会、文化和经济领域的容忍水平。为了确保绿色旅游的可持续性，尊重

这些承载力的边界显得至关重要。在对旅游资源的开发中，不能只追求短期经济效益。实际上，综合性的可行性研究应在开发前进行，该研究将对经济、社会和环境利益进行综合评估。这样的评估应深入探讨各种潜在的收益与代价，为此需建立一套完整的评估指标体系和方法。正确认识旅游资源的非再生性及生态环境的易受损性是至关重要的。因此在绿色旅游开发活动中，法律、经济和行政手段都应用于规范相关活动，以确保资源的合理利用和持续性。绿色旅游不仅是对自然环境的参与和体验，更是对文化、历史和社会价值观的尊重和体验。因此，在实施绿色旅游资源开发时，必须结合生态旅游学的原则，有策略地创建一个各具特色、可持续的绿色旅游网络。此网络将涵盖从崭新的自然景观到古老的文化遗迹，从人与自然的和谐共处到地方社区的文化交流，为游客提供一个既丰富又可持续的旅游体验，确保当地社区的利益得到维护和提高。

四、建立绿色旅游行业准入和认证制度

（一）绿色旅游行业准入制度

绿色旅游业，作为一个富有挑战性且关系到可持续性的领域，正面临越来越多的关注，特别是在其对环境的影响和对生态的保护上。确保其开发者和运营者都有足够的环境保护意识与实践能力是至关重要的。为此，建立一个严格的绿色旅游行业准入机制是不可或缺的。这意味着不仅要对开发的方式、对象、时机、范围和工具设定一系列限制，更要对那些想要进入这一行业的实体设定明确的标准和要求。

国家应当在政策和法规中明确规定绿色旅游资源开发的申请和审批标准，无论是从实质性的条件还是程序性的条件。此外，确保只有具备特定资质的旅游开发者参与相应规模的绿色旅游项目开发是另一个关键步骤。这要求相关部门对开发者的资质进行定期的审查和评估，并对绿色旅游业的从业人员设定资格考试标准，以确保他们都有相应的环境保护知识和技能。

与此同时，推广绿色旅游认证制度是向公众保证绿色旅游活动的可持续性的有效手段。只有经过严格审查并符合特定标准的组织和实体，才能被授权为合格的绿色旅游组织者。回顾近年来的进展，如国家环保总局（现中华人民共和国生态环境部）与"绿色环球 21"签署的合作协议，可以看到我国已经在绿色旅游认证方面取得了一些进展。然而，为了确保这一制度的有效性，还需要进一步制定具有适用性的绿色旅游认证标准，并确保相关认证机构的规范性。通过这种公正、透明和公开的绿色旅游认证方式，确保旅游业在维护生态平衡的同时，也能提供高质量的旅游体验①。这不仅有助于相关部门对绿色旅游的监管，也使得公众能够有效地对绿色旅游的环保行为进行监督，从而促进整个绿色旅游产业的健康、有序发展。

（二）绿色旅游认证制度

认证是指用一系列标准审查、衡量和评估企业、产品或服务的一种程序，符合标准的就可以获得奖励或者标志。认证是市场行为，为市场服务的。

1.国际绿色旅游认证

为鼓励并监督绿色旅游地区在环境保护方面的努力，确保绿色旅游的长期可行性，全球各国已广泛采纳了"绿色旅游认证"制度。这些认证机制，如"绿色环球 21"、澳大利亚的全国生态认证项目、哥斯达黎加的"新钥匙指南"、爱沙尼亚的"自然之路"等，都旨在为绿色旅游的稳健进展提供支持。欧洲的"VISIT"与其他十家欧洲绿色认证机构合作，共同制定了绿色旅游认证的基本标准和流程。澳大利亚生态旅游协会与澳大利亚可持续旅游研究中心整合了多种绿色旅游标准，提出的"国际生态旅游标准"草案已得到国际社区的广泛接受。在旅游业高度发达的澳大利亚，约有 250 个旅游区已获得绿色旅游认证，且这一数字正

---

① 曹景丽 . 我国生态旅游环境保护法律问题研究 [D]. 北京：中国政法大学，2008：42.

以年均 15% 至 20% 的速度增长。

2.我国开展绿色旅游认证制度的意义

2002 年被联合国定为"生态旅游年"，在这一背景下，绿色旅游认证逐渐受到国际的广泛关注，对绿色旅游认证的申请数量显著增长。尽管如此，中国在此领域的探索仍处于初级阶段，以四川王朗国家级自然保护区为例，它是我国首个申请绿色旅游认证的地区。随着中国正式成为世界贸易组织的成员国，国际合作的开展在世贸组织的框架下进行，这也意味着我国的旅游业与全球旅游业发展趋势紧密结合，公平地参与国际竞争。

在这样的大背景下，推进绿色旅游认证对我国绿色旅游的经营、管理和整体发展具有至关重要的作用。这种认证制度为旅游经营者提供了一个明确的标准，指导他们更好地规划和发展自然或绿色旅游项目。它不仅为经营者提供了一个实施可持续发展的方向，还为他们提供了一个持续提高服务、达到最佳经营标准的机会。这种认证还为经营者提供了一个在市场营销材料中使用的公认标志，这有助于提高其在市场中的竞争力。

对于保护区的管理者和消费者来说，绿色旅游认证是一个识别真正的自然和绿色旅游经营者的有效方式。它可以作为一个工具，促使经营者不断提高服务质量，减少对环境的压力。同时，这种认证也有助于当地社区最大化其利益，最小化负面影响，为他们提供了一个综合的旅游活动工具。绿色旅游认证还可以作为一个基本的环境教育和信息交流与传播工具，为世界所公认的通行证，进一步提高我国在国际旅游市场中的地位和影响力。

五、规范绿色旅游发展规划

旅游规划涉及运用经济和技术策略，对旅游区的各种资源进行优化配置，旨在确立区域旅游的经济发展目标，并在旅游经济增长与生态环境保护之间找到平衡。这种规划可以分为两大领域，即旅游资源的开发与应用，以及旅游的环境保护。在旅游资源的开发与应用方面，规划重点是根据游客的需求进行旅游资源的空间布局，并注重旅游资源的吸引力和投资回报。而在旅游的环境保护方面，基于对旅游区生态环境的现状分析，采纳环境影响评估的结果，提出旅游区的环境保护措施、污染控制和生态建设策略，以确保旅游资源的可持续性和长期保护。这也为旅游区的环境管理提供了指导。旅游规划制度涵盖了在旅游规划过程中应当遵循的基本原则、策略和流程。执行这一制度有助于确保旅游资源的合理开发，进而实现旅游资源的经济、社会文化和生态价值之间的融合。

（一）制定国家和地方的绿色旅游发展规划

政府相关机构应针对宏观策略进行深入细化，确保其能够明确指导绿色旅游的各方参与者。例如，美国早在1994年便开始着手绿色旅游的策略制定，并在联邦及州级层面出台了旨在支持绿色旅游可持续发展的策略，以满足游客对绿色旅游不断增长的需要。以夏威夷为例，其可持续发展策略研究涉及三大核心领域，即基础设施与环境融合、经济与环境的互动研究，以及收益与社会文化的探讨。

在我国，制定绿色旅游策略时应综合考虑国民经济的发展方向、各个自然保护区的特点，目标是促进绿色经济的增长、维护当地环境并提高当地社区的生活品质。这些策略应以保护环境为首要任务，并鼓励公众积极参与。地方性的绿色旅游策略应以国家级策略为基础，结合当地的环境保护实践和社会发展需求，制定出适应当地特色的策略，其中应包括环境资源现状、基础建设、旅游业的发展路径及利益分配机制等内容。

（二）明确旅游规划的制定主体和程序，强调旅游规划的约束力

绿色旅游规划的制定涉及多方主体，其中包括规划的制定者、执行者和审批者。为确保规划的有效性和公正性，这三个主体应保持独立性并明确各自的权责。规划的制定通常由专家学者、政府官员、非政府组织及社区代表组成的专门机构来完成。在这一过程中，专家学者起到核心作用，他们的专业背景涵盖了法学、生态学、园林学、环境科学、社

会学、地理学、美学、建筑学、管理学等多个领域，以确保规划的全面性和科学性。

规划的执行涉及绿色旅游的开发、建设、经营和管理等环节，其内容应在绿色旅游发展的整个过程中得到严格执行。规划的审批则由规划执行机构的上级部门负责，同时对规划的执行情况进行监督。

绿色旅游规划在获得批准后应具有法律约束力。这意味着，一旦规划被正式批准，其内容不得随意更改。如有必要进行修改，应遵循严格的决策、审批和公示程序。任何违反规划的行为都应被视为违法行为，并要承担相应的法律责任。这种法律效应不仅确保了规划的严肃性和权威性，还为绿色旅游的健康、可持续发展提供了坚实的法律保障。

（三）绿色旅游规划的内容要注重科学性，重视本土资源与文化

绿色旅游的规划不仅需要科学地评估环境的承载能力，而且还要超越简单的访客数量限制，进一步分析环境的变化程度。这涉及对旅游目的地的生态特性、游客的行为模式、旅游模式和季节性等因素的综合考虑。要准确评估生态承载力，必须结合系统理论和生态学的方法，科学地测量某个旅游区的生态和社会系统的承载极限，同时考虑到这个区域的生态系统能够承受游客、旅游从业人员和当地居民的使用压力。此外，绿色旅游规划还需要对旅游资源进行分类。根据不同的需求和条件，为绿色旅游资源的不同部分制定灵活多样的规划，这是确保资源保护与旅游业持续发展的关键。对高度自然化的地区进行功能分区可以有效地保护其生态环境。

在我国，可以根据生态旅游景区内的动植物分布情况采用分区制度。这意味着要设定特定的区域，如核心保护区、缓冲区和观光游览区，并针对不同区域内的生态资源实施相应的保护措施。另外，考虑到部分动植物是重点保护对象，应根据它们的生活习性，区分出关键保护阶段和一般保护阶段，确保在这些不同阶段为它们提供合适的保护。为了更好地发展和管理这些生态旅游区，还需要深入研究和规划。可以借鉴国外的先进经验，如美国将生态学原理融入景区设计中，并全面考虑地域文

化、人文背景、历史、地理位置、气候和环境等多种因素。优先选择当地的资源，展现该地区的独特魅力，确保人与自然、人与建筑及人与动植物之间的和谐关系。这些举措将生态学原理贯彻于整个旅游产品中，让游客能够深刻体验大自然的真实美感。

第二节　完善绿色旅游业的经济保障

生态环境产业是一种全方位的生态系统工程，力求在生物、环境、人口、资源和产业之间建立和维持协调、平衡且可持续发展的关系。这种工程遵循生态原则，从宏观层面到微观层面都涉及生态保护和建设的各个方面。为了有效地组织和管理这一产业的建设和发展，需要一个合理的制度设计和运行机制，这通常是通过政府的策略和机构安排来实现的。

政府应该支持和培养那些在生态领域拥有比较优势的企业，帮助它们扩大规模、增强实力，并努力使其成为行业的领军企业。同时，为了刺激生态环境产业的健康和有序发展，政府需要识别和优先考虑那些对当地生态建设具有关键影响的项目，加大资金和资源的投入。此外，吸引和利用社会资本、物质资源和资金，也是促进生态环境产业发展的重要策略。

一、加大绿色旅游业的财政支出

在当今的经济社会环境中，绿色旅游业已成为推动可持续发展的重要产业。然而，其健康、稳定和持续的发展需要得到政府的有力支持。特别是在财政支出方面，政府的角色显得尤为关键。为了确保绿色旅游业的长远发展，政府需要采取一系列积极的财政措施，确保该产业得到足够的资金支持。

绿色旅游业的发展不仅仅是为了追求经济效益，更重要的是为了实现社会、经济和环境的和谐发展。因此，政府的财政支出策略应当超越

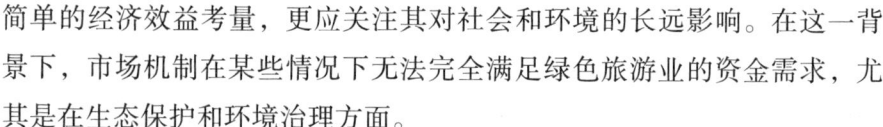

简单的经济效益考量，更应关注其对社会和环境的长远影响。在这一背景下，市场机制在某些情况下无法完全满足绿色旅游业的资金需求，尤其是在生态保护和环境治理方面。

为了使绿色旅游业的私人投资更加接近其社会效益，政府可以考虑采取一系列的财政激励措施。例如，为那些在生态保护和环境治理方面做出贡献的企业提供税收优惠或补贴。此外，政府还可以设立专项基金，用于支持绿色旅游业的研发和创新活动，以推动该产业的技术进步和升级。

除了上述措施，政府还可以加强与绿色旅游业的沟通和合作，了解其真实的资金需求和发展瓶颈，以制定更为合理和有效的财政支出策略。同时，可以加强对财政支出的监管和评估，确保资金得到有效使用，真正推动绿色旅游业的健康发展。

二、实现绿色旅游业的税收优惠

在当代经济发展的背景下，绿色旅游业作为一种可持续发展的产业模式，其重要性日益凸显。但与传统的产业投资相比，绿色旅游业的投资回报周期较长，短期内难以实现明显的经济效益。这种特性使得依赖市场机制自发调节的投资模式在绿色旅游业中可能并不适用。为了促进绿色旅游业的健康发展，国家可以通过制定相关政策，对市场资源配置进行干预，以诱发和增强投资者的参与意愿。

税收优惠作为一种经济政策工具，长期以来在各国的经济管理中都发挥着重要作用。对于绿色旅游业而言，税收优惠不仅可以为投资者提供经济激励，还可以为生态环境产业建设创造有利的外部环境。具体来说，税收优惠可以降低投资者的投资成本，提高其投资的吸引力，从而促进更多的资本流入绿色旅游业。税收优惠还可以鼓励企业采用更为环保的技术和工艺，减少污染物排放和资源损耗，从而实现生态和经济的双重效益[①]。

---

① 薛占海. 生态环境产业研究 [D]. 西安：西北大学，2008：12.

但仅仅依靠税收优惠还不足以实现绿色旅游业的长远发展。为了形成一个真正有利于环保和生态恢复的税收体系，还需要与其他税收政策，如环境污染税和资源税，进行有效的配合。例如，对于那些污染严重、资源消耗大的企业，可以通过提高其环境污染税和资源税的税率，使其承担更高的环境成本，从而鼓励其转向更为环保的生产模式。与此同时，对于那些在生态环境保护和恢复方面做出贡献的企业，可以给予其更多的税收优惠，以此来奖励其对生态环境的正面贡献。

三、完善绿色旅游业发展的投融资政策

绿色旅游业作为当代经济发展中的一种可持续产业模式，其在促进经济增长与保护生态环境之间建立了桥梁。为了确保这一产业的健康、稳定和长远发展，必须对其投融资政策进行完善。在这一背景下，构建一个多层次的绿色旅游业投融资体系显得尤为重要。

社会投资的规模和方向往往是决定生态环境产业市场发展趋势的关键因素。为了确保绿色旅游业的持续投资和健康发展，必须建立一种能够激励投资者参与的机制。这种机制应当实现环境投资的多元化和融资渠道的多样化。具体来说，这意味着需要吸引各种投资主体，包括政府、企业和社会资本，让它们参与到绿色旅游业的投资中来。

为了实现这一目标，可以考虑通过环境成本的内部化来调整投资者的行为。这意味着，投资者在决策时不仅要考虑到项目的经济效益，还要考虑到其对环境的影响。例如，可以通过征收环境污染处理费来鼓励企业采用更为环保的生产方式。这样，不仅可以确保投资项目的经济效益，还可以促进生态环境的保护和改善。

为了扩大绿色旅游业的资金来源，还需要建立一个以政府为引导、企业投融资为主体的机制。具体来说，政府可以通过提供税收优惠、财政补贴等方式，鼓励企业和社会资本投资绿色旅游业。同时，还可以考虑建立专门的绿色旅游投融资平台，为投资者提供信息、技术和资金支持，从而降低其投资风险。

四、建立环境资源补偿机制

在旅游业的开发中，除了传统的建设和管理成本，还伴随着一系列的社会环境成本。这些成本在企业化的经营模式下往往被忽视，因为尽管企业在某种程度上承担了环境资源的保护职责，但许多关键的环境保护措施，如野生生物的保护、退耕还林、文化遗产的维护和当地居民的重新安置等，仍然主要由政府来负责。而开发者所支付的特许经营费仅仅为其提供了经营权，却没有涵盖对环境资源损耗的补偿。

为了解决这一问题，可以建立一个环境资源补偿机制。具体来说，可以考虑引入环境资源补偿税作为补偿方式。这种税收的目的是确保开发者为其活动对环境资源造成的损耗支付相应的费用。这种税收可以设计为与旅游业的规模成正比，即随着旅游业的扩展，税收也相应增加。更具体地说，可以采用超量累进的税率制度，这意味着只有当旅游业达到一定的规模时，才开始征收此税。并且，可以将旅游业的规模分为不同的阶段，并为每个阶段设计相应的税率[1]。这样，当旅游业的规模扩大时，税率也会相应提高。建立这种机制的目的是鼓励开发者制定合理的旅游计划，主动控制旅游人数，以确保绿色旅游资源的可持续性。

第三节　完善绿色旅游业的法律保障

一、完善我国绿色旅游法律制度的建议

在我国的经济与环境保护背景下，绿色旅游的发展呈现出特定的现状和挑战。为了确保绿色旅游的健康、可持续发展，有必要深入了解我

---

[1] 李若凝. 我国森林旅游资源管理体制与政策研究 [D]. 北京：北京林业大学，2005：12.

国的法律环境，特别是与绿色旅游相关的法律制度，并从中汲取经验。考虑到绿色旅游在我国发展较晚，可以借鉴那些在绿色旅游领域发展较早的国家的经验，并从他们的法律制度中寻找可借鉴之处。这些国家在环境法制方面的经验对我国具有较强的参考价值。

通过对比研究，可以更好地理解各国在环境法律制度上的异同，并从中寻找适合我国国情的法律模式。这种比较研究的目的不仅是为了推动我国环境法的完善，更是为了促进国际环境法的统一，以实现全球范围内的环境保护和可持续发展。这种全球视野的法律制度建设是为了满足所有国家在环境保护方面的共同利益和政策目标。

考虑到我国旅游业的发展速度，以及国际组织对我国旅游业增长的预测，当前面临的挑战是如何在大规模的旅游资源开发中，确保生态环境的保护和可持续性。为此，需要在法律制度上给予绿色旅游足够的重视，确保旅游业的发展模式是可持续的，从而满足国内外游客的需求和期望。

二、完善我国绿色旅游立法体系

（一）建立、健全配套的法律、法规体系

在我国的环境资源保护法律框架中，除了基础法律，还有一系列配套的法律制度，如环境影响评价制度、三同时制度、排污收费制度和许可证制度等。这些制度在绿色旅游的开发和运营中都起到了重要的作用，确保了法律规定得到了有效的执行。但也必须认识到，现有的环境法律制度与绿色旅游的可持续发展策略之间仍存在差距。例如，现行制度中的排污收费标准相对较低，资源补偿费的征收范围相对较窄。

绿色旅游主要在自然保护区、风景名胜区和森林公园等地进行，涉及多种自然资源，如森林、草原、湿地和海洋等。因此，与这些资源相关的环保法律对绿色旅游的环境保护也具有关键作用。目前，我国已有《风景名胜区管理暂行条例》《中华人民共和国自然保护区条例》《中华人民共和国文物保护法》《中华人民共和国森林法》和《中华人民共和国草

原法》等相关法律。但这些法律的完善程度和层次各不相同，需要在系统层面进行整合和梳理。对于那些不适应市场经济和绿色旅游业发展需求的法律和法规，应当进行修订和完善①。鉴于每种绿色旅游资源都有其独特性，不能简单地对其进行统一规定。应在各种资源法中加入针对各种资源的绿色旅游管理和保护制度，从而进一步完善我国的绿色旅游环境保护法律体系。

（四）重视制定生态旅游业发展规划

为了明确和指导我国绿色旅游业的未来方向，编制绿色旅游业发展规划显得尤为重要。这不仅关乎我国绿色经济的发展，更与构建和谐社会和加速现代化进程息息相关。为确保绿色旅游业的健康和可持续发展，我国应当起草全国范围的绿色旅游业发展规划或相关的指导文件。

三、建立绩效评估制度，严格追究违法、违规责任

（一）建立政府绩效评估制度

为了确保绿色旅游资源的持续保护，政府应将其作为绩效评估的核心指标，从而促进政府更加注重环境保护。这需要建立一个科学、合理的绩效评估体系，并进一步明确行政责任，强化政府的问责机制。此外，环保问责制和环保一票否决制的建设也应得到加强。政府在制定执政目标时，除了关注经济增长、提高就业率和完善社会保障等方面，更应重视环境保护和人类生存空间的优化。

（二）强化罚则规定，实施有效惩治

为确保法律的实施效果，关键在于其执行的严格性以及对违法行为的有效惩处。在绿色旅游领域，国家相关部门、旅游经营实体以及游

---

① 曹景丽. 我国生态旅游环境保护法律问题研究 [D]. 北京：中国政法大学，2008：15.

客都是环境保护的关键参与者。相关部门在修订法律时应明确这些参与者的权益、职责以及法律责任，并通过设定相应的罚则来确保法律的执行[①]。一旦这些参与者的行为超出法律规定的界限，违反了绿色旅游环境保护的相关法规，导致环境受损，就应当承担法律责任。过去，我国的法律并未设定明确的责任和罚则，导致法律的威慑作用受限，出现了法律存在但未被严格执行的情况。因此，为了确保绿色旅游环境的长期保护，必须在相关法律中明确违法行为的法律后果和处罚力度，确保违法行为受到应有的制裁。

第四节 完善政府监管体系

从经济学的视角看，环境资源是那些不完全属于个体所有或不完全受到传统市场机制调控的自然生态系统。随着经济进步，这些资源逐渐被视为经济活动中的关键要素。同时，随着环境问题的加剧，人们更加意识到这些资源的有限性。但由于这些资源的共有特性和环境变化的滞后效应，私有市场往往不能充分体现其真实价值和紧迫性。为确保这些资源的长期和可持续使用，政府的介入和管理变得尤为关键。

一、健全管理机构的设置

（一）建立专门的绿色旅游主管部门

为了适应市场经济和可持续发展的要求，我国应考虑建立一个专门负责绿色旅游的管理机构。尽管由于历史背景，我国的自然资源管理体系涉及多个部门和层级，但为了更有效地保护环境并提升地区的生活品

---

① 曹景丽 . 我国生态旅游环境保护法律问题研究 [D]. 北京：中国政法大学，2008：26.

质，可以成立一个专门的绿色旅游管理部门。这个部门的核心职责应该是环境保护和提高当地居民的生活水平[①]。作为绿色旅游发展的核心管理机构，该部门不仅需要对绿色旅游进行全面管理和承担相应责任，还应成为各相关部门之间的主要协调和沟通桥梁。绿色旅游涉及多个领域，因此其管理策略应该是一个综合性的体系，结合主管部门、相关职能部门、专职和兼职人员，共同构建一个绿色旅游监管网络。为了确保绿色旅游的健康发展，这个专门的管理部门应该与领导和专家紧密合作，对生态资源和环境问题进行深入的研究和分析，并根据实际情况制定相应的策略和措施。

（二）设立相对独立的监督机构和机制

为了确保对绿色旅游资源的有效管理，除了行政管理机构，还应考虑建立一个相对独立的监督体系。建议各级政府成立专门的旅游资源监督委员会，加强对旅游资源利用的监控。为了确保监督机构的权威性和独立性，应通过法律手段明确其职责和权力。这包括根据法律授权，正确行使行政处罚权。监督机构还应负责评估政府管理部门的工作成果，确保其行为与社会福利最大化的目标相一致，从而实现对政府主管部门的有力监督。为了进一步提高管理的透明度和公正性，建议引入各种制度，如公开听证会和公众参与的资源管理机制，以预防政府管理中可能出现的不当行为。

（三）优化绿色旅游管理职权结构

为了更高效地管理绿色旅游，要明确政府与企业的职责划分。绿色旅游管理部门应主要负责与绿色旅游相关的公共事务，如自然保护、规范旅游经营者行为及协调社区居民的利益。而涉及绿色旅游的开发、经营和市场运营等方面，应交由市场主体按照市场机制来操作。政府的应更多地体现在前期的规划及后续对市场行为的法律监督和规范。这种政

---

① 张晋宁.浅谈生态旅游的法律保障 [J].中国科技财富，2008（4）：118.

府与企业分开的管理模式，既确保了环境的保护，又促进了绿色旅游的健康发展，从而推动地方经济和社会进步。这种模式在实际操作中被证实是行之有效的。

二、合理发挥政府监管职能

（一）政府职能发挥的合理定位

在我国社会主义市场经济体制下，政府的角色和职能呈现出独特的双重性。一方面，政府需要弥补市场调节的不完善之处，确保市场经济的健康运行；另一方面，政府还承担着国有资产所有者的代表职能，这在某种程度上可能导致职能的冲突和重叠。为了更好地发挥政府在旅游资源开发利用中的作用，有必要对政府的职能进行重新定位。

在旅游资源的开发与利用中，政府的核心职能应是确保市场的公平与效率，而非直接参与市场的竞争。这意味着，政府需要剥离国有资产所有者的代表职能，将其交由专门的机构来承担。这样，政府可以更加专注于其本职工作，即通过制定和实施相关政策，弥补市场的不足，促进旅游资源的合理开发与利用。

政府在旅游资源经营的管理中，不仅可以通过直接的法规和政策来规范市场行为，还可以运用税收、补贴和价格策略等手段，引导市场向有利于生态和社会的方向发展。这种策略性的管理方式，既可以确保旅游资源的可持续利用，又可以激发市场的活力，促进旅游业的健康发展。

（二）完善政府监管方式

政府监管在旅游资源的有效配置中起到了关键作用。在市场经济背景下，由于开发者往往追求最大化的经济利益，这种行为可能导致旅游资源的过度开发和消耗。为了确保旅游资源的可持续利用并实现资源的有序开发，政府的干预成为必要手段。这种干预主要是通过制定和实施各种法律、法规等行政手段，以及采取经济手段，如征收污染税或提供产权界定等，对不规范的行为进行干预。这样，旅游开发经营管理者和消费者将被迫承担相应的社会成本，从而解决市场在旅游资源有效配置方面的失灵问题。

政府监管方式可以细分为直接监管和间接监管。直接监管主要包括经济性监管和社会性监管。经济性监管旨在消除过度竞争的弊端，对森林旅游资源的门票收费、利益分配、进入和退出等进行明确规定。社会性监管则是为了防止经济效应不足，提高资源质量和环保等活动制定一定的标准。这两种监管方式都是为了确保旅游资源的合理利用和保护。

间接监管则更加注重维护市场经济的基本框架，尊重经济主体的自主决策。它主要针对那些可能阻碍市场经济机制发挥职能、在实际中可能产生弊端的行为进行监管。这种监管的内容主要包括处理信息不对称的问题，以及依据反垄断法、商法、民法等法律对企业的垄断行为和不公正竞争手段进行限制。其核心目的是确保市场经济的顺利运行，防止市场失灵。

（三）设置目标体系完善的监管层次结构

监管的核心在于建立一个科学、明确且具体的目标体系，这为经营单位提供了清晰的组织目标或使命，从而有利于目标的顺利实现。监管结构应具有多层次性，包括国家和地方两个层面。监管内容也应多元化，涵盖总目标、经济目标、资源与环境质量目标及技术目标。总目标主要解决的是资源保护与旅游开发之间可能存在的矛盾，其核心是推动绿色旅游资源与旅游业朝着可持续发展的方向前进。这种可持续性不仅仅是一个静态的概念，而是一个涉及经济、资源、环境质量和技术各个方面协调发展的动态过程。经济监管关注的是如何在提高资源质量的同时，确保经济效益的最大化。技术监管则着眼于如何利用先进的技术手段来提高资源质量，确保资源的有效开发和利用[①]。这三个方面的监管目标相

---

① 李若凝.森林旅游资源保护与管理对策研究[J].林业经济问题，2005（1）：21-24.

辅相成，确保绿色旅游资源的有效开发与利用，实现可持续发展。

（四）完善监管手段，实现数字化管理

数字化管理指利用先进的技术手段，如计算机、通信、网络和人工智能，对管理对象和行为进行量化，从而全面优化管理活动和方法。在当前的环境下，数字化管理的优势主要体现在以下几点：首先，它能够提升信息的整合能力；其次，确保信息更新的及时性和连续性；最后，构建了一个分层的财务管理体系。对于绿色旅游行业，引进数字化管理不仅为企业在竞争中获得优势，还为政府监管提供了强大的支持①。

数字化管理的特点，如实时更新和信息共享，为政府监管带来了新的可能性。实时更新能够帮助监管机构迅速发现并处理绿色旅游资源开发中的问题，而信息共享则增强了管理的透明度，使得各个政府部门都能够迅速获取最新的数据报告。特别是对于国家直接管理的旅游区域，政府可以更为精确地追踪资金流动，确保资金的高效使用。

（五）完善绿色旅游项目的审批监测制度

为确保绿色旅游的可持续性和环境的健康，建立完善的绿色旅游项目审批监测制度至关重要。这一制度应涵盖绿色旅游开发的全过程，从项目选址、设计、规划到实施，再到经营和废物处理，确保每一个环节都在严格的监控之下②。从环境的角度出发，制度要求对每一个开发步骤进行详细的审查，确保其对环境的影响最小化。

定期的检查和评估是确保绿色旅游资源健康状态的关键。这不仅可以及时发现并制止任何可能对环境造成污染或破坏生物多样性的行为，还可以评估监测控制措施的有效性。这种审查和监测机制有助于预防对旅游环境和资源的潜在危害，从而确保我国绿色旅游的持续、健康和有序发展。

---

① 李若凝.我国森林旅游资源管理体制与政策研究 [D].北京：北京林业大学，2005：6.
② 曹景丽.我国生态旅游环境保护法律问题研究 [D].北京：中国政法大学，2008：26.

（六）实施绿色旅游业环境认证制度

在绿色旅游领域，环境监测和认证制度的建立与完善显得尤为重要。许多国家已经在其法律体系中明确规定，为了准确掌握自然环境的变化，必须进行定期或不定期的全面环境评估。尽管绿色旅游的核心目标是保护环境，但人类活动对绿色旅游资源的影响是难以完全避免的。因此，定期的环境监测成了确保环境不受长期或不可恢复损害的关键措施。

第五节　加强绿色旅游业相关人员管理

一、提高旅游从业人员素质

（一）建立绿色旅游从业人员的培训体系

在绿色旅游领域，专业化的需求使得对从业人员的培训体系建设变得至关重要。这一培训体系可以分为三个主要层面进行考量。

首先是对经营管理层人员的培训。这一层次的培训旨在强化经营者对资源保护的认识，通过多种教育手段和媒体进行深入宣传，让他们深刻理解，一旦旅游资源遭受不可逆的损害，旅游业可能会面临严重的后果。这样的培训有助于培养他们主动保护旅游资源及环境的意识。其次是对基层工作人员的培训。这包括对生态旅游区的标准要求和绿色旅游企业的操作规范的教授[①]。这种培训可以通过学校教育或企业的内部培训来完成。最后，对导游的培训是至关重要的，因为导游的行为和言辞直接影响到游客的体验。高质量的导游服务不仅能够提升游客的满意度，还能够在实践中传递生态保护的理念。

---

① 　董海山，欧阳峰.自然保护区开展生态旅游的现状与保障措施[J].西北林学院学报，2006（5）：184-186.

（二）加强对旅游开发者和经营者的教育

在绿色旅游领域，对旅游开发者和经营者的教育和培训是至关重要的。这不仅是为了提高他们的专业能力，更是为了让他们深刻理解旅游资源和环境的双重价值。旅游资源和环境既是为人类提供服务的宝贵资产，也是具有其固有权利和不可再生特性的自然存在。开发旅游资源时，必须在确保其可持续性的前提下进行，确保不损害环境的容量和资源的再生能力。同时，开发者和经营者都应认识到，旅游的价值不仅仅是经济上的。旅游资源和环境还具有审美、文化、教育、科研和心灵陶冶等多重精神价值①。这些价值在维护生态平衡、促进人与自然和谐共生中都发挥着不可替代的作用。旅游经营者在追求经济效益的同时，应重视和突出旅游的这些非经济价值，确保旅游业的生态效益、经济效益和社会效益三者之间达到和谐统一。这样，旅游业不仅能为人们带来物质上的满足，还能为他们提供精神上的滋养和启示。

二、加强对旅游者的教育

绿色旅游业，作为一种以人为中心的服务行业，强调在旅游活动中优先考虑可持续发展的原则。这意味着，无论是旅游开发者、经营者还是游客，都需要树立和践行高度的绿色道德观念。教育和宣传在推动绿色旅游业的可持续发展中起到了关键的作用。旅游从业者和游客的环境观念和生态意识，不仅影响着他们提供或体验的服务质量，还决定了他们在旅游活动中的行为选择②。因此，为了确保绿色旅游的健康和持续发展，应该加强对绿色旅游可持续发展理念的宣传和教育。在绿色旅游的各个环节，都应该向旅游开发者、经营者和游客积极传播和推广生态道德的重要性。

① 吴易明，李希萍.生态旅游与旅游业可持续发展刍议 [C].北京：中国科学技术出版社，2004：27-35.
② 吴易明.中国生态旅游业研究 [D].南昌：江西财经大学，2003：26.

（一）加强对游客的管理，进行市场教育

在当前情境下，我国的游客对环境保护的意识仍需加强，他们在参与绿色旅游时可能无意中对生态环境造成伤害。为了确保绿色旅游的可持续性，强化对游客的管理和教育是至关重要的。景区可以利用各种宣传工具，如展板、海报、播放室、相关书籍和手册及导游的现场解说，来加强对游客的环境教育。在游客参与旅游活动之前，应明确传达给他们需要遵循的行为规范。更为关键的是，通过绿色旅游企业员工的模范行为及生态旅游区附近社区的环境文化，使游客得到真正的教育和启发。

（二）控制容量，进行对游客的管理

旅游资源，作为一种共享性的消费资源，具有显著的公共物品特性。这种特性意味着旅游资源的供给边际成本接近零，从而缺乏对其消费的有效成本约束。这种情况下，旅游资源容易受到过度消费的压力，导致其消费呈现无限增长的趋势。这种过度消费并不是基于更高效的资源利用或技术创新来增加利益，而是通过过度透支公共资源，将应由个体支付的成本转嫁给整个社会和其他个体，从而威胁到旅游资源的可持续性。

自然资源的容量是有限的，这意味着当游客数量超出旅游资源的承载能力时，可能会对资源造成不可逆的破坏，甚至导致当地生态资源失去再生能力。例如，当保护区的游客数量超过其临界容量时，可能会对生态系统造成毁灭性的影响。为了确保生态资源的可持续利用，保护区管理者需要根据当地旅游资源的实际状况，采取适当的措施来控制游客流量。例如，将旅游活动引导到环境状况较好的区域，或对环境较为脆弱的区域实施更为严格的保护措施①。为了确保旅游资源的长期可持续性，还需要对游客进行教育和宣传，提高他们的环境保护意识。这样，旅游者在参与旅游活动时，不仅能够享受到自然之美，还能够对生态环境产生积极的影响，为未来的旅游者留下宝贵的旅游资源。

---

① 薛宝琪，王桂.生态旅游可持续发展：挑战、问题及措施[J].河南理工大学学报（社会科学版），2005（3）：30-33.

（三）完善社区参与利益分享的制度保障

确保旅游目的地的居民从绿色旅游活动中受益是绿色旅游可持续发展的关键要素。这些居民的利益不仅仅是经济上的，还涉及政治和社会方面。在进行深入的科学考察并确保所有利益相关方都参与的基础上，需要制定有效的旅游利益分配策略。地方政府应对这些策略进行监督，确保绿色旅游带来的经济收益首先用于支持当地的社会发展。考虑到社区居民和他们的文化是绿色旅游资源的核心组成部分，将他们的经济利益与绿色旅游的长远发展紧密结合是至关重要的。

为了进一步支持社区居民，需要完善他们在培训、就业及自主经营等方面的政策和制度保障。政府应当鼓励和支持社区居民参与旅游业的发展，同时为旅游业者提供指导，使他们更多地吸纳当地居民参与其中。这样，不仅可以促进经济增长，还能确保环境得到保护，从而实现经济、环境和社会的和谐共生。

第九章 绿色旅游案例分析——以山东省灵山岛为例

第一节 灵山岛规划建设与组织管理

一、规划建设

（一）规划原则

1.坚持绿色发展

践行绿水青山就是金山银山的理念，注重生态保护、资源节约、环境友好，促进生态文明，实现经济效益、社会效益、生态效益有机统一，建设美丽灵山岛。

2.坚持文旅融合

以文塑旅、以旅彰文，宜融则融、能融尽融，推动文化和旅游资源共享、优势互补、协同并进。大力推进"文旅+""+文旅"，推动文旅产业与渔业、海洋、军事、康养、科技等跨界融合，拓展优化文化旅游产业链，增强文化旅游发展新动能。

3.坚持精品开发

灵山岛体量较小，生态环境脆弱，旅游容量有限，灵山岛的旅游发展必须走"精品化"发展道路，以"精致化、品质化"理念指导海岛开发建设，以品质与品牌实现灵山岛旅游的突破。

4.坚持特色发展

灵山岛虽然拥有丰富的旅游资源，但旅游尚处在初级阶段，整体旅游发展较慢，缺少亮点产品，更缺少国内，甚至省内"叫得响"的明星产品。灵山岛要打好生态特色文化牌，创新文化资源表达方式，通过文化项目、文化建筑、文化景观、文创产品、文化演绎、公共空间渲染海岛文化氛围，实现海岛文化的转化、物化、活化，让特色文化为海岛旅游增值添彩。

5.坚持因地制宜

综合考虑资源条件、生态容量、建设条件、投资成本等多重因素，以因地制宜为原则，对灵山岛基础服务设施提升和产品建设提出具有针对性、可操作性的发展思路，为后期深度开发提供相关依据。

6.坚持主客共享

将"为外来游客提供优质旅游服务"与"为当地居民提供美好休闲生活"相结合，全面完善基础服务设施、全面优化海岛休闲环境，将灵山岛打造成为主客共享的度假生活地。

7.坚持改革创新

以旅游体制机制改革创新作为重点，全力推进旅游管理体制改革，创新旅游运营机制，创新旅游商业模式，完善旅游资源市场化配置，促进旅游经济转变发展方式，推动旅游产业提档升级，破解旅游发展瓶颈，激发旅游产业发展的内生动力和竞争活力，实现灵山岛旅游产业又好又快发展。

（二）规划内容完整

通过制定灵山岛保护区旅游发展纲要进行规划，规划内容包括：分区、分级土地利用控制；生态环境现状评估；生态环境容量；生态环境影响因素识别；绿色旅游资源分析与评价；绿色旅游产品与线路规划；社区协调规划；生态环境影响控制；生物多样性保护。

2002 年，针对海岛生态环境较为脆弱的现实，为科学推动灵山岛旅游发展，研究人员在对灵山岛地质、地貌、历史文化、社会经济等条件进行调查的基础上，编制了（2002—2020 年）《灵山岛旅游发展总体规划》（以下简称《规划》）。《规划》以上位规划为依据，以岛陆及海域旅游资源为依托，以市场为导向，突出特色打造灵山岛海洋旅游特色和海岛旅游产品品牌。强调"保护资源、保护环境、合理开发、永续利用"的原则，适当的开发强度和合理的游客容量，控制旅游项目开发建设规模，实现旅游业可持续性发展。《规划》将灵山岛主题定位为青岛第一海岛观光娱乐度假地，包括"海岛观光度假、海上游憩娱乐和海洋科普宣传"三个功能定位。

2012 年，为了保护和开发灵山岛的景观资源，变资源优势为经济优势，以旅游带动地方经济的发展，提高经济效益、社会效益和环境效益，研究人员编制了（2012—2030 年）《灵山岛总体规划》（以下简称《规划》）。《规划》以"自然生态环境保护优先""立足现实，旅游发展与当地村庄经济发展相结合"的原则，立足独特的海岛风光和民俗风情，采用"高档定位、低度开发"的理念，拟将灵山岛建设成为生态优良、环境优美、功能齐全、配套完善的"生态旅游岛及高端海岛休闲度假目的地"。规划"休闲度假游""海岛观光游""鱼俗体验游""科考探险游"和"特色专题游"等旅游产品。

2014 年，为统筹海岛保护、开发和管理，科学保护海岛及其周边海域生态系统，强化海岛分类管理，突出青岛海岛分区特色，实施海岛保护重点工程，保障国家海洋权益和生态安全，促进海岛经济社会永续发展，青岛市海洋与渔业局编制了《青岛市海岛保护规划（2014—2020年）》（以下简称《规划》）。《规划》以"彰显海岛特色、坚持差异发展"为思路，从文化、景观、生态、事件等多方面，深入挖掘特色资源，打造个性品牌，形成 6 处海岛特色旅游区。其中灵山岛群重点保护火山地貌、海蚀景观、古树名木以及海岛生态系统；加强自然生态系统保护，协调当地居民发展，适度发展海岛度假休闲、现代渔业和休闲渔业功能。

2019 年，《青岛灵山岛省级自然保护区总体规划》（以下简称《规划》）获山东省自然资源厅批复。《规划》以灵山岛省级自然保护区四大保护对象海域及海洋生物资源、林木资源、鸟类资源和地质地貌资源为出发点，按照生态系统整体保护的要求，完善保护区管理机制，构建生物多样性保护体系；以保护区生态建设为重点，在坚持"保护第一"的前提下，合理划分保护区的核心区、缓冲区和实验区，有序开展科学研究、绿色旅游和多种经营等活动，实现生态资源的科学利用；以完善管理体系为保障措施，创新保护和管理模式，实现自然资源保护与社会经济发展共赢。

二、环境管理

（一）生态环境保护得当

根据省自然资源厅《关于开展自然保护区内违法违规问题排查整改的通知》，保护区对辖区内违法违规问题全面排查。一是问题整改情况"回头看"。按照要求对中央环保督察、自然保护区问题专项整治、"绿盾"行动、遥感监测等问题整改情况"回头看"，未发现问题反弹现象。二是违建项目排查。对于违法违规建设，中心坚持问题导向、源头治理，进一步压实网格责任制，海岛生态环境得到持续改善，且核心区、缓冲区内无任何违法建筑，除军方设施外，均为岛上居民在自有宅基地上的自建自用房屋。

（二）管理制度不管完善

为进一步规范省级自然保护区的建设和管理，提高管理水平，不断强化制度管事、制度管人，保护区在 2019 年至 2022 年新制订出台《灵山岛省级自然保护生态环境保护网格化管理办法（试行）》《灵山岛省级自然保护区生态修复工程项目管理暂行办法》《灵山岛省级自然保护区生态环境保护工作考核及问责办法》《灵山岛省级自然保护区管理工作人员工作守则》《灵山岛省级自然保护区护林员管理办法》《灵山岛省级自然保护区关于落实生态文明建设和环境保护"党政同责""一岗双责"的通知》和《关于规范自然保护区建设秩序的管理办法（暂行）》等一系列规章制度，做到有章可循、有规可用。

（三）是鼓励公众参与

灵山岛为有居民海岛，保护区最大限度地发动社区居民的力量参与保护区的保护和管理。保护区管委设立了 50 余个生态管护公益性岗位，吸引当地居民加入管护队伍，对保护区内原住居民进行定向招聘，并在全省率先成立了由党员代表、村民代表和热心居民组成的海岸线生态修复项目义务监督队，进一步引导群众树立"保护区生态文明建设人人参与"的理念。同时，实施生态管护点与村居并行管理运行机制，充分发挥基层党组织、村集体在基层治理上的好经验、好做法。

（四）生态环境修复

灵山岛生态修复示范工程项目，由国家海洋局于 2012 年 10 月正式批复，青岛市海洋发展局组织领导，新区海洋发展局承担，保护区管委具体实施。该项目共涉及 8 个工程内容，分三年实施，总投资 9244 万元，其中，中央海岛生态修复专项资金 6000 万元，地方应配套 3244 万元。该项目分两期。一期工程总投资 3400 万元，其中中央专项资金 3000 万元，地方应配套 400 万元。工程内容包括灵山岛总体规划编制、环岛路东段改建、垃圾集中处理项目、蓄水涵林、海岸线整治等 5 项。二期工程总投资 5844 万元，其中中央专项资金 3000 万元，地方应配套 2844 万元。工程内容包括环岛路贯通木栈道工程、模块化污水处理设施工程和陆岛交通码头改扩建工程等 3 项。截至目前，一期工程已全部完工，并完成验收、审计工作验收工作。二期工程环岛路贯通木栈道工程、模块

化污水处理设施工程陆岛交通码头改扩建工程现已全部完工。

2023年，保护区成功申报海洋生态保护修复项目，中央专项资金和地方配套资金总预算达5.15亿元。该项目包括开展植被群落修复和鸟类、野生动物保护，岛体和岛岸稳定性防护，海岛岸线保护修复，牡蛎礁修复，海岛入海污染物治理，海岛保护修复管理平台建设等6项工程。这些工程的实施将使灵山岛生态系统稳定性明显加强，生态系统质量有效改善，生物多样性明显增加，海洋碳汇能力持续提高，防御自然灾害能力有效增强，对于改善海洋生态环境质量，推动灵山岛绿色发展、人与自然和谐共生具有重要意义。

（五）化肥与农药

岛内无工业污染，农业用地已完成退耕还林。灵山岛森林覆盖率持续提升，目前已达到80%。特别是2021年清理在灵山岛放养的山羊2043只，解决了其长期以来破坏生态资源的问题。

（六）生产活动

全岛一个行政村，三个网格村，常住居民800多户，常住人口2400多人，岛上经济主要以水产养殖，捕捞和旅游业为主。全岛共有滩涂及岩礁池养殖户37家，面积123.5亩；网箱养殖户79家，养箱1205个。此外，青岛某海产公司作为灵山岛水域滩涂的养殖权人，其核准的允许养殖的水域滩涂面积为190.667公顷。保护区注重保护灵山岛岸线的生态功能和提升资源价值，相继完成蓄水涵林、岸线整治、生态步道建设等项目。

整个保护区分为核心保护区和一般控制区，其中核心保护区除满足国家特殊战略需要外，原则上禁止人为活动；一般控制区除满足国家特殊战略需要外，原则上禁止开发性、生产性建设。

（七）环境影响评价

近年来，保护区管委采取一系列保护措施，推进生态修复，强化日常巡护，加大生态保护宣传力度，生态环境保护效果良好。目前主要保护对象种群数量稳定，林木覆盖率达到80%，野生植物种类达400种，每年有超过100种鸟类停留迁移。灵山岛保护区地处外海，远离陆地，处于相对独立封闭的环境系统中，岛内无工业污染，水环境自我调节能力强，水质一直保持在一类水质标准。目前海域除养殖区外，其他区域都未利用，同时管委将养殖范围纳入了《灵山岛省级自然保护区总体规划（2019-2030）》。岸线修复后，自然岸线保有率达到82%。除日常巡护及军事用途，核心区和缓冲区一般无人类活动，实验区常住人口稳定，主要以捕鱼、绿色旅游为主。

2022年，保护区评估了保护区五年来的生态环境变化和生态环境状况，包括主要保护对象、生态系统结构、生态系统服务、水环境质量、主要威胁因素、违法违规情况等6个方面，针对保护区的实际，选取了24项评估指标，经评估灵山岛省级自然保护区生态环境变化评估得分76.77分，等级为"变好"，生态环境状况评估得分78.2分，等级属于"Ⅱ级"，综合评估等级为"良"，由此可见，通过保护工作的开展，有效地保护和维持了主要保护对象及海岛生态系统的完整性、稳定性和持续性，最大限度地减少了人为因素对自然生态系统的负面影响。

第二节　灵山岛资源保护与利用

一、资源利用

（一）可再生资源与能源

可再生资源集约化利用：有序推进碳达峰碳中和，煤改电、气改电等节能减排工作相继完成；大力推广太阳能、风能等再生能源。

清洁和可再生能源利用率：保护区内采用符合环保排放标准的汽油车、柴油车作为交通工具。居民厨房、商业餐馆尽可能使用液化气、天然气等清洁能源。建议项目建设时为住宅建筑配置油烟排放管道，对厨房油烟实行统一收集、处理。

废旧物回收利用率高：灵山岛垃圾处理厂酒瓶外运，将堆积的50多万酒瓶打包外运出岛。

灵山岛垃圾处理厂周边打包垃圾外运，将前期垃圾处理厂分拣出的约80吨塑料垃圾运输出岛。

（二）土地资源

山地：灵山岛只有一个土类，即棕壤，三个亚类，即棕壤性土，面积为162 hm²（占总面积的21.11%）;林地棕壤，面积为245 hm²（占总面积的32.01%）;典型棕壤，面积为25 hm²（占总面积的3.32%）。

建设用地：城市建设用地现状为30.93 hm²，人均城市建设用地125.62 m²。行政办公用地、商业服务设施用地主要分布在灵山岛码头附近的城口子村，灵山岛学校位于城口子村南侧。

土地整治：按照全国土地生产力分级原则和山东省分级标准，灵山岛土壤分为三个级别，即Ⅲ、Ⅳ、Ⅴ级地。Ⅲ级地25 hm²，分布在城口子到塘泉一带，地形坡度稍大，易水土流失，土体厚度80 cm左右。Ⅳ级地162 hm²，分布在中部棕壤性土上，土体厚度小于40 cm，耕层下面出现下垫母岩，适宜做桑园和林地。Ⅴ级地245 hm²，分布在灵山岛中上部，土体厚度小于15 cm，石多土少，由于山高坡陡，无法为农业所利用。

（三）水资源

降水：降水适中，平均年降水量为680.1 mm，全年降水量60%集中在夏季。该区湿度较大，年平均相对湿度为72%。

天然湖泊：因特殊环境目前岛上没有天然湖泊。

水库：灵山岛现有蓄水设施分两种，一是岛上村民自建的蓄水设施，主要有小型蓄水池、水井、机井等，最大蓄（取）水量可达 17 868 立方，枯水期蓄（取）水量 8987 立方；二是历届政府投资建设的蓄水池。灵山岛原有蓄水池 7 个。早在 2014 年，"灵山岛蓄水设施维修工程"项目被列入 2014 年区政府基础设施和社会公益性项目固定资产投资计划，计划对灵山岛原有的蓄水池进行维修，并在城口子陈家村新建一座 6.6 米乘 6.6 米乘 10 米的蓄水池。整个维修工程完工后，灵山岛的蓄水池可达 8 个，设计蓄水总量 15 435 立方米，枯水期蓄水量约 7000 立方。

地下水：基岩裂隙水与洪积物孔隙水是灵山岛地下水资源的两种主要类型。第四纪洪积物分布区储水条件好，但因分布星散、面积较小，洪积物本身所储存的地下水资源有限；灵山岛基岩中储存的构造裂隙水相对比较丰富，水井钻孔资料表明裂隙水是该区主要的地下水源。灵山岛中部沟南涯、打鱼口子、城口子为顶点的三角形范围内，地下水资源相对比较丰富。

（四）分区利用

灵山岛民宿集聚区依托海岛自然资源和渔家文化风情，凸显海岛型、生态型、文化型等特色，打造形成三大主题化民宿集聚片区。

二、传统文化保护与利用

在有效保护自然资源和自然环境的前提下，合理地开发、利用绿色旅游资源，大力推动灵山岛旅游业态转型，充分挖掘养、学、闲、情、奇等生态旅游新要素，积极打造徒步探险、文化休闲、康体养生、科考研学、精神情感、民族文化等绿色旅游新产品，满足人们对灵山岛优美生态环境的游憩需求和对灵山岛地质地貌景观、海洋资源、鸟类资源、渔家文化的求知需求，提高人们保护自然、维护生态平衡的自觉性，探求人与自然协调发展的绿色旅游模式，充分发挥自然保护区宣传教育、科学考察等多种功能，实现自然保护区可持续发展。

2022 年 2 月，青岛市文化和旅游局、财政局牵头制定了《关于促进文化产业和旅游业高质量发展的实施意见》和《关于促进文化产业和旅游业高质量发展的若干措施》。

岛上历史遗迹有百年石碾一处，百年杵臼三处，百年老井二眼，外国教堂一处，复原烽火台一处、灯塔一处，取材至岛上原石的石头屋也是一大特色，精心打造的贝壳楼已经成为灵山岛标志建筑。

三、野生动植物保护与利用

保护区不断强化制度管事、制度管人，出台了《生态环境保护网格化管理办法（试行）》《生态修复工程项目管理暂行办法》《生态环境保护工作考核及问责办法》等规章制度，与西海岸新区人民法院共建山东省首个海岛生态巡回法庭，即灵山岛环境资源巡回法庭，为探索生态公益诉讼制度提供司法保障，做到日常管理、巡护有法可循、有章可用。

灵山岛保护区高度重视生物多样性本底调查工作，自筹资金 100 余万元，与中国海洋大学、青岛农业大学、青岛市地矿勘察院、青岛市观鸟协会等大学科研机构分别开展海洋生物物种监测、植被和重点物种监测、自然保护区野生鸟类调查、灵山岛地质文化岛等本底调查项目做到底数清、情况明。截至目前，林木、鸟类、地质的调查的初步成果已完成。

野生动物资源保护是一项长期而又艰巨的工作，良好的管理模式、保护措施和科普宣传将有助于灵山岛野生动物资源保护。为进一步加强生态环境和野生动物的保护，科学管理野生动物资源，保证保护区建设的科学合理，根据调查结果提出如下规划。

（一）加强灵山岛野生动物管理机构的队伍建设

灵山岛野生动物资源丰富，保护管理责任重大，任务繁重，但现有保护管理队伍人员严重不足。灵山岛管委下一步拟建设多个标准化管护站，增设 10 人至 15 人保护区巡护队，并配备实时记录仪，形成"一日一巡护、一日一小结、一日一报告"巡护机制。组建了 68 人的集生态巡护、防火职能于一体的专业化"生态护卫队"和 20 人的综合执法队伍，制定制度化巡护规范，巡护队伍严格按照预定的时间、地点、路线进行巡护，做好巡护记录，及时制止、上报巡护中发现的各类违法违规行为。目前救助鸟类 495 只，阻截非法进入保护区 410 人次。

生态管护站、点工程。工程总投资 500 万元，该工程主要施工内容是按照总体规划批复要求，高标准建设生态管护站、点 3 处，通过管护站点实现对自然保护区的网络化管理、巡护，进一步完善生态管护体系。下一步还将考虑引入智慧巡视系统和红外相机技术，对保护区内野生动物进行连续性监测，获取更加丰富的野生动物本底数据，为有针对性地制定保护管理对策提供科学依据，使野生资源保护逐步走上系统化、科学化、规范化、常态化轨道。

（二）进一步宣传和完善野生动物保护管理的法律法规，严格执法

广泛而有效的公众参与是推动野生动物保护与可持续发展的根本力量。灵山岛管委将陆续组织开展陆生野生动物保护法律法规、野生动物保护知识的宣传活动，引导群众知法守法，自觉增强保护野生动物的意识。在爱鸟周、野生动物保护宣传月等关键时间节点，开展多种形式、多个层面的野生动物保护宣传工作。在野生动物重要栖息地等重要区域，设立宣传牌示、悬挂横幅、发放宣传材料，引导群众爱护野生动物。举办科普讲座宣传野生动物保护知识和相关违法案件处理情况，引导群众知法守法，努力形成全社会关爱野生动物、保护野生动物的良好氛围。

此外，根据最新调查结果建立灵山岛重点保护动物名录，并建立保护野生动物举报公示奖励制度，对公众提交的举报信息，立即登记并严肃查处，调查结果及时通报，对破坏保护区和野生生物的行为按照相关法律及相关条例予以教育、打击和惩罚，特别是在鸟类迁徙的高峰期。对如实举报的公众进行奖励，保护好公民隐私，充分调动群众参与保护野生动物的积极性和主动性。

（三）建立野生动物监测体系，启动重要物种长期动态监测

目前已经完成野生动物资源的本底调查，掌握了一批重要物种和不同地区的野生动物资源现状。为进一步掌握野生动物资源的变化趋势，并为保护和合理利用野生动物资源提供依据，下一步将开展资源的长期监测工作。灵山岛管委拟建立野生资源监管大数据平台，选择重要的野生动物，例如以白腰雨燕和蓝矶鸫为代表的较高海拔繁殖物种；以游隼、雀鹰为代表的生态指示物种；以八哥、白头鹎、金腰燕等为代表的伴人物种；以红胸秋沙鸭和鸬鹚为代表的过冬海鸟；以鸣禽为代表的迁徙物种，整合现有信息资源，不断完善野生动物种群、数量、生活环境等方面的信息，建立野生动物长期监测体系，并启动重要物种的动态监测，与各区域、各部门实现信息共享、协调联动，提升野生动物安全防控和安全治理能力。

还可以申请专项资金对于海岛特有珍稀物种进行研究保护，加大调研力度，争取与各个基金会组织、大专院校科研机构合作，取得突破性的成果，吸引科研机构落地海岛，从而推高灵山岛的知名度。

（四）依靠科技支撑，构建一体化生态监管网络。

采取传统与现代相结合，日常巡护与科研技术相结合的方式，促进保护区管理水平升级。投资 200 余万元，规划建设"智慧灵山岛"生态管护信息平台，通过应用野外视频监控、人脸识别系统、无人机及高分辨卫星遥感影像等先进技术，建设集数据应用、森林防火、人类活动点监测、巡护监控、生物活动拍摄等于一体的智慧管护平台，并将空气环境质量监测数据、海洋海水水质检测数据等一并接入动态跟踪，实现自然保护管理的科学化、智慧化、现代化。同时，结合平台信息反馈，由生态管护员进行地面现场巡护，并对辖区野生动植物资源变化情况进行搜集汇总，由数据平台进行信息汇总和对比分析，储存备用，为生态保护修复等工作提供决策依据和数据支持。

（五）打造生态游学基地，推动海岛旅游

动员海岛老村民，充分挖掘生物资源。选择风光秀美，鸟类活动较多区域，为自然摄影爱好者提供有偿服务，让以前的猎人转化为保护者，摄影爱好者基本要在岛上逗留2天以上进行活动。组织对海岛的植被、昆虫、海洋生物、海上牧场、地质地貌的观察，以及夜晚观星等一系列活动。编撰课件，培养讲师队伍，形成稳定的游学品牌。立足青岛，辐射全省，在利用好山东省自然资源厅网站、公众号等宣传平台的基础上，争取在中央电视台、新华网及省内外主流媒体上刊登一批高质量、有分量的新闻稿件和科研文章。

灵山岛植被茂盛，自然风光秀美，生物多样性丰富，具有开发绿色旅游、开展自然科普活动的先天条件。应利用自身良好条件，在岛内开设自然科普基地。加大与科研机构及教育机构合作，引进外来资金，开发绿色旅游行业。同时，加强宣传让村民意识到绿色生态资源的重要性和可持续发展的意义，主动加入保护者的行列。为村民创造获利的机会，增加生态摄影各种会务接待，进行旅游和自然科普等相关活动。通过一系列的准备工作，把良好的自然资源转化成为海岛经济发展的重要源泉，努力践行"绿水青山就是金山银山"的理念。

第三节　灵山岛绿色旅游产品与服务

灵山岛的绿色旅游产品和服务注重生态保护和文化传承，在产品类型、体验方式、服务质量和品牌形象等方面具有独特的优势。同时，其绿色旅游服务体系也非常完善，涵盖了导游培训、环保志愿者服务、倡导安静文明旅游等多个方面。这一系列的措施和服务，为灵山岛的生态旅游产业的可持续发展提供了保障和支撑。

一、生态性

（一）原生态

灵山岛保持了良好的生态环境，保留了原生态的自然景观，充分依托灵山岛的地质地貌、历史遗迹、山海风光等丰富的自然和人文资源，以品质化、人性化为指导理念，构建灵山岛山海观光旅游精品体系。一是按照国家4A级旅游景区的要求，进一步提升景区的品位和档次，对景区游览和配套设施进行全面提升改造，夯实精品观光基础；二是依托毛家沟古黄杨树和山海资源，开发古树祈福产品，丰富岛屿东部山海观光内容；三是加快大扇门区域海洋博物馆建设和观景平台的提升改造，整合灯塔、生态观光园等旅游景点，打造"守望初心"景区，形成"东部古树祈福、西部灯塔初心、南部山海奇观、北部遥望龙女"四大核心观光休闲景区；四是积极开发海上观光旅游，依托水上航线，开展环岛游。

（二）环境友好性

灵山岛的绿色旅游产品和服务都注重环保和可持续发展，尊重自然和文化遗产，推广低碳环保的旅游方式。

（三）促进旅游者健康

灵山岛的绿色旅游产品和服务注重旅游者的身体健康和心理健康，推出"康养＋旅游"。依托灵山岛生态优势和渔业产业优势，以生态康养作为核心与突破点，打响灵山岛生态康养品牌，形成集气候康养、住宿康养、美食康养、运动康养于一体的生态康养产品系统。导入特色产业，延伸产业消费，大力研制和生产中华刺参、皱纹盘鲍、黑鲷、真鲷、牙鲆、星康吉鳗、鹰爪虾等特种海产品，做大做强养生食品等特色优势产业。

（四）提高生态文明意识

灵山岛的绿色旅游产品和服务注重宣传和推广生态文明意识，提高旅游者的环保和文明旅游素质。

（五）生物保护

灵山岛的绿色旅游产品和服务注重保护生态系统和生物多样性，采取措施减少对生态环境的破坏，积极开展灵山岛生态资源调查，构建海岛生态保护评价体系，为保护灵山岛及其周边海域生态系统、合理利用海岛资源、加强海岛管理、维护国家海洋权益提供基础数据和科学依据。

二、多样性

（一）类型多样

灵山岛的绿色旅游产品多种多样，包括山海观光产品、渔俗体验产品、康养度假产品、主题研学产品、夜间休闲产品和节庆活动产品等，满足不同旅游者的需求。

（二）体验方式多元

灵山岛的绿色旅游产品提供多种多样的体验方式，如徒步、骑行、垂钓、采摘等，旅游者可以根据自己的兴趣和需求选择适合自己的旅游项目和体验方式。依托灵山岛优美的自然风光、浓郁的文化风情和完善的度假设施，开展开渔节、祭海节、海钓节、摄影节、美食节、槐花节等，形成丰富的节庆活动产品体系。

游客可通过微信小程序"灵山岛生态旅游"查看全岛游览攻略、购买登岛船票，提前预订民宿等，实现"互联网＋旅游"的全新体验。为方便游客了解灵山岛的生态、历史和文化背景，保护区制作有灵山岛智慧导览地图，游客可以通过手机等终端便捷的查询灵山岛旅游信息和即时的游览定位。在相应景点安装了二维码以及太阳能语音播放器免费给游客进行景点的讲解。

灵山岛的绿色旅游服务鼓励和组织环保志愿者参与旅游活动，提高旅游者的环保意识和参与感。灵山岛在2021年经中国质量认证中心（CQC）认证，成为全国首个负碳海岛，推进碳普惠行为清单，设立"碳积分银行"和"碳积分超市"等碳普惠激励机制。2023年4月28日，青岛西海岸新区灵山岛省级自然保护区碳普惠系列活动正式启动。活动以"负碳海岛低碳生活"为主题，通过引导居民游客参与节能减碳系列活动，通过微信小程序"灵山岛碳普惠"对低碳行为进行核实激励，推动全区形成绿色低碳的生产生活方式，助力达成"双碳"目标。

三、特色性

（一）差异性

灵山岛的绿色旅游产品具有独特的地域性和个性化特色，结合比较优势和制约因素分析，对比国内外成熟的海岛旅游目的地，可以看出，灵山岛区位交通优越、资源禀赋良好，支撑环境相对完善，随着后期市场化运营体系的构建和产品供给的提升，灵山岛打造生态型海岛旅游目的地的潜力巨大。

（二）精细化

灵山岛的绿色旅游产品和服务注重精细化管理和服务，提供高品质的旅游体验和服务。

（三）品牌化

灵山岛在品牌建设方面注重规划和推广，保护区依托辖区内丰富资源创建相应旅游品牌。近年来，灵山岛先后荣获国家森林康养基地建设试点单位、全国林草科普基地、全国首批地质文化村镇等荣誉称号。2021年，保护区"碳达峰、碳中和"研究与实践成果获得中国质量认证中心（CQC）认证，年负碳1333吨CO_2当量，成为全国首个得到权威部门认证的自主负碳区域。灵山岛荣获"山东省康养旅游示范基地""青岛市康养旅游基地"荣誉。2022年灵山岛被评为"山东省旅游民宿集聚区"。

2022 年灵山岛根据中共中央办公厅《关于加强新时代廉洁文化建设的意见》、青岛市委《关于推进清廉建设的意见》和青岛西海岸新区打造"清廉新区"廉洁文化品牌的要求，在市、区纪委的关心指导下，灵山岛省级自然保护区党工委融合海岛的生态资源与清廉文化，着力打造沉浸式廉洁文化教育基地，开创"风清灵山岛"旅游品牌。

（四）动态化

灵山岛的绿色旅游产品和服务不断创新，根据市场需求和旅游发展趋势及时调整和更新产品。积极挖掘和展示海岛特色，将发展成就、乡风民俗、社会发展等通过传统新闻报刊媒体、两微一抖新媒体进行宣传推介，策划组织具有海岛主题特色的节庆活动，注重挖掘海岛资源特色。联合相关部门开展以形象宣传、产品体验、市场营销等多元目标为导向的活动。联合青岛西海岸新区品牌发展中心、青岛西海岸新区琅琊镇、灵山岛省级自然保护区管委与山东省互联网传媒集团青岛分公司等单位，共同承办青岛西海岸新区"2020 海岛生活节"，并推出"向往的海岛生活"系列活动。

（五）文化特色

灵山岛的绿色旅游产品和服务注重挖掘和传承本地文化，提供具有本地特色的文化旅游产品和服务。按照"点、线、面"逐渐发展的原则，实施环岛亮化工程，打造亮丽灵山岛。近期依托核心民宿等部分消费节点，在充分挖掘渔俗文化要素的基础上，把渔俗文化中的图腾、文字等进行再创造，将文化景观融入场所建设中，凸显地域文化特色。

四、绿色旅游服务

（一）服务内容生态化

灵山岛的绿色旅游服务注重体现绿色旅游理念，将生态保护和环保

意识贯穿于服务内容中，注重体现当地生态系统的特色和文化内涵。

（二）导游培训

灵山岛的绿色旅游服务注重导游的专业性和素质，提供相关的培训和考核机制，确保导游具备专业的知识和技能。

（三）培训制度、机构、人员、经费明确、落实

灵山岛的绿色旅游服务注重培训制度、机构、人员和经费的明确和落实，确保培训的有效性和可持续性。

（四）年度培训范围

灵山岛的绿色旅游服务注重年度培训范围的规划和实施，根据旅游市场的需求和发展趋势给岛上的经营者确定相关的培训内容和方向。为民宿业主提供全流程管家式服务。民宿投入运营后，积极帮助其进行营销推介，组织开展人员培训，持续开展督导监管，助力民宿提质增效。

（五）培训效果

灵山岛的绿色旅游服务注重培训效果的评估和反馈，及时调整和优化培训方案，提高培训的效果和质量，目前上岛游客不断增多，岛上民宿从 5 月份开始，节假日陆续出现客房爆满。这一现象给岛上的经营者增强了信心，以高品质高素质的服务态度给来灵山岛的游客送上了上岛即到家的温馨海岛游。

（六）语音导览二维码

灵山岛的绿色旅游服务提供语音智慧导览图，方便旅游者了解景点的历史和文化背景，还安装了太阳能语音播放器免费给游客进行景点的讲解。

（七）环保志愿者服务

灵山岛的绿色旅游服务鼓励和组织环保志愿者参与旅游活动，增强

旅游者的环保意识和参与感。2023 年 4 月 28 日，青岛西海岸新区灵山岛省级自然保护区碳普惠系列活动正式启动。活动以"负碳海岛低碳生活"为主题，将通过引导居民游客参与节能减碳系列活动，推动全区形成绿色低碳的生产生活方式，助力达成"双碳"目标。

（八）倡导安静文明旅游

灵山岛的绿色旅游服务倡导安静文明旅游，提高旅游者的文明素质和社会责任感。

第四节 "双碳"目标下灵山岛的多路实践

一、先行先试，肩负落实"双碳"目标使命

实现"碳达峰、碳中和"是一场广泛而深刻的经济社会系统性变革，为保障"双碳"研究积极有效推进，灵山岛成立了工作专班，在青岛市、西海岸新区多个部门的指导下，与应对气候变化战略研究和碳市场能力建设青岛中心、青岛绿色发展与生态环境研究中心、青岛科技大学等科研机构合作，率先制定了《灵山岛省级自然保护区碳达峰、碳中和行动方案》，组织力量全面摸排了 165 家渔家乐、290 辆燃油车、193 艘渔船、2000 余名居民、7.3 万名游客的生产生活全过程碳排放情况，完成了清单编制、碳排放核算、专家评审、成果认证等工作。经中国质量认证中心认证，2020 年保护区二氧化碳、甲烷、氧化亚氮年排量 5668 吨 CO_2 当量，森林碳汇 7001 吨 CO_2 当量，年自主负碳 1333 吨 CO_2 当量，成为名副其实的"负碳海岛"。

二、开拓思路，全面推动绿色低碳发展

一是转变居民生活方式，深化节能减排成效。启动实施"气改电"工程，在灵山岛上全面推广使用电灶厨房系统，替代液化气罐；继续推广清洁能源取暖改造，逐步淘汰燃煤供暖方式；开通灵山岛"微循环"公交，2022年首批配备10辆新能源公交车，推动绿色出行、低碳出行；设立"碳积分银行"，建立低碳积分兑换制度，通过开展"低碳村庄社区"创建、"低碳旅游达人"评选等活动，引导居民游客主动参与到减碳行动中来，让低碳生活新时尚在灵山岛蔚然成风。

二是加大生态管护力度，提升森林碳汇能力。持续加大森林防火投入，投资390万元新建5处蓄水池、2处看护房，安装5800米隔离网，切实筑牢森林安全防线；大力开展植树造林活动，通过封山育林、补救残次林等措施，涵养林木资源；加强林木、鸟类、地质地貌、海洋生物保护，保持生物多样性，构建更加稳定、健康的生态系统；完善生态保护长效监督体系，建立生态破坏有奖举报制度，引导全民参与生态管护、人人争当"生态卫士"，构建起灵山岛生态保护最坚固的屏障。投资700万元建成了"智慧灵山岛"信息平台和3处生态管护站，协调区法院设立全省首个海岛环境资源巡回法庭，组建了68人的"生态护卫队"，配备了20人的综合执法队伍，构建起了"保护区管护站+网格管护队+生态管护员"的三级管护模式，累计制止破坏环境行为217起，救助鸟类435只，阻截非法进入保护区410人次，构筑了坚实的生态管护基底，灵山岛森林覆盖率持续提升，目前已达到80%。特别是2021年清理在灵山岛放养的山羊2043只，解决了长期以来破坏生态资源、困扰保护区的养殖放牧问题，仅此一项每年可直接保护500亩林草免遭破坏，折算碳汇365吨CO_2当量。

三是推进产业转型升级，实现绿色低碳发展。会同相关单位研究制定灵山岛高端休闲旅游产业规划，紧密结合自然保护区特色，开发低碳生态、康养度假、科普研学等旅游产品，配套完善相关服务设施，打造北方知名的旅游度假目的地与独具特色的自然保护区。鼓励引导现有的

民宿向绿色、生态、环保、品质化方向转型，提升业态层次。新建一处占地6000亩的国家级海洋牧场，推广多层次的生态养殖模式与技术，推动养殖业向生态高效化方向发展。

三、开展碳普惠活动，提倡绿色生产生活方式

党的二十大指出"完善支持绿色发展的财税、金融、投资、价格政策和标准体系，发展绿色低碳产业，健全资源环境要素市场化配置体系，加快节能降碳先进技术研发和推广应用，倡导绿色消费，推动形成绿色低碳的生产方式和生活方式。"这给灵山岛"双碳"研究指明了发展方向。灵山岛牢牢把握住国家开展气候投融资试点工作这一契机，迅速制定了《碳普惠激励机制工作方案》，举办了"负碳海岛、低碳生活"为主题的碳普惠激励机制启动仪式，全面拉开政府、企业、公众"共同建设低碳社会，发展低碳经济"的序幕。在此基础上保护区从衣、食、住、行、用等各方面践行绿色、低碳、可持续的生活方式，开发碳普惠平台小程序，设计了"乘船上岛""公交出行""节约粮食"等24种低碳积分应用场景，引导游客居民形成低碳生活共识、养成低碳生活习惯。目前，灵山岛省级自然保护区共设置了3处自动售货机式"低碳商店"，已经吸引了近300名居民、600名游客参与到节能减碳行动中，成功兑换出免费商品500余件。

四、优化能源结构，助力海岛绿色低碳转型

减少岛内化石能源的使用，合理利用周围自然资源，对其域内风能、光能、潮汐能等可再生能源加大开发力度，是实现海岛绿色低碳转型的重要路径。对此，保护区制定灵山岛车辆管理办法，严格控制燃油车数量，2021年实现燃油车"零进岛"；开展新能源车替代燃油车试点，已推广新能源车辆12台；已完成家庭清洁能源取暖改造344户；安装太阳能路灯209盏，实现太阳能路灯照明全岛全覆盖；推广光伏发电300平

方米，累计发电 9 万千瓦时。加快推进海水淡化工程，采用反渗透膜处理技术，降低能耗与成本；全面实施垃圾分类，推动垃圾资源化利用，减少资源浪费与环境污染；加快污水处理模块化建设，推动减污降碳。通过这些措施，全年累计减碳约 436 吨。

五、加快发展绿色产业，助推实现碳达峰碳中和目标

在明确试点内容、推进举措、实施顺序、重点项目和保障措施的基础上，保护区积极征求相关部门意见，经过多次修改完善，出台了《青岛市灵山岛省级自然保护区建立健全生态产品价值实现机制试点实施方案》，并报送山东省发展和改革委员会备案。另外，保护区全面开展实地调研和资料收集工作，并委托济南市工程咨询院全面开展生态产品价值核算，制定具有灵山岛特色的生态产品目录清单。目前已基本完成基础资料收集工作。

六、聚焦海洋蓝碳，深化"双碳"研究成果

重点加强蓝碳研究，对灵山岛海洋蓝碳数值进行核算，在保护海洋生态的基础上，探索海洋生态监测、海洋服务业、海洋优质种业等新兴海洋产业，坚持科技研发与成果转化并重，推进海洋节能减排的同时重视增加海洋碳汇，探索生态资源与经济融合发展之路，助力碳达峰碳中和先行示范岛建设；另外，进一步加强生态管护提升，加快安装智能监控系统等先进的管护设备，把管护站建设成功能齐全、科教美观的现代化综合性管控平台，打造山东省保护区标准化管理标杆。

七、聚力产业升级，探索生态产品价值转化

一是深度挖掘海岛旅游资源，探索生态资源与经济融合发展之路。以良好的自然生态和独具特色的人文环境为载体，重点打造山水度假、康体养生、田园休闲等森林康养关联业态，探索海岛生态文化旅游融合

发展，打造海岛旅游 IP，打造多处灵山岛旅游打卡地。二是积极探索 GEP 向 GDP 转化路径，推进全市唯一的生态产品价值实现机制省级试点工作。建立青岛市、新区管委和保护区管委会三级联动协调机制，对试点过程中遇到的重大问题由青岛市政府及各市直部门给予统筹指导，加强对该项试点工作的支持。同时从推动生态产品市场化经营开发、探索生态资源权益指标交易和健全生态产品保护补偿机制 3 个方向深入挖掘生态产品价值，总结经验，打造至少 1 个生态产品价值实现典型案例。三是深化与青岛绿色发展与生态环境研究中心、济南市工程咨询院、青岛科技大学等单位合作，加强生态保护，擦亮生态底色，全面开展海岛碳核算、生物多样性调查、海岛生态修复项目，探索野生动植物的保护方法及途径，持续守护蓝天碧水净土。

"人不负青山，青山定不负人。"灵山岛坚持以习近平生态文明思想为指引，肩负对历史、对未来高度负责的使命担当，潜心探索、踔厉奋发、笃行不怠，走出一条人与自然和谐共生之路，将"绿水青山就是金山银山"的理念在灵山岛化为生动的现实。

参考文献

[1] 包智明. 环境公正与绿色发展民族地区环境、开发与社会发展问题研究 [M]. 北京：中央民族大学出版社，2020.

[2] 陈觉. 乡村旅游绿色供应链及其协调机制构建：前后台结构视角 [M]. 武汉：华中科技大学出版社，2021.

[3] 呙小明，黄森. 高质量发展视角下中国绿色经济效率研究 [M]. 北京：知识产权出版社，2020.

[4] 汉思. 旅游管理创新理论 [M]. 长春：吉林文史出版社，2018.

[5] 贺腊梅. 绿色发展背景下旅游经济增长研究 [M]. 成都：四川大学出版社，2022.

[6] 黄宗煌. 生态经济、生态旅游与绿色食品产业发展 [M]. 台北：鼎茂图书出版股份有限公司，2005.

[7] 蒋大国. "以旅游为引擎，推动长江经济带绿色发展" 研究 [M]. 北京：人民日报出版社，2019.

[8] 康忠慧. 生态文明视角下的旅游经济发展模式研究 [M]. 北京：中国书籍出版社，2021.

[9] 刘锋．中国西部旅游发展战略研究 [M].北京：中国旅游出版社，2001.

[10] 刘思华，刘泉．绿色经济导论 [M].北京：同心出版社，2004.

[11] 陆向荣．我国森林公园生态旅游开发与发展 [M].北京：北京工业大学出版社，2021.

[12] 罗明义．现代旅游经济学 [M].昆明：云南大学出版社，2008.

[13] 顾成林．绿色发展理念下的旅游经济与生态环境协调发展研究 [M].长春：吉林出版集团股份有限公司，2020.

[14] 马歆，郭福利．循环经济理论与实践 [M].北京：中国经济出版社，2018.

[15] 马勇．旅游生态经济学 [M].武汉：华中科技大学出版社，2016.

[16] 邱志云．旅游业绿色管理 [M].太原：山西教育出版社，2003.

[17] 苏洁．低碳经济下绿色旅游发展模式及运行机制研究：以贵州省为例 [M].北京：中国文史出版社，2016.

[18] 汪洋．用低碳绿色装点生活：绿色消费 [M].长春：吉林人民出版社，2014.

[19] 王昆欣．乡村旅游新业态研究 [M].杭州：浙江大学出版社，2019.

[20] 王秋艳．中国绿色发展报告 [M].北京：中国时代经济出版社，2009.

[21] 向琳．西部民族地区经济发展质量研究："五大发展"理念与民族地区经济发展 [M].北京：中国经济出版社，2019.

[22] 谢新．旅游经济及其绿色发展路径研究 [M].北京：九州出版社，2020.

[23] 徐州市科学技术协会．低碳经济 绿色发展：第八届徐州科技论坛暨第二届淮海生态健康论坛论文集 [M].徐州：中国矿业大学出版社，2010.

[24] 原静．低碳经济与旅游经济发展研究 [M].青岛：中国海洋大学出版社，2019.

[25] 张建萍．生态旅游 [M].北京：中国旅游出版社，2008.

[26] 张哲强．绿色经济与绿色发展 [M].北京：中国金融出版社，2012.

[27] 钟林生，陈田．生态旅游发展与管理 [M]．北京：中国社会出版社，2013．

[28] 毕玉霞．生态旅游经济发展模式与路径研究 [J]．中国商论，2022（12）：55-57．

[29] 邓婧．旅游经济对城市绿色发展的影响及空间溢出效应 [J]．财富生活，2021（24）：23-25．

[30] 关吟．低碳经济背景下我国旅游经济的绿色发展思考 [J]．发明与创新（职业教育），2021（1）：153，155．

[31] 管宁．浅析农业生态旅游经济的可持续发展 [J]．商展经济，2022（14）：38-40．

[32] 韩润娥，赵峰，罗丙能．黄河流域旅游经济时空演化特征研究 [J]．天水师范学院学报，2022（3）：11-17．

[33] 胡莉娜，张江峰．西藏旅游经济绿色发展现状及策略研究 [J]．商业经济，2023（2）：24-27．

[34] 李燕．绿色发展视野下农村旅游小镇循环经济体系构建研究 [J]．农业经济，2019（2）：46-48．

[35] 李志．低碳经济视角下我国旅游经济的绿色发展研究 [J]．普洱学院学报，2020（4）：22-24．

[36] 刘会会．低碳经济背景下我国旅游经济的绿色发展 [J]．营销界，2021（7）：37-38．

[37] 刘丽艳．生态旅游经济发展模式与路径研究 [J]．旅游纵览，2022（24）：73-75．

[38] 刘睿，高旖笛．农业生态旅游经济可持续发展探讨 [J]．今日财富，2021（4）：23-24．

[39] 刘雨婧，唐健雄．中国旅游业绿色发展效率时空演变特征及影响机理 [J]．自然资源学报，2022（3）：681-700．

[40] 柳菲，李佳容．新发展理念视角下中国旅游经济发展质量分析 [J]. 北方经贸，2021（8）：158–160.

[41] 陆晓霞，龚苏宁，陆军，等．基于体验经济的乡村生态旅游发展研究 [J]. 美与时代（城市版），2021（7）：80–82.

[42] 路小静，时朋飞，邓志伟，等．长江经济带旅游业绿色生产率测算与时空演变分析 [J]. 中国人口·资源与环境，2019（7）：19–30.

[43] 彭艳，黄贵平．低碳经济视角下旅游经济发展模式研究 [J]. 赤峰学院学报（汉文哲学社会科学版），2019（4）：95–97.

[44] 施云清，余朋林．绿色发展背景下福建省区域物流与旅游经济协调发展研究 [J]. 商业经济，2022（3）：64–65，173.

[45] 史冬防．农业生态旅游经济可持续发展的策略 [J]. 环境工程，2021（11）：254–255.

[46] 童昀，何彪．旅游经济的绿色发展效应及其形成机制：中国 92 个旅游依赖型城市的实证 [J]. 中国人口·资源与环境，2022（4）：134–144.

[47] 童昀，刘海猛，马勇，等．中国旅游经济对城市绿色发展的影响及空间溢出效应 [J]. 地理学报，2021（10）：2504–2521.

[48] 王辉．生态旅游领域中的经济管理应用措施 [J]. 旅游纵览，2022（20）：43–45.

[49] 王凯，邹楠，甘畅．旅游技术效率、旅游绿色生产率收敛性及其影响因素 [J]. 经济地理，2022（6）：215–224.

[50] 王淼．生态视角下旅游经济发展探究 [J]. 山西财经大学学报，2017（增刊）：32–33.

[51] 薛宇豪．低碳经济下旅游业绿色发展研究 [J]. 合作经济与科技，2021（14）：46–47.

[52] 杨璐．旅游经济绿色发展的路径与保障策略研究：评《旅游经济绿色发展论》[J]. 财务与会计，2019（20）：2.

[53] 张广海，董跃蕾. 中国数字旅游经济高质量创新时空评价 [J]. 福州大学学报（哲学社会科学版），2022，36（3）：68-76.

[54] 张晓丽. 探析生态旅游经济开发与管理优化 [J]. 旅游与摄影，2021（19）：82-83.

[55] 张雅菲. 生态旅游规划与旅游业的可持续发展研究 [J]. 环境科学与管理，2022（5）：147-150.

[56] 左鑫，唐业喜，袁媛，等. 张家界旅游经济高质量发展评价及阻碍因素研究 [J]. 统计与管理，2021（6）：110-115.

[57] 李雨婷. 我国旅游业绿色发展水平测度及空间效应分析 [D]. 保定：河北大学，2021.

[58] 鲁芬. 旅游景区生态化水平测度研究 [D]. 昆明：云南师范大学，2017.

[59] 孙晓. 中国旅游经济高质量发展区域差异性及协同性研究 [D]. 沈阳：辽宁大学，2021.

[60] 田磊. 全球价值链下中国旅游产业绿色化评价与升级研究 [D]. 济南：山东师范大学，2019.

[61] 温馨. 要素禀赋结构升级对中国旅游经济发展质量的影响研究 [D]. 兰州：兰州大学，2022.

[62] 徐萍萍. 绿色发展理念下京津冀旅游产业发展效率及影响因素研究 [D]. 天津：河北工业大学，2021.

[63] 许显红. 青海省旅游业高质量发展研究 [D]. 西宁：青海师范大学，2023.

[64] 张新成. 文化和旅游产业融合质量评价及空间溢出效应研究 [D]. 西安：西北大学，2021.

[65] 邹成成. 绿色发展视域下中国森林旅游产业竞争力研究 [D]. 哈尔滨：东北林业大学，2020.